Gustav Roloff

Die Kolonialpolitik Napoleons I.

Gustav Roloff

Die Kolonialpolitik Napoleons I.

ISBN/EAN: 9783955640583

Auflage: 1

Erscheinungsjahr: 2013

Erscheinungsort: Bremen, Deutschland

EHV
HISTORY

Die

Kolonialpolitik Napoleons I.

Von

Dr. Gustav Roloff.

München und Leipzig.
Druck und Verlag von R. Oldenbourg.
1899.

Vorwort.

Den Anstoß zu der vorliegenden Arbeit hat das Buch Vandals, Napoléon et Alexandre I., gegeben. Dessen Schilderung von den Bemühungen Napoleons im Jahre 1808, das Mittelländische Meer zu einem französischen See zu machen, erweckte in mir den Gedanken, auch die übrigen Phasen der Napoleonischen Politik auf seine überseeischen Pläne zu untersuchen und damit eine Lücke in der Litteratur zur Geschichte Napoleons auszufüllen. Denn die Geschichte der französischen Kolonien zur Zeit Napoleons ist bisher im Zusammenhang noch nicht betrachtet worden; Thiers allein streift sie gelegentlich kurz, behandelt sie aber nicht erschöpfend. Die französische Koloniallitteratur insbesondere hat sie fast ganz vernachlässigt. Ihr gilt sie im allgemeinen als eine tieftraurige Episode; Napoleon sei, sagt ein verdienstvoller französischer Forscher[1]), ohne Interesse und Verständnis für die Kolonien gewesen; er habe sie leichtherzig seiner Kontinentalpolitik aufgeopfert und den Franzosen den Geschmack am Kolonisieren verdorben. Dem gegenüber

[1]) Léon Deschamps, Histoire de la question coloniale en France S. 347.

lehrt schon ein Blick in die »Correspondance de Napoléon«, daß ihn zeitweilig das Schicksal der Kolonien ebenso beschäftigt hat wie alle anderen Zweige der Staatsverwaltung, und daß er in der Verwaltung der Kolonien die Thätigkeit seiner Beamten ebenso geleitet hat wie auf allen anderen Gebieten. Monographien über einzelne Kolonien liegen zwar in großer Anzahl vor, aber sie lassen so wenig wie Thiers' Darstellung weder den persönlichen Anteil Napoleons in der Kolonialverwaltung hervortreten, noch geben sie ein Bild von der Bedeutung der Kolonialpolitik innerhalb seiner allgemeinen Politik.

Meine Absicht war nun nicht, eine umfassende, ins einzelne gehende Geschichte der französischen Kolonien jener Zeit zu geben; es kam mir vielmehr darauf an, zu zeigen, welche Rolle sie in Napoleons Gedanken und in seiner Politik gespielt haben. Die innere Geschichte der einzelnen Kolonien ist daher nur so weit dargestellt, als es nötig war, um die Absichten und Maßregeln der Zentralbehörde zu erkennen. Die Hauptmomente, von denen die Geschichte der einzelnen Kolonien bestimmt worden ist, glaube ich damit festgestellt zu haben. Für eine genauere Schilderung bietet das Archiv des Ministeriums der Kolonien in Paris überreiches Material, dessen Durcharbeitung außerordentlichen Zeitaufwand erfordern würde.

An ungedrucktem Material konnte ich benutzen in der Hauptsache die zahlreichen Berichte der Marineminister, denen damals die Kolonien unterstanden, an Napoleon in den Archives Nationales und die Korrespondenz zwischen den Marineministern und den Behörden der einzelnen Kolonien aus den Jahren 1800—1810 im Archiv des Kolonialministeriums. Nicht einsehen konnte ich allein die Akten des Kolonialministeriums über die Kolonie Guyana; da diese indessen von untergeordneter Bedeutung in der Napoleonischen Zeit war, so wog der Verlust nicht schwer. Auch das Archiv des Marineministeriums lieferte einige wertvolle Notizen, vornehmlich zum Bruche des Friedens von Amiens. Das freundliche Entgegenkommen aller dieser Archivverwaltungen hat mir die Arbeit wesentlich erleichtert, insbesondere hat mich Herr Tantet, Souschef im Archiv des Ministeriums der Kolonien, durch seine liebenswürdige Unterstützung zu großem Danke verpflichtet. Das Archiv des Ministeriums des Auswärtigen gewährte mir leider die Benutzung der Korrespondenz zwischen dem Minister des Auswärtigen und den französischen Gesandten im Auslande nicht. Vielleicht hätte die amerikanische Korrespondenz noch einiges Wissenswerte über den Verkauf Louisianas und die amerikanischen Besitzungen geliefert.

Inhalts-Verzeichnis.

Erstes Kapitel.

Die französischen Kolonien während der Revolution.

Zweites Kapitel.

Napoleons erste Kolonialpläne und der Abfall Toussaints.

Drittes Kapitel.

Weitere Entwürfe und Ereignisse bis zum Präliminarfrieden mit England.

Viertes Kapitel.

Neuorganisation der Kolonien nach dem Seefrieden.

Fünftes Kapitel.

Die Ereignisse auf St. Domingue bis zum Bruche des Friedens von Amiens.

Sechstes Kapitel.

Die kleineren Kolonien während des Seefriedens.

Siebentes Kapitel.

Der Bruch des Friedens von Amiens.

Achtes Kapitel.

Landungspläne und koloniale Eroberungsversuche.

Neuntes Kapitel.

Kontinental- und Kolonialpolitik von Austerlitz bis Erfurt.

Zehntes Kapitel.

Der Verlust der amerikanischen Kolonien.

Elftes Kapitel.

Der Fall von Ile de France und Java. — Schluß.

Erstes Kapitel.

Die französischen Kolonien während der Revolution.

Später als ihre Nachbarn sind die Franzosen in die Reihe der kolonisatorischen Nationen eingetreten. In dem Jahrhundert, das auf die Entdeckung Amerikas folgte, unterwarfen sich Portugiesen und Spanier weite Reiche in Indien und Südamerika und begannen ihre wirtschaftliche Ausbeutung; an der Ostküste Nordamerikas blühten englische Kolonien empor, und auch die Niederländer begannen mit der Besiedlung überseeischer Gebiete, indem sie besonders Portugiesen und Spaniern ihre Besitzungen streitig machten; eine französische Kolonie gab es nirgends. Nicht als ob es in Frankreich an Unternehmungslust und Seefahrern gefehlt hätte. Das ganze 16. Jahrhundert hindurch zogen viele Abenteurer- und Handelszüge übers Meer, um an dem Handel mit der neuen Welt teilzunehmen oder um Frankreichs Erbfeind, Spanien, zu bekämpfen. Aber eine Kolonisation war mit diesen Fahrten nicht verbunden. Nur einmal versuchte Admiral Coligny, eine größere Anzahl seiner in Frankreich verfolgten Glaubensgenossen in Florida anzusiedeln, aber nach kurzem Bestehen wurde die Niederlassung von den Spaniern zerstört. Die Glaubenskämpfe in der letzten Hälfte des 16. Jahrhunderts, welche die Expansionskraft des Staates lahm legten, machten einen erfolgreichen Wettbewerb mit den Nachbarstaaten völlig unmöglich. Erst mit der Regierung Heinrichs IV.

beginnt eine systematische Kolonisation. Kanada und Akadien, das heutige Neufrankreich und Neuschottland, wurden für französisches Gebiet erklärt und einige Niederlassungen errichtet, die sich freilich nur langsam entwickelten und nach dem Tode ihres Begründers wieder zu Grunde gingen, da die Regentschaft kein Verständnis für den Wert der Kolonien besaß. Als dann Richelieu die Regierung übernahm, wandte sich die französische Politik wieder mit Eifer kolonialen Unternehmungen zu, und von nun an sind sie nie wieder aufgegeben worden. Es war bekanntlich das eifrige Bestreben Richelieu's, den darniederliegenden Handel und die verfallene Marine Frankreichs wieder emporzubringen, um den materiellen Wohlstand zu heben und der Seemacht Englands und Spaniens das Gleichgewicht zu halten. Eins der Mittel, die zu diesem Ziele hinführen sollten, war die Gründung von Kolonien; sah er doch, welchen Gewinn der englische und holländische Handel von den Kolonien hatte und welche vortreffliche Pflanzschule für Matrosen der überseeische Handel bildete. Wo daher Franzosen überseeische herrenlose Länder okkupierten und mit Landsleuten zu besiedeln strebten, hatten sie auf die thatkräftige Unterstützung des Kardinals zu rechnen, und so kann man ihn als den eigentlichen Begründer der französischen Kolonialpolitik bezeichnen. Außer in Kanada und Akadien setzten sich mit seiner Hilfe auf einigen Inseln der Antillen Franzosen fest und erweiterten ihre Besitzungen unter steten Kämpfen mit Spaniern und Engländern; auch an der afrikanischen Küste, an der Mündung des Niger, wurde eine Niederlassung gegründet, ja auf Madagaskar und Indien richtete Richelieu seine Blicke. Zur Zeit Ludwigs XIV. fanden die Kolonien einen eifrigen Förderer in Colbert, und obwohl die großen europäischen Kriege die Aufmerksamkeit der französischen Regierung in erster Linie in Anspruch nahmen, so erweiterte sich das Kolonialgebiet Frankreichs doch stetig in allen Weltteilen.

Der außereuropäische Besitz Frankreichs war damals weit umfangreicher als der Englands und stand an Ausdehnung allein dem spanischen nach, war ihm aber an innerem Wert überlegen. Wir wollen nicht im einzelnen auf die Erwerbungen Ludwigs XIV. und auf die Einwirkung seiner Kontinentalkriege auf die Kolonien eingehen: nur soviel sei gesagt, daß beim Tode Ludwigs Frankreich Akadien verloren, dafür aber in den Antillen neue Inseln, in Nordamerika das mächtige Becken des Mississippi (Louisiana) besetzt und auch in Indien festen Fuß gefaßt hatte. Die Regierung seines Nachfolgers war reich an kolonialpolitischen Experimenten, aber arm an Erfolgen. Der Versuch, Louisiana zu besiedeln, den der Finanzkünstler Law unternahm, schlug fehl; ebenso ein späterer ähnlicher Versuch des Ministers Choiseul mit Cayenne, der auf lange Zeit hinaus die kolonialen Unternehmungen kompromittierte. Der Siebenjährige Krieg, den Frankreich mit England zugleich in Europa, Asien und Amerika führte, kostete ihm Kanada und fast alle seine Besitzungen in Indien, wo einige unternehmende Franzosen um die Mitte des 18. Jahrhunderts große Erfolge errungen hatten. Jahrzehnte lang war es unentschieden, ob dies unermeßlich reiche Land den Briten oder Franzosen zufallen werde. Aber die größere Energie der Engländer und ihre maritime Überlegenheit verschaffte ihnen endlich nach hartem Kampfe hier wie in Amerika die Oberhand. Auch Louisiana ging am Schlusse des Siebenjährigen Krieges an Spanien verloren, so daß Frankreich vom nordamerikanischen Festlande nichts mehr besaß. Von seinem ganzen stolzen Kolonialreiche waren ihm beim Ausbruch der Revolution verblieben: in den Antillen der westliche Teil der Insel Haïti und die sogenannten Windinseln Martinique, Guadeloupe, St. Lucie, Tabago, Marie Galante, Désirade und ein Teil von St. Martin, in Südamerika ein Teil Guyanas, in Afrika eine kleine Niederlassung am Senegal, die Inseln Ile de France und Bourbon (heute Mauritius und Réunion), sowie einige Komptoire auf Madagaskar; dazu kamen dann noch die indischen Niederlassungen Pondichéry, Chandernagor, Mahé, sowie endlich zwei kleine Inseln ohne kolonisatorischen Wert an der nordamerikanischen Küste, St. Pierre und Miquelon. Wie in der europäischen, so bezeichnet auch in der außereuropäischen Politik das

18. Jahrhundert den Verfall Frankreichs. Wohl ist es noch mächtig und sucht seine gewaltige Machtstellung zu halten und zu erweitern, aber der Unternehmungen sind zu viele: der schlecht geleitete Staat kann die Mittel nicht aufbringen und überall muß Frankreich Schritt für Schritt zurückweichen. In derselben Generation sank es von seiner Stellung als erste Kolonialmacht und als erste Militärmacht Europas herab.

Aber wenn der Umfang des französischen Kolonialreiches seit der Zeit Colberts auch zusammengeschmolzen war, so war es gegen Ende der Königszeit doch keineswegs bedeutungslos. Die Kolonien, von etwa 70000 Europäern und gewiß der zehnfachen Anzahl von Angehörigen anderer Rassen bewohnt, waren außerordentlich reich und trieben lebhaften Handel mit dem Mutterlande: aus den mittelamerikanischen Kolonien allein zog Frankreich nach offiziellen Berechnungen kurz vor Ausbruch der Revolution Waren im Werte von etwa 218 Millionen Francs, während die Ausfuhr aus den westindischen Besitzungen Englands nicht mehr als 160 Millionen Francs betrug. Frankreich exportierte an heimischen Produkten und Waren nach seinen Kolonien über 76 Millionen; von seiner Gesamtausfuhr, die etwas über 400 Millionen betrug, kamen auf die Kolonialwaren 157 Millionen, während die Ausfuhr in französischen Bodenprodukten und Fabrikaten nur auf 124 und 131 Millionen angeschlagen wurde. Ausbeutung der Kolonien zu gunsten des nationalen Handels war der vornehmste Zweck der Kolonialpolitik des 18. Jahrhunderts. Ursprünglich bei Gründung der Kolonien waren sie speziellen Gesellschaften, sogenannten Kompagnien, zur Ausbeutung übertragen worden, die gegen gewisse Handels-Privilegien für ihre Besiedlung mit Franzosen, Nutzbarmachung und Verteidigung zu sorgen hatten. Die Kompagnien hatten sich jedoch diesen Aufgaben nicht gewachsen gezeigt, und der Staat hatte allmählich die Privilegien aufgehoben und sich selbst in den Besitz der Kolonien gesetzt. An Stelle der Handelsmonopole einer Gesellschaft trat nun das der ganzen Nation. Grundsätzlich sollten die Kolonien allein mit dem Mutterlande Handel treiben; nur nach Frankreich sollten sie ihre Produkte verkaufen und von dorther ihre Waren und anderen Bedarf beziehen, und kein fremder Kaufmann sollte in den Kolonialhäfen Zutritt haben. In dieser Strenge ist freilich das Prinzip nie durchgeführt worden. Die französischen Kolonien waren gegen Ende der Königszeit bis auf die beiden kleinen nordamerikanischen Inseln Tropenkolonien und produzierten mit Hilfe zahlreicher Sklaven vornehmlich Zucker, Baumwolle, Indigo, Kaffee, Kakao und einige Spirituosen; Lebensmittel für die ansässigen Europäer wurden dagegen wenig oder gar nicht gewonnen, und auch die Viehzucht war unbedeutend, allein Reis und in einigen Kolonien auch Mais zur Ernährung der Schwarzen wurde gebaut. Um die Bedürfnisse an Lebensmitteln für die Weißen zu decken, waren also die Kolonien zum weitaus größten Teile auf die Einfuhr von europäischen Produkten, wie Mehl, Gemüse und Fleischwaren, angewiesen. Auch für die Ernährung der Sklaven bedurfte man des Imports, da die kolonialen Produkte nicht überall ausreichten; es kam dabei hauptsächlich Stockfisch in Betracht. Die Entwicklung einer Industrie in den Kolonien wurde nach Kräften hintangehalten, um der französischen ein Absatzgebiet zu sichern, fast alle landwirtschaftlichen Instrumente und Schiffsutensilien mußten daher ebenfalls eingeführt werden. Der Import aller dieser Dinge bildete einen wichtigen Zweig des französischen Handels. Aber der französische Handel allein war nicht imstande, allen Ansprüchen gerecht zu werden. In Kriegszeiten, wenn feindliche Korsaren den Handel behinderten, gerieten die Kolonien wiederholt in die bitterste Not, und auch im Frieden herrschte häufig genug Teuerung. Die Folge war ein umfangreicher Schmuggel mit fremden Händlern, vornehmlich mit Engländern und Amerikanern. Es fehlte nicht an Versuchen, diesen Übelständen abzuhelfen und den notwendigen Handel mit den Fremden in gesetzliche Bahnen zu lenken. Schließlich gestattete Ludwig XVI. (1784), daß in mehreren Häfen der Antillenkolonien ausländische Kaufleute zugelassen werden sollten, um die genannten unentbehrlichen Lebensmittel und Gegenstände, insbesondere Bauholz, einzuführen. Auch die Ausfuhr gewisser Gegenstände wurde den Fremden erlaubt: so durften sie Waren verladen, die in Frankreich angefertigt und in den Kolonien niedergelegt waren; ferner war der Export von Likören, die in der Kolonie hergestellt waren, ihnen sogar ausschließlich vorbehalten und den Franzosen verboten, um nicht der Branntweinindustrie in Frankreich durch die Einfuhr der kolonialen Liköre Konkurrenz zu machen. Infolgedessen war dieser Industriezweig in den Kolonien zum großen Mißvergnügen der Pflanzer und Händler nur wenig entwickelt. — Wenn sich nun auch ein lebhafter Handel mit dem Auslande, namentlich mit Nordamerika ausbildete, so blieb er doch nur auf wenige Punkte beschränkt und betrug nicht den zehnten Teil des französischen. Es ist kein Zweifel, daß diese Beschränkung für die Kolonien selbst von Nachteil sein mußte. Mit ihrem Hauptprodukt, z. B. dem Zucker, versorgten die Antillenkolonien nicht nur Frankreich, sondern auch noch einen weitern Teil Europas: die Produzenten konnten jedoch diesen Überschuß nicht direkt an die andern Länder verkaufen, sondern mußten ihn an französische Zwischenhändler abgeben, wodurch ihnen ein bedeutender Gewinn entzogen wurde. Trotz aller kommerzieller Beschränkungen war aber die wirtschaftliche Lage der Kolonien unter Ludwig XVI. im allgemeinen blühend; der fruchtbare Boden lieferte reiche Ernten, und bei den billigen, durch Sklaven gelieferten Arbeitskräften machten Händler und Pflanzer enorme Gewinne; der Seehandel beschäftigte alljährlich gewiß an 50000 Matrosen.

Unter besonderen Gesetzen standen Guyana, Senegal, Ile de France, Bourbon und Indien. In Guyana, Ile de France und Bourbon war der fremde Handel in allen Zweigen erlaubt, um ihre wirtschaftliche Entwicklung, die noch weit hinter der der Antillen zurückstand, zu heben; in Senegal und Indien bestanden noch privilegierte Handelsgesellschaften, die aber in den Revolutionsjahren zu Grunde gingen.

Wie wirtschaftlich, so waren die Kolonien auch administrativ durchaus abhängig vom Mutterlande. Sie wurden regiert durch einen Gouverneur und Intendanten, die vom Marineminister ernannt wurden. Der Gouverneur kommandierte die Truppen zu Wasser und zu Lande, leitete den Polizeidienst, führte den Verkehr mit dem Auslande und ernannte die meisten Beamten; dem Intendanten lag in erster Linie die Verwaltung der Domänen, die Ausschreibung und Eintreibung der Steuern — in der Hauptsache eine Grundsteuer, Kopfsteuern auf die Neger, sowie Zölle auf Aus- und Einfuhr — und die Oberaufsicht über die Gerichte ob. Die Kompetenzen beider Behörden waren nicht scharf abgegrenzt, und je nach dem Vertrauen, das der König dem Gouverneur oder Intendanten schenkte, übertrug er ihnen bald mehr bald weniger Vollmachten: das bewirkte, daß weder Behörden noch Kolonisten die Grenzen der Regierungsgewalt genau kannten, und Übergriffe der Behörden nicht selten waren. Häufig lebten die beiden obersten Beamten miteinander in Zwietracht, und oft usurpierte der Gouverneur, gestützt auf sein militärisches Kommando, die Funktionen des Intendanten und beschränkte namentlich die Gerichte in ihrer Unabhängigkeit. Auch die Finanzverwaltung ließ viel zu wünschen übrig; die Klagen über ungerechte Verteilung der Steuern und Unterschlagungen durch die Beamten wollten nicht verstummen. Um diesen Übelständen zu begegnen, hatte die Regierung in einigen kleineren Kolonien — Guadeloupe und Martinique — eine Art Parlament, sogenannte Kolonialversammlungen, ins Leben gerufen, die aus den Spitzen der Behörden und einigen Notabeln bestanden und die ganze Verwaltung kontrollieren sollten (1787). Aber wenige Jahre nach ihrer Einsetzung brach die Revolution aus, und die Einrichtung fand keine Zeit, sich zu bewähren. Abgesehen von dieser Ausnahme, besaßen die Kolonien selbst keinen Anteil an der Verwaltung, die von den Beamten ganz eigenmächtig geführt wurde.

Die Bevölkerung der Kolonien zerfiel in der Regel in drei streng voneinander geschiedene Klassen: Die Weißen, die freien Farbigen und die Sklaven. Geschieden von diesen Klassen waren die Beamten, die nur in den seltensten Fällen den eingeborenen Weißen (Kreolen) entnommen wurden und zunächst nach mehreren Jahren ins Mutterland heimkehrten. Unter den Weißen, der herrschenden Kaste, gab es wiederum mehrere Abstufungen. Die Aristokraten unter ihnen waren die reichen

Pflanzer; ihnen nahe standen die mittleren Grundbesitzer und die Kaufleute; die sozial niedrigste Klasse endlich waren die sogenannten „kleinen Weißen“. Zu diesen rechnete man meist die Handwerker und Beamten der Pflanzer und großen Kaufleute; außerdem aber gehörte zu ihnen die zahlreiche fluktuierende Bevölkerung, die mittellos in die Kolonie gekommen war, um ihr Glück zu machen; zum Teil waren es ehrliche, fleißige Arbeiter, zum Teil auch Abenteurer und schlechte Elemente. Wie in allen Kolonien, führten die oberen Stände ein üppiges und wenig sittenstrenges Leben, das Los der unbemittelten und abhängigen Leute war dagegen reich an Arbeit und Entbehrungen. Es konnte nicht fehlen, daß sich schroffe soziale Gegensätze herausbildeten. Die zweite Klasse, die freien Farbigen, bestand aus freigelassenen Sklaven und deren Nachkommen. Zum größten Teile waren es Mischlinge von Weißen und Schwarzen, doch gehörten ihnen auch echte Neger an. Sie hatten oft großes Vermögen erworben und besaßen selbst wieder Sklaven, aber von den Weißen blieben sie trotzdem durch eine weite Kluft geschieden. Sie waren gesetzlich ausgeschlossen von allen Beamtenstellen und gewissen angesehenen Berufen, wie dem der Ärzte und Goldschmiede, sie durften nicht an einem Tische mit den Weißen sitzen, keine europäischen Namen führen und was dergleichen Beschränkungen mehr waren. Auch im Heere bildeten sie besondere Körper, die zwar von weißen Offizieren befehligt, aber nicht mit weißen Truppen vermischt wurden. Die Wohlhabenden unter ihnen, die nicht selten zu hoher geistiger Bildung gelangt waren, empfanden natürlich solche Zurücksetzung bitter und strebten die soziale Gleichstellung mit den Weißen an, denen sie an Zahl kaum nachstanden. Von der dritten und zahlreichsten Klasse endlich, den Sklaven, that eine geringe Zahl häusliche Dienste, weitaus die meisten wurden auf den Pflanzungen beschäftigt. Sie lebten unter hartem Zwange und wurden schonungslos behandelt: die Folge war, daß sie sich nur schwach vermehrten und ein jährlicher Zuzug aus Afrika notwendig war, um die Arbeitskräfte auf der notwendigen Höhe zu erhalten. Die bedeutendste Kolonie,

St. Domingue, brauchte z. B. eine jährliche Zufuhr von 15000 Individuen. Die Herbeischaffung dieser Arbeitsrekruten bildete einen der gewinnreichsten Handelszweige. Alle Versuche, die von Philanthropen unternommen wurden, das harte Schicksal der Neger zu mildern, ihre Behandlung zu verbessern, ihre Fortpflanzungsfähigkeit dadurch zu heben und den barbarischen Negerhandel überflüssig zu machen, verliefen resultatlos.

Es ist nicht wunderbar, daß viele Weiße mit dem herrschenden System unzufrieden waren. Es mißfiel den dauernd in der Kolonie ansässigen Pflanzern, daß sie sich willenlos von Beamten regieren lassen sollten, die nur vorübergehend in der Kolonie lebten, kein näheres Verhältnis zu den kolonialen Dingen hatten und ihr Amt oft nur als Mittel zur Bereicherung auf Kosten der Kolonisten benutzten. Ebensosehr war ihnen der kommerzielle Zwang des Mutterlandes lästig. Mehr und mehr verbreiteten sich daher in den maßgebenden Kreisen der kolonialen Gesellschaft Gedanken, die eine Art Selbstverwaltung für die Kolonien, wie sie die englischen Antillen besaßen, forderten oder gar nach dem Beispiel der nordamerikanischen Union völlige Unabhängigkeit begehrten.

Alle politischen, sozialen und Rassengegensätze belebten sich, als in Frankreich die Revolution ausbrach. Am besten läßt sich das verfolgen in Frankreichs bester Besitzung, in St. Domingue. Diese Kolonie, die das westliche Drittel der Insel Haïti umfaßte, zählte in drei Provinzen, dem Norden, Westen und Süden mit den Hauptstädten Le Cap, Port au Prince und Les Cayes, etwa 40000 weiße Einwohner, ebenso viel freie Farbige und an eine halbe Million Sklaven, von denen etwa der zehnte Teil aus Mischlingen bestand. Ungefähr von der Größe Belgiens, war sie bei weitem die reichste aller Antillenkolonien; ihr Handel betrug fast 200 Millionen Francs und beschäftigte gegen 30000 Matrosen. Naturgemäß wurde hier die Unselbständigkeit im Handel und Wandel am drückendsten empfunden, und man war sogleich entschlossen, die im Mutterlande ausgebrochenen Unruhen zur Lockerung der kommerziellen und politischen Fesseln zu benutzen. Nach dem Vorbilde der Pariser Nationalversammlung bildeten sich in den einzelnen Verwaltungsbezirken der Kolonie Versammlungen, welche die Verwaltung führen wollten und eine Deputation nach Paris sandten, um die Kolonie in der Nationalversammlung zu vertreten. Die Hauptführer waren die großen Pflanzer: sie vertraten ausschließlich die Interessen der Weißen und wollten an der Lage der Sklaven und freien Farbigen nichts ändern, wohl aber den Einfluß der Metropole verringern. Die Regierung, die in der Kolonie nur wenig Truppen besaß, war ihnen gegenüber machtlos, und es blieb ihr nichts übrig, als sich in den freien Farbigen Bundesgenossen gegen die weißen Rebellen zu suchen. Aber obwohl diese mit Freuden die ihnen dargebotene Hand der Regierung ergriffen, blieben die Weißen, die in dieser Frage zusammenhielten, die Stärkeren: einen Beschluß der Pariser Nationalversammlung, der den Freigelassenen gleiche Rechte gewährte, berücksichtigten sie nicht, sondern schlossen sie von allen Versammlungen aus. In den sich daraus entspinnenden Tumulten blieben sie einstweilen siegreich. Aber bald kam es unter ihnen selbst zum Streit: die kleinen Weißen wollten das immer deutlicher hervortretende Streben der Pflanzer nach Unabhängigkeit nicht unterstützen, um deren Prärogative nicht noch zu vermehren, und näherten sich der Regierung. Es konnte nicht ausbleiben, daß die allgemeine Aufregung auch die zahlreichste Klasse der Bevölkerung ergriff, die am dringendsten einer Besserung ihrer Lage bedurfte: die Sklaven. Während der Kämpfe zwischen den Weißen und Farbigen brach im Norden, in der Nähe der Kolonialhauptstadt Le Cap, ein großer Sklavenaufstand aus, und binnen kurzem folgten ähnliche Bewegungen in der Westprovinz. Die Weißen hatten die ersten Bewegungen unter den Schwarzen verachtet, jetzt suchten sie ihnen entgegenzutreten, aber da zeigte sich die Folge des Zwistes in ihren Reihen: in ihrem Verlangen nach Unabhängigkeit wollten die Kolonisten die Insurrektion aus eigener Kraft niederschlagen und verboten, daß man in Frankreich um Hilfe nachsuche; ja, sie wollten selbst die Linientruppen nicht am Kampfe teilnehmen lassen und verdächtigten sie des Einverständnisses mit den Schwarzen. Die Farbigen, die noch im Felde standen, machten mit diesen gemeinsame Sache. (Herbst 1791).

In der Folgezeit entsandte die französische Regierung zwar einige Kommissare mit Truppen nach der Insel, aber auch diese konnten die Ordnung nicht wiederherstellen. Die Truppen wurden durch die Unfähigkeit der Kommissare und die Abneigung vieler royalistisch gesinnter Offiziere, unter den Kommissaren der Nationalversammlung zu dienen, monatelang in Le Cap zurückgehalten und fielen zum großen Teil Krankheiten zum Opfer, ohne einen Feind gesehen zu haben. Die Weißen wollten nach wie vor von den Dekreten der Nationalversammlung zu gunsten der Farbigen nichts hören, und so mußte sich Sonthonax, der Führer der Kommission, auf diese stützen. Später proklamierte er gar, daß alle Sklaven, die die Republik gegen die innern und äußern Feinde verteidigten, frei sein sollten. (Sommer 1793.) Seine Hoffnung, hierdurch die aufständischen Schwarzen zur Rückkehr unter die französische Autorität zu bewegen, schlug fehl: die Schwarzen trauten ihm entweder nicht oder verstanden in ihrer Barbarei das Angebot nicht zu würdigen: sie zogen es vor, ihr gegenwärtiges ungebundenes Räuberleben fortzusetzen. Aufs höchste aber stieg der Zorn der Kreolen über diese Umwälzung des alten Systems, und ebenso waren die altfreien Farbigen unzufrieden, daß sie die soeben erhaltenen Privilegien mit den verachteten Schwarzen teilen sollten. Die alten Gelüste nach Befreiung von der Vormundschaft des Mutterlandes lebten wieder auf, und einige Striche der Westküste wandten sich an die Engländer um Schutz, mit denen mittlerweile Frankreich in Europa in Krieg geraten war. Sogleich besetzten diese von Jamaica aus einige Küstenstädte (Herbst 1793) und zwangen im folgenden Jahre gar die zweite Hauptstadt der Kolonie, Port au Prince, zur Ergebung (Juni 1794). Als die Kommissare bald darauf nach Frankreich abberufen wurden, schien die Kolonie für Frankreich verloren. Im Norden hatten die

Spanier, die ebenfalls mit der französischen Republik im Kriege lagen, mit den Insurgenten gemeinsame Sache gemacht und fast die ganze Provinz bis auf Le Cap und Port de Paix (im Nordwesten), wo sich General Laveaux mit schwacher Garnison tapfer verteidigte, besetzt; der Westen gehörte in seinen besten Teilen den Engländern. Die Herrschaft der weißen Pflanzer war gründlich zerstört; was von ihnen nicht getötet, in englische Dienste getreten oder nach Frankreich geflüchtet war, führte ein unsicheres Dasein zwischen den Banden der aufständischen Schwarzen. Nur die Südprovinz hielt der Mulatte Rigaud noch unabhängig von den äußern Feinden. Aber mit dem alten Kolonialsystem war es auch hier vorbei: Rigaud focht weniger für Frankreich als für seine Kaste, die freien Farbigen, die besonders in dieser Landschaft zahlreich angesiedelt waren; er wollte sie an die Stelle der Weißen setzen und kümmerte sich wenig um die Autorität des Mutterlandes. Unter steten Kämpfen gegen die Engländer suchte er seine Macht zu vergrößern und bestrafte mit schonungsloser Härte alle, die von ihm abgefallen waren, Weiße, Farbige und Schwarze, Freie und Sklaven.

In dieser Zeit der höchsten Bedrängnis erstand den Franzosen im Norden ein Retter, in einem der aufständischen Negerhäuptlinge, in Toussaint-Louverture. Dieser unerwartete Bundesgenosse der Franzosen war ein ehemaliger Sklave von einer Plantage des Nordens. Während seiner Dienstbarkeit hatte ihm sein Fleiß und seine Intelligenz einen bevorzugten Posten unter seinen Mitarbeitern verschafft, der ihm viel freie Zeit übrig ließ. Von eiserner Energie und großem Wissensdrange beseelt, lernte er noch in vorgerückteren Jahren Lesen und Schreiben; bald brachte er es so weit, daß er Raynals Geschichte beider Indien lesen und sich an dessen Prophezeiung von dem kommenden schwarzen Messias, der die unterdrückte Rasse befreien sollte, berauschen konnte. Als dann der Aufstand im Norden losbrach, nahm Toussaint mit großer Begeisterung daran Teil und errang infolge seiner Kenntnisse und Begabung bald einen hervorragenden Platz unter den Führern. Mit den übrigen schwarzen Chefs trat er in den Dienst Spaniens, als diese Macht die französische

Kolonie angriff, fand aber hier nicht die Befriedigung seines Ehrgeizes. Er konnte nicht die erste Rolle spielen, und um seinem Ehrgeiz ein größeres Feld zu eröffnen, trat er in geheime Unterhandlung mit Laveaux und versprach, ihm die seinem speziellen Kommando unterstellten Truppen zuzuführen, wenn er dafür den Oberstenrang in der französischen Armee erhalte. Mit Freuden sagte Laveaux zu, und Toussaint verstärkte mit 4000 Mann schwarzer Soldaten die gelichteten Reihen der Franzosen. (Juni 1794). Laveaux konnte nun zur Offensive übergehen, und bald waren die Spanier aus der französischen Kolonie hinausgeschlagen. Im folgenden Jahre beendete der Friede von Basel den Krieg zwischen Spanien und Frankreich; Laveaux richtete nun seine ganze Kraft gegen die Engländer, und auch hier bewährte sich Toussaint als ein ausgezeichneter Führer, der seine wilden Horden in strenger Disziplin zu halten und mit unerschütterlicher Anhänglichkeit an seine Person zu erfüllen wußte. Auch in den inneren Unruhen der Kolonie, die immer wiederkehrten, hielt er treu zu Laveaux und machte sich ihm allmählich ganz unentbehrlich. Als er einst einen gefährlichen Aufstand der Farbigen Le Caps, die den Einfluß des ehemaligen Sklaven brechen wollten, mit seinen Negertruppen niedergeschlagen hatte, ernannte ihn der dankbare Laveaux zu seinem Stellvertreter und erklärte öffentlich, nichts ohne seinen Rat zu unternehmen (April 1796). Toussaint war damit thatsächlich der Regent der Kolonie außerhalb Rigauds Machtbereich geworden; der Gouverneur, dem nur ein winziger Rest europäischer Truppen zu Gebote stand, mußte sich allen Wünschen des klugen Schwarzen fügen, dem mehrere Tausend blind gehorchender Neger anhingen.

Währenddessen waren in Paris alle Bewohner der französischen Kolonien ohne Rücksicht auf die Farbe für frei (4. Februar 1894), und die Kolonien für einen integrierenden Bestandteil des französischen Staates erklärt worden (1796). Infolge des letzten Beschlusses hatten die Kolonien Deputierte in die gesetzgebenden Körperschaften nach Paris zu senden, und zwar entfielen davon auf St. Domingue zehn. Es gingen daher

Abordnungen der Regierung, des Direktoriums, in die Kolonien, um diese Bestimmungen durchführen zu lassen. Nach St. Domingue kam wiederum Sonthonax, der sogleich bei seiner Ankunft in Le Cap (Mai 1796) erkannte, daß jetzt die Schwarzen die stärkste Macht besäßen, auf die sich die Regierung stützen müsse. Er suchte die französische Autorität zunächst im Süden, wo Rigaud so gut wie unabhängig regierte, wieder zur Geltung zu bringen und entsandte einige Delegierte, um die obersten Stellen der Militär- und Zivilverwaltung zu besetzen. Nach einigen Monaten aber wurden diese Regierungsvertreter, die ziemlich herrisch und anmaßend aufgetreten waren, von dem durch Rigaud aufgewiegelten Volke verjagt, und der Mulatte blieb nach wie vor unbeschränkter Herr. (Herbst 1796).

Auch im Norden hatte Sonthonax nicht mehr Glück. Zuerst zwar war sein Verhältnis zu Toussaint vortrefflich: Dieser unterstützte ihn in allen administrativen und militärischen Maßregeln und gewann dadurch vollständig sein Vertrauen. Mit der Kommission waren einige europäische Generale herübergekommen, um das Kommando über die Kolonialtruppen zu übernehmen: Sonthonax schickte sie zurück, da er in Toussaint einen ergebeneren Diener als in den weißen Generalen zu erhalten hoffte. Mannigfache Auszeichnungen wurden dem Neger zu Teil; das Direktorium ernannte ihn auf Sonthonax' Vorschlag zum Dank für seine Dienste zum Generalleutnant und beschloß, seine Kinder nach Frankreich kommen und auf Staatskosten erziehen zu lassen, um ihn dadurch noch enger an das französische Interesse zu ketten. Ja, als Toussaint bald danach neue Erfolge gegen die Engländer errang, proklamierte ihn Sonthonax im Namen der französischen Republik zum Oberbefehlshaber sämtlicher Armeen in St. Domingue und stellte ihn damit über Rigaud (1. Mai 1797). Es war seine letzte Maßregel von Bedeutung in der Kolonie: wenige Monate später befand er sich auf der Flucht nach Frankreich, vertrieben von Toussaint, in dem er sich ein willenloses Werkzeug zu erziehen gedacht hatte. Der schlaue Neger hatte die neue Verfassungsbestimmung, wonach die Kolonie Abgeordnete nach Paris zu entsenden hatte, benutzt, um die hervorragendsten Regierungsmitglieder, darunter Laveaux und Sonthonax, von den seinen Anweisungen gehorchenden Eingeborenen wählen zu lassen, um sie so aus der Kolonie zu entfernen und die Regierung allein zu führen. Laveaux war in der That bald nach der Wahl nach Paris abgereist (Oktober 1796), Sonthonax war jedoch geblieben und machte keine Anstalten, ihm zu folgen. Kaum sah sich aber Toussaint zum Oberbefehlshaber ernannt, da drängte er den Kommissar wiederholt zur Abreise, und als dieser das Ansinnen ablehnte, zwang er ihn mit Gewalt zur Einschiffung. (August 1797). Toussaint rechtfertigte seinen revolutionären Schritt bei dem Direktorium damit, daß er Sonthonax anklagte, er habe die Kolonie von Frankreich losreißen wollen; seine eigene Anhänglichkeit an das Mutterland meinte er dadurch bewiesen zu haben, daß er seine Söhne, dem Verlangen des Direktoriums entsprechend, nach Frankreich geschickt habe, wo sie für seine Treue bürgten.

In Paris wurden um diese Zeit neue Beschlüsse über die Kolonien gefaßt. Der Beschluß über die allgemeine Freiheit in den französischen Kolonien wurde dahin erweitert, daß nicht nur die Eingeborenen, sondern auch jeder aus Afrika eingeführte Neger frei sein solle. Sodann wurde eine Neueinteilung der Verwaltung von St. Domingue in fünf Departements beschlossen, und General Hédouville zur Durchführung über den Ozean entsandt. Militärische Macht, um sich eventuell vor dem Schicksal Sonthonax' zu schützen, konnte ihm freilich das Direktorium nicht zur Verfügung stellen, da die Revolutionswirren und der Krieg mit England die französische Seemacht zerstört hatten. Der General landete in der Hauptstadt des spanischen Teils, Santo Domingo, und begab sich auf dem Landwege nach Le Cap. (Mai 1798). Dorthin berief er die beiden Häupter der Kolonie, Rigaud und Toussaint, bemerkte aber bald, daß er hier mit Befehlen nichts ausrichten könne und beide nicht gewillt waren, ihre Selbständigkeit zu opfern. Er trat zu Rigaud in ein näheres Verhältnis als zu Toussaint; der Mulatte, höchst eifersüchtig über die Ehrungen, mit denen das Direktorium den schwarzen General überschüttet hatte, schien weniger gefährlich als dieser, da seine Partei minder mächtig war. Hédouville mochte hoffen, mit Rigauds Hilfe Toussaints täglich wachsenden Einfluß zu paralysieren. Toussaint-Louverture seinerseits war aufgebracht über den guten Empfang, den Rigaud, der einzige Chef, der sich ihm trotz seiner Ernennung zum Oberbefehlshaber noch nicht untergeordnet hatte, erhielt, und erkannte sogleich Hédouvilles Absicht, die Macht seines Rivalen zu stärken. Unverzüglich begann er Hédouvilles Ansehen systematisch zu untergraben. Gelegenheit dazu bot der Krieg mit den Engländern. Diese waren Schritt für Schritt zurückgedrängt worden und sahen sich bald nach Ankunft Hédouvilles zur Herausgabe einer Küstenstadt nach der andern gezwungen. In den Verhandlungen darüber ging Toussaint häufig eigenmächtig vor, ohne auf die Anweisungen des Regierungsvertreters zu achten: insbesondere setzte er gegen Hédouvilles Willen mehrere, den emigrierten Kolonisten günstige Bestimmungen durch. Von diesen, die gleich den Emigranten in Europa als Feinde des Vaterlandes geächtet worden waren, kehrten jetzt manche, der Verbannung müde, aus den Vereinigten Staaten und den benachbarten Kolonien zurück: sie bildeten seitdem eine weiße Partei für Toussaint und begrüßten ihn als ihren Retter vor den harten Gesetzen der Revolution. Alle Klagen Hédouvilles über diese Milde gegen die Emigranten, die für royalistisch gesinnt galten, blieben fruchtlos, und schließlich brach ein Aufstand gegen ihn bei Le Cap aus, der nach einigen Berichten von Toussaint selbst angezettelt worden ist. Hédouville, der mit den schwachen Trümmern europäischer Truppen in Bedrängnis geriet, rief Toussaint zu Hilfe: dieser kam zwar herbei, aber — offenbar mit Absicht — so spät, daß Hédouville mittlerweile zur Einschiffung gezwungen worden war. Die weißen Beamten und eine Anzahl Kolonisten folgten ihm, um nicht dem Neger gehorchen zu müssen, der nunmehr Frankreichs Oberhoheit gänzlich abgeschüttelt zu haben schien. Als letztes Zeugnis seiner Mission hinterließ Hédouville eine Proklamation, in der er Toussaint anklagte, sich mit englischer Hilfe unabhängig machen zu wollen, und in einem besonderen Briefe entband er Rigaud von der Verpflichtung, Toussaint, den ja Sonthonax zum Oberbefehlshaber ernannt hatte, Gehorsam zu leisten (Oktober 1798).

Toussaint war jedoch nicht geneigt, sich von Frankreich zu trennen, er hielt vielmehr äußerlich durchaus den Schein seiner Unterordnung unter den Willen der Metropole fest. Da nach Hédouvilles Abreise die Regierung ohne Vertreter war, so lud er den Agenten der Regierung im spanischen Teile, Roume, ein, nach dem französischen Teile zu kommen und dort die Regierung zu übernehmen. Roume folgte dem Rufe, aber als Mann von schwachem Willen geriet er bald unter Toussaints Einfluß und billigte alle seine Pläne: Toussaint hatte nun den Vorteil, daß er alles, was er that, anscheinend im Auftrage der französischen Regierung ausführte. Sein nächstes Bestreben war jetzt, nachdem die Engländer von der Insel vertrieben waren, darauf gerichtet, Rigaud seiner Botmäßigkeit zu unterwerfen. Dieser versagte, gestützt auf Hédouvilles letzte Anordnung, dem schwarzen Kommandeur den Gehorsam. Ein Versuch Roumes, die beiden Rivalen miteinander zu versöhnen, mißlang; Streitigkeiten über territoriale Abgrenzungen führten bald zum Kriege (Sommer 1799). Rigaud stützte sich in erster Linie auf die Farbigen, die fast alle höheren Stellen seines Heeres bekleideten, doch stand auch die Masse der Schwarzen im Süden auf seiner Seite. Toussaints Heer bestand fast ausschließlich aus Schwarzen; die Mischlinge des Westens und Nordens, die Sympathien für ihren Stammesgenossen im Süden hegten, schüchterte er ein und ließ sie streng überwachen. Auf beiden Seiten fochten Weiße; ausschlaggebend waren sie nicht, sondern nur mehr oder weniger bedeutende Bundesgenossen des Negers oder Mulatten — so tief waren sie im Laufe der Revolution infolge ihrer Uneinigkeit von der stolzen Höhe ihrer Herrschaft herabgesunken! Roume nahm durchaus für Toussaint Partei und ächtete Rigaud als Rebellen. Der Krieg wurde von beiden Seiten mit Grausamkeit geführt; Rigaud verlor allmählich in wechselvollen Kämpfen eine Position nach der andern und wurde endlich mit den Trümmern seiner Armee, etwa ein Jahr nach dem Anfang des

Krieges, in seiner Hauptstadt Les Cayes eingeschlossen (Mai 1800). Während dieser Belagerung versuchte die Metropole noch einmal, ihre Autorität friedlich zur Geltung zu bringen.

Nach der Rückkehr Hédouvilles hatte das Direktorium zwar eingesehen, daß die Dinge drüben höchst mißlich für die französische Autorität ständen, aber kein Mittel zur Abhilfe gefunden. Es war ihm nichts weiter übrig geblieben, als Toussaint in seinem Kommando zu bestätigen und in einem schmeichelhaften Schreiben zu ermahnen, in seiner Treue gegen Frankreich und seiner Sorge für die Kolonie nicht zu ermüden. Als nun der Krieg mit Rigaud ausbrach, sandte Roume sogleich den Genieoberst Vincent, der schon an den Kämpfen gegen die Engländer teilgenommen hatte, nach Paris, um den unbotmäßigen Mulatten zu verklagen. Der Bericht erreichte aber seine Adresse nicht mehr; ehe Vincent sich den Direktoren vorstellen konnte, waren sie gestürzt worden, und der eben aus Egypten heimgekehrte Napoleon Bonaparte als erster Konsul mit fast unbeschränkter Gewalt an ihre Stelle getreten (9. Nov. 1799).

Ehe wir die Bedeutung dieses Ereignisses für St. Domingue betrachten, werfen wir noch einen Blick auf die Geschicke der übrigen Kolonien während der Revolutionszeit.

In Guadeloupe und Martinique, die je ein Drittel bis ein Viertel der Bevölkerung von St. Domingue zählten, rief die Revolution ungefähr dieselben Tendenzen und dieselben Ereignisse hervor wie dort: die reichen Pflanzer suchten die Regierungsgewalt zu erlangen und der Kolonie eine selbständige Stellung zu verschaffen, die kleinen Weißen und Farbigen strebten nach Verbesserung ihres Loses und Gleichstellung mit jenen. Unter den Pflanzern und Beamten, die auf diesen beiden Inseln mehr Hand in Hand gingen als auf St. Domingue, war die royalistische Gesinnung vorherrschend, es kam daher bei Verkündung der revolutionären Gesetze zu heftigen Tumulten, und auch die Neger gerieten in Gärung. Allmählich siegte die Revolutionspartei, aber der Krieg mit England wurde auch diesen Inseln verhängnisvoll: beide wurden von einer britischen Expedition erobert (1794). Guadeloupe wurde zwar durch einen Kommissar des Konvents, Victor Hugues, mit Hilfe der freien Farbigen bald wieder befreit (Ende 1794), aber Martinique blieb für die ganze Kriegszeit im Besitze der Engländer. Die übrigen Inseln der Franzosen in Amerika traf dasselbe Schicksal, da sie keine Flotte schützte und die Garnisonen zur Verteidigung nicht genügten.

In Guadeloupe hatten die inneren und äußeren Kämpfe tiefe Spuren zurückgelassen: ein großer Teil des Landes war verwüstet, viele Güter herrenlos, da ihre Besitzer entweder bei dem Siege der revolutionären Ideen die Insel verlassen oder gemeinschaftliche Sache mit den Engländern gemacht hatten und nun verbannt oder hingerichtet worden waren. Wie in St. Domingue, hatten auch in Guadeloupe die Neger die Kunde von ihrer Freilassung vernommen und weigerten sich zu arbeiten. Victor Hugues, ein brutaler Jakobiner, griff hier mit großer Thatkraft ein. Er erklärte die Sklaverei für abgeschafft, setzte aber an ihre Stelle eine strenge militärische Disziplin und zwang die Schwarzen mit Gewalt zur Arbeit; seine aus Weißen, Farbigen und zum Teil auch aus Negern bestehenden Truppen überwachten die Landarbeiter beständig und hielten sie in strenger Abhängigkeit. Daß zahlreiche Banden in den Wäldern arbeitsscheu herumschwärmten, der „Marronage“ huldigten, wie man in den Kolonien sagte, ließ sich freilich nicht mit einem Schlage verhindern.

Es war im ganzen dasselbe Verfahren, das, wie wir noch sehen werden, Toussaint einige Jahre später im großen Maßstabe einschlug, nur mit dem Unterschiede, daß in Guadeloupe ein Weißer die Schwarzen unterdrückte, und so zu gelegener Zeit die Sklaverei wiederhergestellt werden konnte, während in St. Domingue die Neger unter der Herrschaft ihres Stammesgenossen dagegen gesichert waren. Auch den beiden anderen Klassen, den Weißen und Mischlingen, brachte die Revolution nicht die ersehnte Freiheit: Victor Hugues richtete mit Hilfe seiner siegreichen Truppen eine Militärdespotie ein und gestand ihnen keinen Teil an der Leitung der Geschäfte zu. Die konstitutionellen Gesetze der Republik führte er nicht aus, sondern regierte — zuerst gemeinsam mit einem andern Agenten der Pariser Machthaber, dann nach dessen Heimkehr allein — völlig absolut. Für Guadeloupe war dieses System von Segen, so drückend es auch für die Kolonisten sein mochte und so sehr Victor Hugues auf seinen und seiner Freunde Vorteil bedacht war. Ruhe und Ordnung kehrten allmählich zurück, Ackerbau und Handel begannen sich zu heben, und von den Engländern war nichts mehr zu fürchten. Der Gouverneur zog sich, ohne daß ihm von Frankreich Hilfe zukam, eine tüchtige Truppe heran, deren die Engländer, da ihre Seemacht damals über alle Teile der Welt verstreut war, nicht Meister werden konnten; ja sogar eine kleine Marine verstand er sich zu bilden. Nach allen Seiten schickte er Korsaren aus und ließ die Schiffe der Engländer aufbringen; auch das Eigentum der Neutralen schonte er nicht, so daß sein Name in den Antillen bald gefürchtet war. Vier Jahre dauerte diese Willkürherrschaft, dann sah sich das Direktorium infolge zahlreicher Beschwerden von Kolonisten genötigt, den Autokraten abzuberufen und einen neuen Agenten zu ernennen (Anfang 1799). Der neue Gouverneur, Desfourneaux, suchte die gesetzlichen Formen, vor allem eine geregelte Finanzverwaltung, einzuführen, wandelte aber im übrigen in den Bahnen seines Vorgängers: der Arbeitszwang der Neger sollte bleiben und ihre Bezahlung in einem Anteil an dem Ertrage der Arbeit bestehen. Seine Maßregeln konnten indessen keine festen Wurzeln schlagen, denn nach einigen Monaten wurde er durch eine Anzahl Unzufriedener, die durch seine Anordnungen verletzt waren, verhaftet und nach Frankreich zurückgeschickt. An seine Stelle trat ein Ausschuß der Militär- und Zivilbehörden, bis die Metropole einen neuen Agenten ernannt habe. In Paris hatte mittlerweile Victor Hugues alle gegen ihn gerichteten Anklagen entkräftet und eine eifrige Agitation gegen seinen Nachfolger begonnen. Das Direktorium, ohne Anschauung von den Dingen in der Kolonie, ließ sich von seinen Ausführungen gefangen nehmen und übertrug, noch ehe ihm die neusten Vorgänge in Guadeloupe bekannt waren, drei neuen Agenten die Regierung der Insel. Unmittelbar darauf wurde das Direktorium gestürzt, aber die Agenten brachen trotzdem nach der Kolonie auf und wurden auch bald nach ihrer Ankunft in ihren Ämtern durch die neue Regierung bestätigt (Anfang 1800). Sie fanden die Insel in ungünstigerer Lage, als sie unter Victor Hugues gewesen war. Die Vereinigten Staaten — seit 1796 im thatsächlichen Kriegszustande mit Frankreich — hatten die schwache, von Victor Hugues begründete Seemacht vernichtet, und damit hatten die gewinnbringenden Kapereien aufgehört. Die Insel war nun auf ihre eigenen Produkte angewiesen, da ihr ja vom Mutterlande keine Unterstützung zukommen konnte. Indessen war der Ackerbau so weit vorgeschritten, daß sie mit ihren Kolonialwaren die notwendigen europäischen Lebensmittel von den Angehörigen neutraler Nationen einkaufen konnte. Die französischen Handelsprivilegien hatten selbstverständlich hier, wie in den anderen Kolonien, seit dem Beginne der Revolution zu bestehen aufgehört.

Besser als in Guadeloupe sah es in Guyana aus, der einzigen Besitzung Frankreichs auf dem amerikanischen Kontinent. Sie war von weit geringerer Bedeutung als die Inseln und zählte außer einer beträchtlichen Indianerbevölkerung kaum 700 bis 800 Weiße und etwa 12000 schwarze Sklaven. Von Unruhen war sie ebenfalls nicht verschont geblieben, doch hatte hier die Regierung stets die Oberhand behalten. Die Negergesetze waren auch hier bekannt geworden und hatten viele Sklaven zum Verlassen der Arbeitsstätten bewogen, aber die Verwaltung war bemüht, den Arbeitszwang zu erhalten und die Marronage zu unterdrücken. Victor Hugues, der nach seiner Rechtfertigung in Paris an die Spitze der Kolonie gestellt wurde, ging hier mit derselben Energie und denselben Mitteln wie in Guadeloupe vor: seine Mühe blieb nicht ohne Erfolg; etwa ein Jahr nach seiner Ankunft galt die Kolonie als die am besten verwaltete unter allen französischen Besitzungen.

Von den übrigen Besitzungen waren die kleinen indischen Kolonien und Senegal von den Engländern kurz nach der

Kriegserklärung besetzt worden. Die Inseln Ile de France und Réunion, wie man diese nach dem Sturz des Königtums umgetauft hatte, hatten keinen ernstlichen Angriff erfahren, da Englands Seemacht durch die Kämpfe in Europa und einen großen Krieg in Indien in Anspruch genommen war. Wie die amerikanischen Kolonien, waren auch sie von Unruhen heimgesucht, die Kämpfe zwischen den Anhängern des alten und neuen Regiments wollten nicht aufhören. Allmählich kam eine Einigung unter den Parteien zustande; es wurden auf beiden Inseln Kolonialversammlungen erwählt, die gemeinsam mit dem Gouverneur die Regierung führten und so der Bevölkerung eine gewisse Selbstverwaltung ermöglichten. Wenn auch das Resultat nicht alle Parteien befriedigte, viele Unruhen noch zu dämpfen waren und die Regierung ihrer Gewalt nie sicher war, so waren doch die Weißen in dem für sie wichtigsten Punkte einig: in der Abneigung gegen die Emanzipation der Sklaven. Ihre Position, die hierdurch schon weit günstiger war als die der Weißen in den amerikanischen Kolonien, wurde noch verstärkt durch das nähere Verhältnis zu den freien Mischlingen, die hier, im Gegensatz zu der amerikanischen Praxis, schon vor der Revolution Zugang zum Verwaltungsdienste erhalten hatten: die beiden oberen Klassen hatten damit das gemeinsame Interesse, die dritte in ihrer Abhängigkeit zu erhalten. Die Nachricht von den Greuelthaten der empörten Neger auf St. Domingue erstickte vollends jede Neigung unter den Kolonisten, die Fesseln der Sklaverei zu lockern. Als daher einige Agenten des Direktoriums anlangten, um die negerfreundlichen Gesetze durchzuführen, wurden sie kurzer Hand nach Frankreich zurückgesandt (1796) und die Publikation der Gesetze verhindert. Auch eine Anzahl Soldaten, die die Agenten herbeigeführt hatten, wurden aus der Kolonie entfernt, da man ihnen mißtraute (1798); ja die Insulaner beschlossen, fortan kein Schiff aus Europa in den Hafen einzulassen, bevor sie sich nicht über seine Besatzung und ihre Absichten vergewissert hätten. Trotz dieser offenen Rebellion gegen die Gesetze des Mutterlandes waren aber die Inseln nicht gewillt, sich von Frankreich zu trennen: in wiederholten Beschlüssen beteuerten die Kolonisten ihre Anhänglichkeit und vereitelten mehrere Putschversuche, die separatistisch gesinnte Elemente unternahmen; gegen die Engländer unterhielten sie einen beständigen Kaperkrieg und suchten, ihnen durch Unterstützung der holländischen Kolonien und ihrer übrigen Feinde in Asien Schaden zuzufügen. Die wirtschaftliche Lage der Inseln freilich litt durch alle diese Ereignisse beträchtlich. Der Verkehr mit dem Mutterlande wurde durch das Zerwürfnis mit der Regierung und die englischen Korsaren fast vollständig unterbunden. Die Sicherung der Inseln nach außen erforderte große Opfer: in der Königszeit hatte die Regierung alljährlich, laut einem Berichte des Marineministers, mehrere Millionen hierzu beigesteuert, seit dem Beginne der Revolution war diese Subvention ausgeblieben, und die Kolonien hatten sich mit eigenen Mitteln helfen müssen. Die inneren Kämpfe hatten den Ackerbau geschädigt, und wenn es auch zu keinem allgemeinen Negeraufstande kam, so war den Sklaven doch die Kunde von den Erfolgen ihrer Schicksalsgenossen auf St. Domingue zugekommen und hatte auch unter ihnen Emanzipationsgelüste erzeugt. Sie hatten, wie bemerkt, keinen Erfolg, verstärkten aber den in allen Sklavenkolonien vorhandenen Hang zur Marronage. Die Besitzer hatten daher mehr Mühe als je, ihre Arbeitskräfte zusammenzuhalten, und der Landbau mußte naturgemäß hierunter leiden. Der Handel mit den fremden Nationen endlich wurde durch den Krieg erschwert, und die Kaperei konnte den daraus entstehenden Ausfall an Zolleinnahmen nicht decken. Mit jedem Jahre nahm die Finanznot zu; zur Deckung der Kosten entschloß sich die Verwaltung schließlich zur Ausgabe von Papiergeld, das aber bald fast wertlos wurde und den Insulanern große Verluste verursachte.

Was war doch aus dem trotz aller früheren Verluste noch reichen Kolonialbesitz, den das Königtum hinterlassen hatte, in der Revolutionszeit geworden! Indien, Senegal, die meisten Antillen waren an England verloren, St. Domingue wirtschaftlich ruiniert und thatsächlich unabhängig, Guadeloupe und Ile de France nebst Réunion ebenfalls ökonomisch zurückgegangen:

diese befanden sich im offenen Aufruhr gegen das Mutterland und regierten sich selbst, jenes stand mit der Zentralgewalt zwar noch in Verbindung, ohne ihr indessen noch den früheren Einfluß zu gewähren. Nur in Guyana besaß die Regierung noch ihre volle Autorität. Der Handel zwischen Kolonien und Mutterland war fast ganz verschwunden, an die Stelle des französischen Kaufmanns war der amerikanische getreten. Es fragte sich nun, ob es der neuen Ordnung in Frankreich gelingen werde, die Fehler der Revolution gut zu machen und die französischen Kolonien wieder auf ihre frühere Höhe zu bringen. Das hing davon ab, ob der neue Herr Frankreichs, der erste Konsul Napoleon Bonaparte, den kolonialen Dingen Interesse entgegenbringen, und ob er Zeit und Mittel finden werde, seine Teilnahme praktisch zu bethätigen.

Zweites Kapitel.

Napoleons erste Kolonialpläne und der Abfall Toussaints.

Der Gewaltige, der jetzt das Schicksal Frankreichs und seiner Kolonien bestimmte, hatte soeben ein großes kolonisatorisches Werk in Angriff genommen: die Eroberung Egyptens. Heimgekehrt aus dem italienischen Feldzuge, der Frankreichs alten Gegner, das Haus Österreich, niedergeschlagen und den Franzosen das Übergewicht auf dem Kontinent errungen hatte, war der Sieger von Lodi und Arcole von seiner Regierung, den Direktoren, beauftragt worden, den einzigen noch unbezwungenen Gegner Frankreichs, England, zur Anerkennung der Republik und ihrer neuen Größe zu zwingen. Regierung und Nation dachten bei dieser Aufgabe an eine Landung in England und Eroberung Londons, die das stolze Inselreich am sichersten gedemütigt hätte. Napoleon war diesem Unternehmen an sich nicht abgeneigt, aber eine Betrachtung der zur Verfügung stehenden Mittel ließ ihn davon zurückkommen: zu einem solchen Wagnis, sagte er, müsse Frankreich den Engländern zur See gewachsen sein, und davon sei es vorderhand noch weit entfernt; überdies sei es fraglich, ob die Festlandsmächte einem derartigen Unternehmen ruhig zusehen würden. Er kam anstatt dessen auf einen Plan zurück, den er schon während seines italienischen Feldzuges erwogen hatte, und der in Frankreich schon immer Anhänger gehabt hatte: auf die Eroberung Egyptens. (Febr. 1798).

Seit Jahrhunderten waren die Beziehungen Frankreichs zum östlichen Mittelmeere von größter Wichtigkeit gewesen: der Sultan war der traditionelle Bundesgenosse der bourbonischen Könige und der Levantehandel ein Hauptzweig des französischen Handels gewesen. Auf politischen Einfluß in der Levante hatte darum die französische Politik hohen Wert gelegt, und die allmähliche Zerbröckelung des Osmanenreiches unter den Angriffen Österreichs und Rußlands hatte sie mit großem Unbehagen beobachtet. Als aber im Laufe des 18. Jahrhunderts der Verfall der Pforte immer offenkundiger wurde, machten sich auch in Frankreich Stimmen geltend, die auf ihren unvermeidlichen Untergang hinwiesen und für Frankreich Beteiligung an der Beute forderten. Napoleon stand diesem Gedankenkreise nicht fern; wenn er auch nicht unbedingt an eine baldige Auflösung des türkischen Reiches glaubte, so wollte er doch, daß Frankreich auf eine derartige Möglichkeit immer vorbereitet sei. Um Frankreich eine Position zu verschaffen, von der aus es die orientalischen Dinge überwachen könne, hatte er nach der Einnahme Venedigs aus eigener Initiative die ionischen Inseln besetzt und kam damit den Wünschen vieler Franzosen und des Direktoriums entgegen. Als weiteren Stützpunkt hatte er Malta in Aussicht genommen. Während des italienischen Feldzuges, wo er sich zum erstenmale praktisch mit den kommerziellen und maritimen Aufgaben Frankreichs beschäftigte, reifte ihm die Überzeugung, daß Frankreich Egypten erwerben müsse, um den überseeischen Besitzungen Englands das Gleichgewicht zu halten. Auf diesen Gedanken kam er nun zurück, als er die Unmöglichkeit, England durch eine Invasion niederzuwerfen, eingesehen hatte. Eine Expedition in die Levante, entwickelte er den Direktoren (April 1798), werde England zur Entsendung von Schiffen aus dem Kanal nach dem Mittelmeere zwingen und so einen Übergang nach Irland oder Schottland ermöglichen. Aber noch ganz andere dauernde Vorteile versprach er sich von der Besitznahme des Pharaonenlandes. Der Besitz Maltas, der ionischen Inseln und Egyptens sollte den im letzten Jahrzehnt zurückgegangenen Levantehandel Frankreichs wiederherstellen und Frankreich zum unbedingten Herrn im Mittelmeere machen; das fruchtbare Egypten selbst sollte eine französische Kolonie werden, die St. Domingue und alle früheren Besitzungen in den Schatten stellte. Von hier aus wollte er alle Niederlassungen der Engländer im Roten Meere zerstören und ihren indischen Handel vernichten; gelang es dann gar, das Mittelländische mit dem Roten Meere durch einen Kanal zu verbinden, so war der alte Handelsweg von Indien über Egypten nach Europa wiederhergestellt, und die Franzosen als Besitzer des Nillandes waren die natürlichen Vermittler zwischen Morgen- und Abendland. Wie aber, wenn es gelang, von Egypten zu Lande oder zu Wasser ein Truppenkorps nach Indien zu werfen, um dort im Bunde mit den Eingeborenen die verhaßte und noch wenig konsolidierte Herrschaft der Engländer zu stürzen? Noch war kein halbes Jahrhundert verflossen, daß England dort Frankreich überwunden hatte; noch zählten die Franzosen Anhänger unter den indischen Fürsten, und wiederholt kamen Gesandtschaften nach Paris, um Hilfe gegen die britischen Bedränger zu fordern. Französische Reisende und Agenten, die Indien selbst besucht oder von Ile de France und der Levante aus die indischen Dinge beobachtet hatten, versicherten, daß wenige Tausend Mann genügten, um die englische Herrschaft zu zertrümmern; man müsse sich nur rechtzeitig mit den Eingeborenen verständigen und unvermutet einen Angriff unternehmen. Glückte dies Wagnis, herrschte Frankreich am Nil und am Indus: welche Perspektive bot sich dann! Das Mittelländische und Rote Meer wären französische

Seen geworden, auch den Handel um die Südspitze Afrikas konnte Frankreich von Ile de France aus beaufsichtigen, und die durch den Verlust Indiens hart getroffenen Engländer hätten das den Holländern soeben entrissene Kap der Guten Hoffnung gewiß nicht behaupten können: die Republik wäre unbestritten die erste Kolonial- und Handelsmacht geworden. Daß der französische Handel den erweiterten Aufgaben gerecht geworden wäre, darf man wohl annehmen, hatte er doch im 18. Jahrhundert ungeheure Fortschritte gemacht und soeben durch die Einverleibung Belgiens und der Rheinlande eine große Verstärkung erfahren. Wie weit Napoleon bei der Abfahrt nach Egypten an die letzte Möglichkeit, an die Eroberung Indiens, dachte, ist im einzelnen nicht zu erweisen; daß er sie aus seinen Erwägungen nicht ausschloß, ist gewiß, denn er traf sogleich Anstalten, um mit dem Hauptgegner Englands in Indien, dem Sultan Tippo Saib, in Verbindung zu treten und auch mit Persien knüpfte er Verhandlungen an. Sein nächstes Ziel war indessen die Eroberung Egyptens, die Vertreibung der Engländer aus dem Roten Meere und die Leitung des indischen Handels vermittelst eines Suezkanals über Egypten: schon dies mußte genügen, um den französischen Levantehandel zu beleben und England die schwersten materiellen Verluste zuzufügen.

Es ist bekannt, mit welchem Eifer er während seines einjährigen Aufenthaltes in Egypten diesem Ziele nachstrebte und von welchem Mißgeschick sein Werk verfolgt worden ist. Die französische Flotte, die ihn und sein Heer übergesetzt hatte, wurde von Nelson vernichtet und die Nilmündung durch ein starkes englisches Geschwader blockiert; die französische Armee verlor dadurch die Verbindung mit der Heimat und konnte keine regelmäßige Unterstützung erhalten, worauf Napoleon gerechnet hatte; die Kämpfe mit den Eingeborenen und Türken, die, von England und Rußland angestachelt, den Krieg an Frankreich erklärt hatten, verminderten die Armee und brachten sie in eine bedenkliche Lage. Ihre allmähliche Verblutung war unausbleiblich, wenn kein Sukkurs aus Frankreich kam. Hierzu war aber geringe Aussicht, denn in Europa war ein neuer Kontinentalkrieg ausgebrochen, in dem die Franzosen gegen die verbündeten Österreicher und Russen Niederlagen auf Niederlagen erlitten und in Gefahr kamen, die von Napoleon erkämpften Provinzen wieder aufgeben zu müssen. Napoleon erkannte aus allen Nachrichten mit Deutlichkeit, daß die unter sich nicht einigen Direktoren der schwierigen Lage nicht gewachsen waren, und er faßte den Entschluß, nach Frankreich zurückzukehren, um den Dingen in Europa eine bessere Wendung zu geben. Es war der einzige Weg, der Armee in Egypten eine wirksame Hilfe zu verschaffen. So lange Frankreich Mühe hatte, seine Grenzen zu verteidigen und in der Regierung kein einheitlicher Wille herrschte, war es nicht imstande, außerordentliche Anstrengungen zu machen, um eine starke Flotte im Mittelmeer auszurüsten, und ohne diese war eine Unterstützung der egyptischen Armee in großem Maßstabe nicht ausführbar. Wiederherstellung des militärischen Übergewichts in Europa und der durch das Direktorenregiment untergrabenen Ordnung im Innern bildeten die Vorbedingung für die Rettung Egyptens, und allein Napoleon war der Mann, diese Vorbedingung zu erfüllen. Man sollte daher den oft gehörten Vorwurf, daß er die Armee, bei der er Ehren halber hätte ausharren müssen, verlassen und sein begonnenes Kolonialwerk preisgegeben habe, nicht wiederholen; er konnte den Truppen von Europa aus nützlicher sein, denn als Feldherr in ihrer Mitte, und keinen Moment hat er in Paris unter den Pflichten der Regierungsgeschäfte die Sorge für seine Soldaten am Nil und seine orientalischen Kolonialpläne vergessen.

Es ist verständlich, daß ein Mann, der so umfassende Pläne zur Neugründung von Kolonien und zur Wiederbelebung des Handels hegte, auch den alten französischen Besitzungen Teilnahme entgegenbrachte. Zunächst war zwar die Sorge für Egypten wichtiger als die für die amerikanischen und afrikanischen Inseln, aber gleich in seinen ersten Maßregeln zeigte Napoleon, daß er auch auf sie seine Aufmerksamkeit gerichtet habe und Ordnung in die verworrenen überseeischen Dinge bringen wolle.

Schon die Verfassung, durch welche die Direktorialverfassung abgelöst wurde, verkündete, daß mit dem bisherigen Kolonialregiment gebrochen werden solle: der nie durchgeführte doktrinäre Grundsatz, der so viel Unruhen erzeugt hatte, daß die Kolonien integrierende Bestandteile des französischen Staates seien und nach denselben Grundsätzen wie das Mutterland regiert werden sollten, wurde beseitigt. Für jede Kolonie sollten vielmehr Spezialgesetze erlassen werden, die zwar von gemeinsamen Prinzipien ausgehen, doch den Besonderheiten der einzelnen Länder in Klima, Bevölkerung und Geschichte Rechnung tragen sollten. Der Chef der Zentralverwaltung für die Kolonien blieb nach wie vor der Marineminister, daneben bildete Napoleon eine besondere Kolonial-Sektion im Staatsrat, die den Minister in den Verwaltungsgeschäften zu unterstützen und eventuell zu vertreten hatte. An den Erlaß von Spezialgesetzen für die einzelnen Kolonien konnte vorläufig freilich nicht gedacht werden, so lange der Krieg mit England fortdauerte und die Autorität des Mutterlandes nicht überall wiederaufgerichtet worden war; einstweilen konnten nur vorbereitende Maßregeln getroffen werden.

Ehe Napoleon sich hierzu verstand, ließ er sich umfassende Berichte über die Lage in den einzelnen Kolonien vorlegen. Der Marineminister, Admiral Forfait, unterrichtete ihn zunächst über die wichtigste, St. Domingue. Hierüber waren die verschiedensten Berichte nach Paris gekommen. Hédouville, Sonthonax und die anderen vertriebenen Beamten stellten Toussaint als den Urheber alles Unglücks hin, das die Kolonie seit mehreren Jahren heimsuche: sein Ziel sei, sich mit Hilfe Englands unabhängig zu machen, was Frankreich allein durch Unterstützung Rigauds verhindern könne. Daß Roume ungefähr dasselbe von Rigaud behauptete, ist bei dessen Stellung erklärlich, und auch der eben angekommene Vincent sprach mit hoher Verehrung von Toussaint: allein Rigauds selbstsüchtiger Ungehorsam gegen den Wohlthäter der Kolonie habe den Bürgerkrieg hervorgerufen. Die Anschauungen der in Paris anwesenden Kolonisten gingen ebenfalls weit auseinander, doch glaubten diese meistens nicht an verräterische Beziehungen der beiden Rivalen zu England, da die farbige und schwarze Bevölkerung von St. Domingue von tiefem Haß gegen diese Macht beseelt sei, welche die Sklaverei in ihren Besitzungen in vollem Umfange aufrechthalte. Sämtliche stimmten für die Absendung neuer Bevollmächtigter, um die Ordnung im Namen der Konsuln drüben wiederherzustellen und der Regierung das Ansehen wiederzugeben, das Roumes Unselbständigkeit nicht zu wahren gewußt habe; die einen wollten die Agenten an der Spitze einer starken Macht entsenden, um sie nicht allein der Loyalität der Schwarzen anzuvertrauen; die andern meinten, das werde die Neger nur unnütz erbittern, die Armee selbst werde an Krankheiten und den Schwierigkeiten der Verpflegung zu Grunde gehen. Eine klare Anschauung von den Dingen in der Kolonie vermochte sich Forfait auf Grund dieser Berichte nicht zu bilden. Wenn man eine starke Expedition ausrüsten könne, sagte er, werde man bald die Ordnung wiederherstellen und wissen, was man von den beiden Parteien zu halten habe; einstweilen müsse man sich daran halten, daß Toussaint, kraft seiner Ernennung durch Sonthonax und Roume, der legitime Vertreter der Regierungsgewalt, der rechtmäßige Oberbefehlshaber sei, und Rigaud ihm Gehorsam schulde. Überdies sei er der mächtigere von beiden und habe sich als Schützer der Weißen erwiesen: mit ihm müsse man sich daher zuerst verständigen. Der Minister schlug daher vor, einige Delegierte an Toussaint zu senden, um durch sie einen Frieden mit Rigaud vermitteln und zugleich die Anschauungen der neuen Regierung über die Kolonien und ihre Verwaltung öffentlich darlegen zu lassen. Forfait legte auf den letzten Punkt hohen Wert: die Parteien auf St. Domingue seien durch ihre Emissäre in Paris von allen Vorgängen in Europa vorzüglich unterrichtet und würden die Verfassungsänderung in Frankreich sogleich in ihrem Parteiinteresse ausnutzen und der Regierung alle möglichen Projekte wider die Freiheit der Schwarzen unterlegen, wenn dem nicht durch eine öffentliche Erklärung ein Riegel vorgeschoben werde.

Napoleon stimmte der Entsendung einer Delegation zu und ernannte sogleich den eben herübergekommenen Vincent, den

Mulatten Raymund, der bereits unter einer früheren Regierung eine ähnliche Mission erfüllt hatte, und einen General Michel, der den kolonialen Dingen ebenfalls nicht fremd war, zu Abgeordneten. Auch den Vorschlag, seine Absichten feierlich zu verkündigen, genehmigte er und ließ eine Proklamation entwerfen, in der er die Notwendigkeit, die Kolonien nach andern Gesetzen als das Mutterland zu regieren, mit der Verschiedenheit der moralischen und physischen Bedingungen motivierte und schließlich rückhaltslos die Aufrechthaltung der Freiheit und Gleichheit aller Eingeborenen, ohne Unterschied der Farbe, versprach. „Brave Schwarze", schloß sie, „erinnert euch, daß allein das französische Volk eure Freiheit und die Gleichheit eurer Rechte anerkennt". Damit die Schwarzen diese Versicherung immer vor Augen hätten, befahl er, sie in goldenen Lettern auf den Fahnen der Nationalgarde anzubringen. Ein verbindlicher Brief des Marineministers an Toussaint bestätigte ihn in seinem Kommando und ermahnte ihn, unter Berufung auf seine Christenpflicht, zur Versöhnlichkeit gegen seinen Gegner. An den persönlichen Verhältnissen der Kolonie wurde vorläufig nichts geändert. Wie Toussaint an der Spitze der Armee, so sollte Roume an der Spitze der Verwaltung bleiben; diesem wurde Raymund, jenem Michel als Gehilfe zugewiesen. Vincents Aufgabe war vornehmlich, eine Vermittlung zwischen Toussaint und Rigaud zu versuchen. Bald nachdem die Kommissare ihre Instruktionen erhalten hatten (Anfang Januar 1800), verließen sie Paris, um sich in Rochefort einzuschiffen; es dauerte aber noch mehrere Wochen, ehe sie den Hafen verlassen konnten, so daß sie erst nach mehr als einem Vierteljahr auf der Insel landeten (21. April).

In der Hauptsache mußte also auch Napoleon die Dinge drüben einstweilen ihren Gang gehen lassen. Er glaubte aber nicht, daß die moralische Autorität der drei Delegierten genügen werde, um die beiden selbstherrlichen Farbigen zum Frieden und zur Unterordnung zurückzuführen, sondern hielt die Hinübersendung einer kleinen Armee für notwendig, so sehr ihn auch alte Revolutionsmänner, wie der frühere Marineminister, Admiral Truguet, beschworen, nichts mit Gewalt zu versuchen: die freien

Schwarzen würden schon von selbst aus Dankbarkeit und wohlverstandenem eigenen Interesse treue Unterthanen der Republik werden. Ohne Rücksicht auf solche Ratschläge ließ Napoleon in den Wintermonaten Vorbereitungen zu einer Expedition treffen, und befahl einige Hundert Vagabunden aufzugreifen, um sie der Expeditionsarmee zuzuteilen. Zunächst nahm freilich Egypten noch seine Hauptsorge in Anspruch; ein starkes Geschwader wurde in Brest von dem ersten Seemanne Frankreichs, Admiral Bruix, ausgerüstet, um Kleber zu Hilfe zu eilen, und bevor diese dringendste Aufgabe nicht gelöst war, konnte er nicht an eine Fahrt nach St. Domingue denken. Wohl aber nahm er sie für den Fall in Aussicht, daß Bruix mit seiner Flotte durch die Engländer, welche die französischen Häfen blockierten, in Brest festgehalten würde. Falls die Äquinoktialzeit, in der erfahrungsgemäß die Küste durch heftige Stürme heimgesucht wurde, vorübergehe, ohne daß die englische Flotte durch einen Sturm zerstreut und der Ausgang frei werde, hielt er ein Auslaufen seiner gesamten Flotte in den Frühlings- und Sommermonaten überhaupt für unmöglich. Kleinere Geschwader nach Malta oder Egypten zu schicken, schien ihm zu gefährlich. Er wollte deshalb auf die Fahrt ins Mittelmeer ganz verzichten, anstatt dessen die Engländer in den nördlichen Meeren beunruhigen und einige Tausend Mann in die amerikanischen Kolonien führen lassen. Die Zeit verstrich in der That, ohne daß Bruix den Hafen verlassen konnte, und nun gab Napoleon den Befehl, auf 7 Linienschiffen und 5 Fregatten 4600 Mann nach St. Domingue einzuschiffen (22. April). Admiral Lacrosse sollte das Geschwader führen, General Sahuguet die Expeditionsarmee und alle in der Kolonie stehenden Truppen befehligen, und Staatsrat Lescallier, der die Kolonie aus eigener Anschauung kannte, die Zivilverwaltung leiten. Die neuen Abgeordneten sollten nicht mehr so sanft auftreten wie die früheren: gestützt auf ihre Heeresmacht sollten sie durch Überredung oder Gewalt den Bürgerkrieg beenden, hierauf sowohl Rigaud wie Toussaint ihrem Rang entsprechend, in der Armee unter Sahuguets Befehlen anstellen. Doch war diese Lösung nur als

Provisorium gedacht; die neue Regierung sollte den Einfluß beider Häuptlinge nach Kräften zu vermindern suchen und sie, sobald es ohne Gefahr anginge, aus der Kolonie entfernen. Das schien eine wesentliche Bedingung für die künftige Ruhe der Insel. Nach Wiederherstellung der Ruhe hatte die Neuordnung der Verwaltung zu folgen, die sich nach Möglichkeit an die des Mutterlandes anlehnen und namentlich die Hebung des wirtschaftlichen Wohlstandes berücksichtigen sollte. Eine Friede und Versöhnung athmende Proklamation sollte sogleich veröffentlicht werden, um den Negern jede Besorgnis vor freiheitsfeindlichen Absichten der Franzosen zu nehmen. Kurz nachdem der Konsul diese Anordnungen getroffen hatte, brach er nach Italien auf, um gegen die Österreicher zu Felde zu ziehen, die Sorge für die Expedition dem Minister und den beiden Mitkonsuln überlassend (6. Mai).

Das Geschwader wurde trotz Napoleons dringendem Wunsche, es bald segelfertig zu sehen, nur langsam ausgerüstet, da weder Material noch Menschen bereit waren. Endlich, mehrere Wochen später als ursprünglich geplant war, lief es aus Brest aus. Ein Sturm hatte das Blockadegeschwader entfernt, aber es war auch den französischen Schiffen hinderlich, das hohe Meer zu gewinnen, so daß sich Lacrosse nach einigen Tagen zur Rückkehr in den Hafen entschloß (2. Juni). Neben dem widrigen Winde veranlaßte ihn der schlechte Zustand seiner Schiffe und Mannschaften zur Umkehr. Die Soldaten an Bord waren höchst mangelhaft versorgt; es fehlte ihnen an Sold, Nahrung und Kleidung, und auch die Disziplin ließ viel zu wünschen übrig, was bei den Elementen, die Napoleon hatte einreihen lassen, nicht verwunderlich ist. Überdies brach noch eine ansteckende Krankheit unter ihnen aus, die für die heiße Zone das Schlimmste befürchten ließ. Da auch die Schiffe wenig seetüchtig waren, hätte ein Zusammentreffen mit feindlichen Kräften verhängnisvoll werden können. Die Konsuln billigten den Entschluß des Admirals. Ursprünglich wollten sie die Expedition nur auf einige Zeit verschieben: die Truppen sollten an Land gehen, man wollte aussprengen, daß die Expedition definitiv aufgegeben sei, um die Engländer zu täuschen und bei besserer Gelegenheit den Ausbruch abermals zu versuchen. Aber bald sahen sie, daß den Mängeln nicht in kurzer Zeit abgeholfen werden, und daß in den Sommermonaten die Blockade kaum durchbrochen werden könne: es wurde deshalb beschlossen, den Ausbruch bis zum Eintritt der Herbststürme zu verschieben (11. Juni). Der erste größere Versuch Napoleons, die beste Kolonie Frankreichs zur Botmäßigkeit zurückzuführen, war also an der Leistungsunfähigkeit der durch die Revolution zu Grunde gerichteten Marineverwaltung gescheitert.

Besser als über St. Domingue war man in Paris über Guadeloupe unterrichtet, da zwischen dieser Insel und Frankreich fortwährend Schiffe verkehrt hatten. Kurz nachdem Napoleon zur Herrschaft gekommen war, kehrte Desfourneaux nach Paris zurück, so daß die Konsuln auch über die letzten Vorgänge drüben sichere Nachrichten erhielten. Die kolonialen Berater Napoleons waren höchst unzufrieden mit den Zuständen auf der Insel und machten die Direktoren für die Unbotmäßigkeit der Kolonie verantwortlich: unter ihrer kraftlosen Regierung habe sich die Bevölkerung gewöhnt, sich über ihre Anordnungen hinwegzusetzen. Napoleon empfand die unwürdige Lage der französischen Regierung wohl, aber er konnte einstweilen bei den anderen ihm obliegenden politischen Aufgaben nichts zur Abhilfe thun. Er mußte sich damit begnügen, das Vorgehen gegen Desfourneaux zu mißbilligen, die Haupträdelsführer nach Paris zur Verantwortung zu fordern und im übrigen den noch von seinen Vorgängern ernannten Agenten genaue Verhaltungsmaßregeln zu geben. An den Grundzügen der Verwaltung sollte danach nichts geändert, die Administration aber in anderem Geiste und vor allen Dingen sparsamer als bisher geführt werden. Die früheren Machthaber, hieß es in der Instruktion, hätten viele ihrer Freunde zu Beamten ernannt, die keinen Dienst thäten aber hohe Besoldung empfingen, und sämtliche Offiziere und Beamte bezögen mehr Sold als ihnen zukäme; alle diese Mißbräuche sollten schleunigst abgestellt werden. Der Ackerbau müsse mehr als bisher gepflegt und der Handel mit Neutralen und Franzosen besser geschützt werden, dann werde die Insel ihre frühere Blüte wiedererlangen und für fünf Millionen Kolonialwaren an das Mutterland abliefern können (März 1800).

Für Guyana konnte der Konsul ebenfalls nichts thun, wiewohl er erfahren hatte, daß es von den Engländern bedroht sei; er plante zwar wiederholt die Hinübersendung einiger Schiffe, aber diese Expedition kam so wenig wie die nach St. Domingue bestimmte zur Ausführung.

Weit schwieriger als über Guadeloupe und Cayenne war es, sich ein Urteil über Ile de France und seine Nachbarinsel zu bilden. Der Verkehr mit ihnen hatte fast ganz aufgehört, und die letzten Nachrichten stammten von den aus der Kolonie deportierten Agenten und Soldaten. Diese hatten natürlich die Inseln als im Aufruhr befindlich dargestellt und verbreitet, daß die Kolonisten, um die Sklavenemanzipation nicht durchführen zu müssen, sich an England anschließen wollten. Sie hatten im Publikum viel Glauben damit gefunden, da die Entfernung der französischen Soldaten dafür zu sprechen schien und gar das Verbot, keine Schiffe ohne Vorsichtsmaßregeln in den Hafen einzulassen, wenn nicht eine direkte Drohung, so doch ein unverhülltes Mißtrauen gegen die Metropole bekundete. Ehe Napoleon eine Ansicht aussprach, ließ er sich wiederum von Sachverständigen, vornehmlich vom Marineminister, dem Admiral Ganteaume und Lescallier, Bericht erstatten. Die Antwort war fast immer dieselbe: die Inseln hätten sich zwar ungehorsam gegen das Vaterland gezeigt, aber gute Gründe dazu gehabt, da sie durch die Nichtausführung der Sklavengesetze die auf den amerikanischen Inseln entstandenen Unruhen hätten vermeiden wollen. An ihrer Treue gegen das Mutterland zweifelte niemand von den maßgebenden Persönlichkeiten; um sie zum Gehorsam zurückzuführen, brauche man sie nicht zu unterwerfen, wie etwa St. Domingue, sondern nur zu versöhnen. Wie das zu erreichen sei, darüber gingen die Ansichten ebenfalls wenig auseinander: man solle sich begnügen, im allgemeinen Anerkennung der französischen Gesetze zu verlangen, aber nicht auf der Annahme der Sklavengesetze bestehen. Die neue Verfassung mit ihrer Verheißung von Spezialgesetzen für die Kolonien, meinte Ganteaume, werde dem Mutterlande die Herzen der Kolonisten gewiß wieder gewinnen. Der Admiral Truguet war der einzige, der nichts von Nachgiebigkeit gegen die Sklavenhalter wissen wollte, er fand aber nirgends Anklang. Sämtliche Denkschriften betonten die strategische und kommerzielle Wichtigkeit der beiden Inseln: von hier aus könne man das reiche Madagaskar kolonisieren, dem englisch-indischen Handel schaden und endlich Indien selbst bedrohen. Die Engländer, sagten sie, hätten diese Bedeutung der Inseln wohl erkannt und gingen mit der Absicht um, sie anzugreifen; es sei daher dringend erforderlich, Unterstützungen hinüberzusenden.

Napoleon acceptierte diese Anschauungen völlig und verlangte sogleich Vorschläge, wie die Unterstützung ausführbar sei. Bei der großen Entfernung der Inseln und der Schwäche der Marine war das Unternehmen außerordentlich schwierig und veranlaßte lange Beratungen innerhalb der Behörden. Endlich erklärten sie übereinstimmend eine größere Expedition augenblicklich für unmöglich. Sie schlugen anstatt dessen vor, einige Fregatten mit etwa 8 bis 900 Mann hinüberzusenden, die, vereinigt mit den Milizen der Inseln, zur Verteidigung ausreichen würden. Der Konsul stimmte zu und ordnete die Ausrüstung der Schiffe an. Aber auch diese Aufgabe war der französischen Marine für jetzt zu groß: die Regierung mußte sich nach einigen Monaten dazu entschließen, anstatt des Fregattengeschwaders nur eine Korvette hinüberzusenden, um die Nachricht von der Regierungsveränderung und den wohlwollenden Gesinnungen des neuen Machthabers für die Kolonien zu überbringen (Sommer 1800). Die französische Seemacht wurde eben völlig durch die Versorgung der egyptischen Armee in Anspruch genommen und war zu anderen Aufgaben nicht mehr fähig; nicht mehr als Pläne und Vorbereitungen zu Aktionen für spätere bessere Zeiten konnte Napoleon im ersten Jahre seiner Regierung entwerfen.

Während dieser Vorbereitungen im Mutterlande hatten auf St. Domingue wichtige Ereignisse stattgefunden. Toussaint hatte Rigaud Schritt für Schritt zurückgedrängt, und zur Zeit des Staatsstreiches in Paris war der endgültige Sieg über den Rivalen nur noch eine Frage der Zeit. Diese Erfolge ließen in ihm einen neuen Plan reifen: er kam zu dem Entschluß, den spanischen Teil der Insel zu besetzen.

Werfen wir hier kurz einen Blick auf diese spanische Kolonie! An Umfang fast doppelt so groß als die französische und von eben so großer natürlicher Fruchtbarkeit war sie jedoch weit weniger bevölkert als diese: auf nicht mehr als 125000 wurde ihre Einwohnerzahl geschätzt; etwa 14000 waren davon Sklaven; der Rest verteilte sich zu ungefähr gleichen Teilen auf Weiße und freie Mischlinge. Ackerbau und Viehzucht ernährten die Bevölkerung. Die handelspolitische Bedeutung der Kolonie war gering. Sie zählte wenig Städte und nur zwei Häfen von einiger Bedeutung, die Hauptstadt Santo Domingo im Süden, den Lieblingsaufenthalt und die Begräbnisstätte von Columbus, und Samana im Nordosten. Von den Stürmen, welche die französische Kolonie heimgesucht hatten, war sie fast ganz verschont geblieben, und das alte Kolonialsystem mit Sklaverei und Negerhandel bestand fort. In den Jahren des französisch-spanischen Krieges war die spanische Kolonie eine Zufluchtsstätte für aufständische Banden aus dem französischen Teile gewesen, seit dem Frieden von Basel aber hatten beide Verwaltungen gute Nachbarschaft gehalten. Seit diesem Frieden waren die Tage des spanischen Regiments auf der Insel gezählt. Um einen Angriff von Osten her auf die französische Kolonie unmöglich zu machen, hatte die in Europa siegreiche französische Regierung die Abtretung der spanischen Kolonie an Frankreich durchgesetzt. Frankreich war aber viel zu beschäftigt und nicht imstande, diese neue Erwerbung sogleich zu besetzen und gegen die Engländer zu verteidigen — konnte es diese doch nicht einmal aus der französischen Kolonie fernhalten — und vereinbarte daher mit der spanischen Regierung, daß diese einstweilen noch bis zum Seefrieden die Verwaltung führen und die

Verteidigung gegen auswärtige Feinde übernehmen solle. So änderte sich denn vorläufig in der spanischen Kolonie nichts, und nur die Anwesenheit eines französischen Regierungsagenten an der Seite des Gouverneurs erinnerte daran, daß die Kolonie binnen absehbarer Zeit ihren Herrn wechseln sollte.

Toussaint entschloß sich nun, den im Frieden von Basel gesteckten Termin nicht abzuwarten, sondern die Kolonie sogleich mit der französischen zu vereinigen. Den Vorwand dazu bot der Negerhandel im spanischen Teile: Negerkinder aus dem französischen Teile, wurde behauptet, würden von Spaniern mit Vorwissen ihrer Behörden gestohlen und nach Jamaïca verkauft. Um diese angeblichen Greuel zu verhindern, verlangte Toussaint von Roume die Ermächtigung, die spanische Kolonie zu besetzen (28. Dezember 1799). Mag nun alles das auf Wahrheit beruhen oder nicht: so viel ist sicher, daß die Erfüllung seiner Forderung abermals seine Macht erheblich steigern mußte. Wenn er geduldig auf den Frieden zwischen England und Frankreich wartete, so war vorauszusehen, daß die Metropole sogleich das Verhältnis zwischen den beiden Teilen regeln werde, und es war höchst ungewiß, ob er dabei seine Rechnung finden würde. War aber Santo Domingo einmal in seiner Gewalt, und hatte er die Masse der Bevölkerung im Osten der Insel ebenso gewonnen wie im Westen, dann stand die Pariser Regierung vor einer vollzogenen Thatsache, mit der sie sich abfinden mußte. Ob Toussaint bei der Abfassung seines Briefes an Roume schon die Regierungsumwälzung in Frankreich kannte, steht dahin; unmöglich ist es nicht, da Roume etwa eine Woche später durch ein französisches Schiff die erste Nachricht davon erhielt und Toussaint durch seine Agenten in Europa wohl früher bedient gewesen sein kann. In diesem Falle würde ihn die Nachricht, daß Napoleon die Regierung übernommen habe, gewiß in seinem Vorhaben bestärkt haben: von diesem Manne, dessen Ruhm auch in die Kolonien gedrungen war — nannten doch Schmeichler Toussaint selbst schon den Bonaparte der Schwarzen — war zu erwarten, daß er die Zügel der Regierung fester anziehen werde als die zerfahrenen Direktoren: Eile that not, wenn Toussaint die ganze Insel seiner Gewalt unterwerfen wollte.

Roume, der bisher allen Vorschlägen Toussaints zugestimmt hatte, lehnte dieses Ansinnen ab. Er wollte es nicht auf sich nehmen, eine solche Handlung zu gestatten, die dem Friedensvertrage mit Spanien und dem Willen der Pariser Regierung so direkt widersprach. Toussaint war zwar unzufrieden mit dem unvermuteten Widerstande des sonst so gehorsamen Agenten, wollte aber, so lange der Krieg mit Rigaud dauerte, nicht mit ihm brechen. Einige Monate später jedoch, als er fast die ganze südliche Provinz erobert hatte, kam er auf sein Begehren zurück. Er handelte gegen Roume nach demselben Rezept wie gegen Hédouville: ein Aufstand in Le Cap brach aus unter Führung des Generals Moyse, eines Neffen Toussaints; über 6000 bewaffnete Schwarze umlagerten die Hauptstadt, drangen hinein und setzten Roume gefangen, als er auch dann noch die Ermächtigung zur Besetzung des spanischen Teils verweigerte. Moyse stieß die heftigsten Drohungen aus und erklärte, sämtliche Schwarzen der Nordprovinz zu insurgieren und sogleich auf Santo Domingo zu marschieren, falls Roume nicht nachgebe. Erst nachdem die Unruhen etwa zwei Wochen gedauert hatten, kam Toussaint vom Kriegsschauplatze herbei und stellte die Ordnung wieder her, und drei Tage später erließ Roume eine Proklamation, worin er Toussaint die so lange geforderte Erlaubnis gab, den spanischen Teil im Namen des französischen Volkes zu besetzen (27. April). Dieser Ausgang beweist, daß Toussaint die Empörung selbst angezettelt hatte; von Bestrafung der Übelthäter war keine Rede. Also gerade in den Tagen, da die Metropole eine Expedition ausrüstete, um ihrem Willen Nachdruck zu verschaffen und Toussaint eine rein militärische Stellung zweiten Ranges anzuweisen, schickte sich Toussaint zu einer Handlung an, die ihn zum unbeschränkten Gebieter der ganzen Insel machen sollte und mit allen Intentionen der Regierung in schroffem Widerspruche stand.

Mitten in diesen unruhigen Tagen landeten die Delegierten der Konsuln in Santo Domingo (21. April). Sie fanden hier zahlreiche Flüchtlinge aus dem französischen Teile vor, die sie über den Stand des Bürgerkrieges unterrichteten und sämtlich der Überzeugung waren, daß Rigaud bald erliegen müsse. Es zeigte sich bald, daß Forfaits Mahnung, schleunigst eine beruhigende Erklärung über die Absichten der Konsulatsregierung in der Kolonie zu erlassen, nur zu gerechtfertigt gewesen war. Lange vor Ankunft der Agenten waren allerhand Gerüchte nach der Kolonie gedrungen und durch die Feinde der französischen Herrschaft geflissentlich verbreitet worden: die neuen Machthaber seien negerfeindlich, sie unterstützten heimlich Rigaud, um durch den Bürgerkrieg die farbige Bevölkerung zu schwächen und nachher desto leichter die Sklaverei wieder einzuführen: für diese Absicht sei ja die Verfassungsbestimmung über die Spezialgesetze der Kolonien der beste Beweis. Viele einflußreiche Schwarze hatten sich hierdurch mit Mißtrauen erfüllen lassen. Die Kommissare bemerkten das sofort und bedauerten lebhaft, daß ihr langer Aufenthalt in Rochefort solchen Gerüchten Zeit gegeben habe, sich festzusetzen. Mit ziemlich geringer Hoffnung auf den Erfolg ihrer Mission machten sie sich auf den Weg nach Le Cap. Ihre schlimmen Befürchtungen bestätigten sich bald; sie wurden unterwegs von Soldaten Moyses angehalten und unter wenig rücksichtsvoller Behandlung gefangen nach Le Cap geführt, wo sie erst nach einigen Tagen ihre Freiheit von Toussaint wiedererhielten (Anfang Mai). Toussaint entschuldigte zwar das Vorgefallene mit der allgemeinen Aufregung und dem Mißtrauen seiner Stammesgenossen gegen Frankreich, machte aber keine Anstalten, ihre Gemüter durch die Veröffentlichung der Proklamation der Konsuln zu beruhigen, und auch jene goldenen Worte ließ er nicht auf den Fahnen anbringen. Als ihm dann die Delegierten Vorschläge zur Herbeiführung einer Waffenruhe mit Rigaud machten, wich er unter allerlei Vorwänden aus. Er war nicht zufrieden damit, daß ihn Napoleon in seinem Range als Oberkommandeur bestätigt hatte, und fühlte sich in seinem Stolze verletzt, daß die Regierung in dem Streite mit Rigaud sich nicht unbedingt auf seine Seite gestellt hatte, sondern noch vermitteln wollte. Der Brief des Marineministers, der an seine Friedensliebe appellierte, empörte ihn: an Rigaud habe man so schreiben müssen, sagte er zornig zu Vincent; er selbst habe bereits alle Mittel zur friedlichen Verständigung erschöpft.

Bald nach diesen Gesprächen verließ Toussaint Le Cap, um den Feldzug im Süden zu betreiben, Vincent verfiel vor Aufregung und Ärger über die Erfolglosigkeit seiner Mission in eine Krankheit und blieb in Le Cap zurück. Michel und Raymund begleiteten Toussaint zwar, aber Raymund schloß sich ganz den Anschauungen Toussaints an, und Michel geriet bald in Zwist mit den schwarzen Generalen und wurde zur Rückkehr nach Frankreich aufgefordert. Toussaint war also vollkommen Selbstherrscher geblieben. Sein Vorgehen gegen den spanischen Teil hatte er fortgesetzt, unbekümmert um die französischen Kommissare, deren Ratschläge ihm deutlich genug den Willen der Regierung kundgaben, einstweilen alles beim alten zu lassen. Nach jenem Beschlusse Roumes hatte er sogleich den General Agé, einen der wenigen Weißen, die noch eine höhere militärische Stellung innehatten, nach Santo Domingo gesandt, um mit der spanischen Behörde die Übergabe der Verwaltung vorzubereiten. Der spanische Gouverneur, Don Garcia, und der französische Agent, General Chanlatte, wollten ohne ausdrückliche Ermächtigung ihrer Regierungen diesen verantwortlichen Schritt aus demselben Grunde wie Roume nicht thun, und die Bevölkerung, die Toussaints Säbelregiment fürchtete, leistete ihnen kräftigen Beistand. In der Hauptstadt fanden Demonstrationen gegen Toussaint statt, der Abgesandte wurde bedroht und mußte unter behördlichem Schutze über die Grenze gebracht werden (Ende Mai). Dieser unerwartete Widerstand gab Roume Mut, den ihm abgerungenen ungesetzlichen Schritt rückgängig zu machen. Er schrieb sogleich an Toussaint und forderte ihn auf, angesichts des spanischen Widerstrebens seinen Plan fallen zu lassen; nicht lange darnach widerrief er öffentlich die Ermächtigung zur Besitznahme (16. Juni) und gab auch dem spanischen Gouverneur die Versicherung, daß nunmehr jene Absicht definitiv aufgegeben sei (Juli 1800).

Toussaint hatte mittlerweile seinen Krieg gegen Rigaud geführt, ohne die Friedensmahnungen der Kommissare zu beachten. Erst nach dem Fehlschlagen seines Versuchs auf Santo Domingo schien er ihnen Gehör geben zu wollen. Um dem Kriege im Süden ein Ende zu machen, bevor er den Anschlag gegen Osten wiederholte, erließ er einen Aufruf an Rigauds Anhänger, worin er ihnen seine Bestätigung zum Obergeneral und den Wunsch der Konsuln nach Beendigung des Bürgerkrieges mitteilte und gegen sofortige Niederlegung der Waffen allgemeine Amnestie versprach (20. Juni). Seine Proklamation hatte aber keinen Erfolg, der Kampf dauerte fort, bis Vincent notdürftig wiederhergestellt, auf dem Kriegsschauplatze erschien. Er ging sogleich nach Les Cayes, und mit vieler Mühe gelang es ihm, den Mulatten, der sich lieber unter den Trümmern der Stadt begraben als dem ehemaligen Sklaven gehorchen wollte, zu einem Waffenstillstande und zu Verhandlungen mit Toussaint zu bewegen. Rigaud mußte versprechen, nach Frankreich zu gehen, wozu ihm Toussaint die Mittel gewähren wollte. Noch bevor jedoch alles abgeschlossen war, entfloh Rigaud, dem Worte seines Feindes mißtrauend, auf einem dänischen Schiffe nach St. Thomas (29. Juli) und gelangte von hier nach manchen Irrfahrten nach Paris (April 1801).

Wenige Tage nach Rigauds Flucht zog Toussaint triumphierend in Les Cayes ein. Er verweilte einige Zeit, um die Verwaltung der Südprovinz neu zu ordnen und begab sich dann zurück nach Le Cap. Hier widmete er sich mit Eifer administrativen Aufgaben, um den Wohlstand der Kolonie zu heben und seine Herrschaft zu befestigen. Er verfuhr dabei völlig als Autokrat, ohne die Mitwirkung Roumes oder Vincents in Anspruch zu nehmen: neben der höchsten Militärcharge usurpierte er nicht nur thatsächlich, sondern auch formell die höchste bürgerliche Gewalt. Nach einigen Monaten angestrengter Thätigkeit kam er auf sein vertagtes Projekt gegen den spanischen Teil zurück. Bereits während der Verhandlungen mit Rigaud hatte er Vincent davon gesprochen, dessen lebhafte Einwände aber kaum angehört. Er ließ den Oberst sogar deutlich merken, daß ihm seine Gegenwart unbequem sei; anstatt ihm für seine Dienste gegen Rigaud zu danken, legte er ihm nahe, nach Paris zurückzukehren, und als Vincent darauf erwiderte, nicht eher als bis die Proklamation der Konsuln veröffentlicht worden sei, ließ ihn Toussaint in halber Gefangenschaft halten unter Aufsicht des Generals Moyse, seines persönlichen Feindes. Noch schlimmer serging es Roume. Toussaint ließ ihn um dieselbe Zeit verhaften, um sich für den Widerruf der Besetzungserlaubnis zu rächen und solche Selbständigkeitsgelüste ein für allemal zu unterdrücken (November 1800). Er motivierte diesen rebellischen Schritt in einer öffentlichen Erklärung damit, daß Roume, anstatt seine Arbeit dem Wohle der Kolonie zu widmen, Zwietracht unter die verschiedenen Rassen gesäet habe (November 1800). Von allen französischen Regierungsvertretern fand sich somit nur noch Raymund auf freiem Fuße, und dieser war völlig für Toussaints Ideen gewonnen worden: ohne Sorge vor lästigen Mahnern konnte Toussaint als Diktator schalten und walten.

Zum zweiten Male wandte er sich nun gegen den spanischen Teil, und dies Mal wurde das Unternehmen besser vorbereitet. Zwei starke Truppenkorps marschierten ein in die spanische Kolonie, von Norden her General Moyse, von Port au Prince aus Toussaint selbst. Don Garcia und Chanlatte, denen Toussaint sein Vorhaben erst während des Marsches mitgeteilt hatte, konnten ihm nicht viel mehr als papierene Proteste entgegensetzen: nach einem unbedeutenden Scharmützel übergab Don Garcia dem Neger Hauptstadt und Regierung (26. Januar 1801). Die spanischen Soldaten und Beamten verließen bald darauf die Insel; die Archive und die Kassen mußten sie zurücklassen, die Gebeine von Christoph Columbus hatten sie bereits auf die Nachricht von dem Anmarsche Toussaints nach Havanna gerettet.

Toussaint stand nun am Ziel seiner Wünsche: er war unbeschränkter Herrscher der ganzen Insel. Die Autorität Frankreichs erkannte er äußerlich noch an. Sogleich nach dem Einzuge in Santo Domingo meldete er dem ersten Konsul die Besitznahme und die Verhaftung Roumes (12. Februar 1801); die Okkupation, versicherte er mit der Miene eines loyalen

Unterthanen der Republik, sei die natürliche Folge des Friedens von Basel und zur Sicherung der Kolonie wie zur Beseitigung des Sklavenhandels notwendig gewesen; Roume habe verhaftet werden müssen, da er in seiner Schwachheit der Spielball einer intriganten Umgebung gewesen sei. An der Verwaltung des spanischen Teils änderte der neue Regent vorläufig wenig. Er teilte die Kolonie in zwei Departements mit den Hauptstädten Santiago und Santo Domingo, an deren Spitze Generale traten; hier residierte der Bruder des Diktators, Paul Louverture, dort der Mulatte Clervaux, der zugleich den Oberbefehl über sämtliche Garnisonen des spanischen Teils erhielt.

Streifen wir nun noch mit einem Blicke die administrative Thätigkeit Toussaints im französischen Teile. Es ist bereits bemerkt, daß die ewigen Unruhen der Revolutionsjahre die Kolonie wirtschaftlich ungeheuer geschädigt hatten; ein großer Teil der schwarzen Landleute hatte ihre Scholle verlassen und diente in der Armee; viele andere trieben sich in den Wäldern umher, ein Räuber- und Vagabundenleben führend, da es seit der Aufhebung der Sklaverei keinen Zwang zur Arbeit mehr gab. Ein großer Teil der Äcker lag wüst, viele Plantagen waren zerstört und die Niederlassungen verlassen. Die Produktion war erstaunlich vermindert, an Rohzucker brachte die Kolonie im Jahre 1800 nur noch 18½ Millionen Pfund anstatt 93 Millionen im Jahre 1790 hervor, und die Produktion des geweißten Zuckers war gar von 70 Millionen auf 16500 herabgegangen. Ähnlich stand es mit dem Kaffee, Indigo und der Baumwolle, nur einige nebensächliche Artikel, wie Kakao und Sirup, wurden etwas mehr als früher produziert. Dementsprechend war auch der Handel zurückgegangen und nicht entfernt mehr mit dem vor der Revolution zu vergleichen.

Die erste Bedingung zur Steigerung der Produktion, von welcher der Wohlstand der Kolonie abhing, war, die entlaufenen Neger wieder zur Arbeit anzuhalten. Dergleichen Versuche hatte bereits Hédouville gemacht und angeordnet, daß jeder Neger drei Jahre lang in seinem heimischen Betriebe gegen einen Anteil am Ertrage arbeiten solle. Die Unzufriedenheit hierüber hatte zum Teil den Aufstand gegen ihn mitveranlaßt. Toussaint kam nun, nach Überwindung Rigauds, auf diese Idee wieder zurück. Alle arbeitslosen Neger beiderlei Geschlechts, bestimmte er, sollten sich nach ihrer Heimat begeben und dort ihre unterbrochene Thätigkeit wiederaufnehmen; wer sich nicht in seiner Heimat aufhielt, hatte nachzuweisen, daß er eine nützliche Beschäftigung trieb, die ihn nährte, widrigenfalls er in die Armee eingestellt oder sogleich nach seiner Heimat abgeschoben werden sollte. In den einzelnen Arbeitsstätten herrschte unbedingte Subordination nach militärischem Muster; der Beamte hatte dem Eigentümer oder Pächter, der Arbeiter dem Beamten blind zu gehorchen; auf Ungehorsam, Faulheit oder unerlaubtem Verlassen der Arbeitsstätte standen harte Strafen, die nach Kriegsrecht verhängt wurden. Die Offiziere, die den einzelnen Verwaltungseinheiten vorstanden, waren verantwortlich für die Ausführung dieser Befehle; sie durchzogen mit mobilen Kolonnen das Land und trieben die Neger schonungslos zur Arbeit zusammen; eine militärisch organisierte Gensdarmerie war ihnen dabei behülflich. Die Mittel, die angewendet wurden, waren barbarisch, und von der Freiheit der Schwarzen blieb nicht viel übrig, aber der Erfolg sprach für die Zweckmäßigkeit. Die Produktion hob sich, und die öffentliche Unsicherheit nahm mit dem allmählichen Verschwinden der Arbeitslosen ab. Die zahlreichen Besitzungen der geflüchteten Weißen verstand Toussaint vortrefflich nutzbar zu machen: einem schon von Laveaux gegebenen Beispiele folgend, verpachtete er sie oder verwaltete sie zum Nutzen der Staatskasse. Seine Generale benutzten das Pachtsystem, um sich durch Pachtung großer Komplexe reiche Einkünfte zu verschaffen und einen Luxus zu entfalten, der dem der früheren Kolonisten nichts nachgab. So war die Verpachtung des herrenlosen Gutes zugleich ein Mittel, die einflußreichen Schwarzen, die überdies noch mit Dotationen bedacht wurden, an das herrschende System zu ketten und der Staatskasse Einnahmen zu verschaffen. Diese Einkünfte, sowie eine Grund- und Stempelsteuer und die Aus- und Einfuhrzölle hatten die Bedürfnisse des Staates zu decken. Äußerst wichtig waren die Zölle. Ihre Höhe schwankte in den Revolutionsjahren mehrfach; nach der Niederlage Rigauds setzte sie Toussaint im französischen Teile für die Einfuhr auf zehn, für die Ausfuhr auf 20 vom Hundert des Wertes fest; geringer besteuert wurden bei der Einfuhr nur einige besonders notwendige Gegenstände, wie Fleischwaren und landwirtschaftliche Werkzeuge. Im spanischen Teile wurden sämtliche Sätze etwas niedriger bemessen, um den hier überaus schwachen Handelsverkehr etwas zu beleben. Zu diesen Sätzen standen die Häfen allen Nationen offen, und auch das Mutterland genoß keine Begünstigung; Toussaint gestattete sogar das bisher Unerhörte, daß ein amerikanischer Handelsagent sich in Le Cap niederließ. Wie erwähnt, war vom Handel mit dem Mutterlande wenig übrig geblieben; die Amerikaner, von denen Toussaint seine Waffen und Munition für seine Kriege gegen die Engländer und Rigaud bezog, hatten die Franzosen fast ganz verdrängt. Viele wirtschaftliche und polizeiliche Bestimmungen wurden noch getroffen, und Toussaint scheute sich dabei durchaus nicht, die persönliche Freiheit der einzelnen eng zu beschränken. So erschwerte er die Auswanderung aufs höchste; wer nach Europa reisen wollte, hatte sich dazu von ihm selbst die Erlaubnis zu erbitten, und strenge Vermögensstrafen trafen jeden, der sich ohne Paß entfernte. Es leuchtet ein, daß alle diese Verordnungen nur von einer starken Exekutive durchgeführt werden konnten; schon das Ackerbaureglement allein erheischte das beständige Aufgebot der bewaffneten Macht. Demgemäß wurde die Insel durchaus militärisch organisiert; Generale standen an der Spitze der Departements und Quartiere, und Kriegsgerichte sprachen an Stelle der bürgerlichen Gerichtshöfe Recht; alle Vergehen wurden nach Kriegsrecht bestraft. Toussaint kassierte oder bestätigte die Urteile, er herrschte also völlig unumschränkt. Seinen Befehlen gab Nachdruck die wohlorganisierte Armee, die er in drei Divisionen eingeteilt hatte: die des Nordens unter Moyse, des Westens und Südens unter Dessalines, des Ostens unter Clervaux. Dazu kam noch das untrügliche Kennzeichen jeder Militärdespotie, die Leibgarde, die aus 2000 ausgesuchten

Leuten bestand und in der neben Schwarzen auch einige Farbige und Weiße dienten. Sein Auftreten war durchaus das eines Monarchen. Wenn er in Le Cap oder Port au Prince weilte, versammelte sich um ihn ein vollständiger Hof; Weiße, Farbige und Schwarze drängten sich, um ihm ihren Respekt zu bezeigen; er selbst ließ sie keinen Augenblick vergessen, daß er der unbeschränkte Herr sei und sie von seinem Willen abhängig seien. Die Weißen begünstigte er bei solchen Gelegenheiten auffallend und ließ die Schwarzen gern fühlen, daß jene noch lange ihre Lehrmeister sein müßten. Hierdurch und durch die Erlaubnis, die er den ins Ausland geflüchteten Kolonisten erteilte, auf ihre Güter zurückzukehren, die sie nach Erlaß der Ackerbauordnung fast ganz in alter Weise bewirtschaften konnten, verpflichtete er sich viele emigrierte Weiße; um den Preis der Rückkehr auf ihre Besitzungen fanden sie sich mit dem Bewußtsein ab, einem ehemaligen Sklaven gehorchen zu müssen.

Nach der Besitznahme des spanischen Teiles krönte Toussaint sein Werk dadurch, daß er der Insel eine Konstitution verlieh. Von St. Domingo aus erließ er eine Proklamation an die Departementsbehörden, Delegierte nach Port au Prince zu senden, um dort eine Verfassung auszuarbeiten zum Wohle der Insel und zur festern Verknüpfung mit Frankreich. Bald darnach trat diese Versammlung in Port au Prince zusammen; zehn Mitglieder stark, bestand sie aus acht Weißen und zwei Mulatten, anscheinend also aus Toussaint ferner oder feindlich gegenüberstehenden Elementen, in Wahrheit aus ergebenen Dienern des Diktators. Nach ihren Vorschlägen sollte St. Domingue ein Teil der französischen Republik sein, aber nach eigenen Gesetzen regiert und durch einen Gouverneur und eine gesetzgebende Versammlung von zehn Mitgliedern verwaltet werden. Alle zwei Jahre sollte die Versammlung zusammentreten, um über die Gesetze zu beraten, die ihr der Gouverneur vorlegen werde. Zum Gouverneur, dem Chef der ausübenden Gewalt, wurde natürlich Toussaint auf Lebenszeit gewählt und ihm wegen seiner besonderen Verdienste das Recht zugesprochen, seinen Nachfolger zu ernennen. Der Gouverneur erhielt ungefähr alle die Funktionen übertragen, die Toussaint bereits ausübte; er allein hatte das Recht, Gesetze vorzuschlagen, so daß nichts Gesetz werden konnte, was ihm nicht beliebte. Von der Mitwirkung des Mutterlandes war bei alledem nicht die Rede; der Zusammenhang mit Frankreich wurde auf die Äußerlichkeit beschränkt, daß die Gesetze im Namen der französischen Republik verkündet werden sollten. Die Verfassung bedeutete also eine thatsächliche Lösung von Frankreich; an Stelle der Abhängigkeit von der Metropole trat vollständige Autonomie; es war mit Sicherheit zu erwarten, daß der neue Gouverneur und seine Zehnmänner ihre wirtschaftlichen Beziehungen nicht mehr nach den Bedürfnissen des Mutterlandes, sondern nach ihren eigenen richten würden. Mit dem alten System der Ausbeutung war es daher vorbei, sobald diese Verfassung ins Leben trat.

Auch jetzt noch hielt Toussaint die Fiktion von der französischen Oberherrschaft aufrecht: er verkündete die Verfassung mit dem Vorbehalte, daß sie erst nach Zustimmung der Pariser Regierung Gesetzeskraft erlangen solle, und sandte sogleich den Obersten Vincent nach Paris, um sie den Konsuln vorzulegen (Juli 1801). In Wirklichkeit war das jedoch eine leere Form; die Verfassung wurde sogleich ausgeführt, und die neuen Gesetzgeber erließen eine Reihe neuer Verwaltungsmaßregeln. Ob Toussaint sich mit dem Erreichten begnügen wollte, oder ob er sich schon mit dem Plane trug, auch die nominelle Herrschaft Frankreichs bei passender Gelegenheit abzuschütteln: wer will das sagen? Vorläufig mochte er sich noch nicht stark genug fühlen, dem Mutterlande offen den Gehorsam zu kündigen. Denn noch war seine Macht zu jung, um fest basiert zu sein. Das Ackerbaureglement hatte mit seinem Arbeitszwange große Unzufriedenheit unter den Landleuten erregt und hier und da zu Aufläufen geführt, die freilich binnen kurzem brutal unterdrückt wurden. Aber dennoch war die Durchführung des Ediktes noch nicht völlig gelungen: in den Wäldern vagabundierten noch einige Banden, die sich der Herrschaft des Gesetzes nicht fügen wollten. Der gefährlichste Aufstand brach einige Monate nach Erlaß der Verfassung im Norden aus, wo die Landarbeiter — von jeher trotziger als in den anderen Provinzen gesinnt — die Wiederherstellung der Sklaverei fürchteten. Die Empörung wurde zwar ebenfalls bald niedergeschlagen, aber sie war insofern höchst bedenklich, als einer der besten Generale Toussaints, sein Neffe Moyse, mit den Tumultuanten in Verbindung stand und deshalb hingerichtet werden mußte (Oktober 1801). Das bewies, daß der Diktator sich nicht völlig auf seine Gehilfen verlassen konnte, und er wußte wohl, daß unter ihnen mehrere seine weißenfreundliche Politik mißbilligten und den glücklicheren Kameraden, der sich über sie alle erhoben hatte, beneideten, begierig, sich bei passender Gelegenheit an seine Stelle zu setzen.

Drittes Kapitel.

Weitere Entwürfe und Ereignisse bis zum Präliminarfrieden mit England.

In Paris ruhten nach dem Entschluß der Konsuln, die Expedition nach St. Domingue bis zum Herbst zu vertagen, einstweilen die kolonialen Projekte der französischen Regierung. Bonaparte hatte während seines Feldzuges in Italien keine Zeit, sich um die überseeischen Dinge zu kümmern, und auch nach seiner Rückkehr nach Paris (Anfang Juli 1800) wurden zunächst noch keine Entschlüsse gefaßt. Die Entsendung einer Expedition war ja einstweilen unausführbar, und vor weiteren Plänen mußte man erst Nachrichten von den drei Delegierten abwarten. Diese trafen ungefähr um die Zeit der Rückkehr Napoleons ein. Da sie aber noch aus Santo Domingo datiert waren, so meldeten sie auch nicht viel mehr als die übeln Eindrücke, die sie dort empfangen hatten; von dem Bürgerkriege konnten sie nichts näheres berichten. Über Toussaint und seine guten Gesinnungen gegen die Weißen waren sie einmütig des Lobes voll, Roume dagegen erklärten sie für unfähig, seine schwierige Stellung auszufüllen, und empfahlen seine Abberufung. Erst mehrere Wochen später erfuhren die Konsuln durch Vincent und Roume den unfreundlichen Empfang, den Toussaint den Abgeordneten bereitet hatte, die Mißhandlung Roumes, den mißlungenen Versuch Toussaints auf den spanischen Teil und seine Weigerung, Napoleons Proklamation zu veröffentlichen. Trotz aller dieser Dinge urteilten die beiden Franzosen günstig über den eigenwilligen Neger. Roume sprach mit großer Wärme von ihm: Toussaint habe an dem Aufstande gegen ihn keinen Anteil; das sei allein das Werk seiner Umgebung, die entweder an England verkauft sei oder eigennützige Zwecke mit der Anzettelung solcher Unruhen verfolge. Toussaint sei zwar nicht schwach oder lenkbar, aber er könne die Intriguen jener Leute nicht durchschauen und daher solche widerwärtigen Vorgänge nicht verhindern. Er sei Frankreich aufrichtig ergeben, und alle seine Reserve gegen die Deputierten rühre her aus seiner Furcht vor der Wiederherstellung der Sklaverei. Um ihn fest an Frankreich zu fesseln, möge man alle französischen Agenten abberufen und Toussaint die unumschränkte Macht bis zum Frieden mit England übertragen, da bis dahin ja die Metropole doch die Regierung nicht selbst führen könne.

Vincent sagte in der Hauptsache dasselbe. Auch er hatte volles Vertrauen in die Anhänglichkeit Toussaints und erklärte ihn für den einzigen Mann, der die Kolonie der Anarchie entreißen und Frankreich erhalten könne. Er widerriet dringend, in der nächsten Zeit französische Beamte oder Offiziere in größerer Zahl in die Kolonien zu senden: es herrsche großes Mißtrauen gegen alles, was aus Paris komme, da die Agenten bisher nur die innern Unruhen vermehrt hätten, anstatt sie zu besänftigen. Allerdings wollte er die Kolonie nicht ganz der Willkür Toussaints ausliefern, sondern empfahl, einige von früher her als negerfreundlich bekannte Beamte zu senden, damit sie unter Oberleitung Toussaints die Verwaltung reorganisierten. — Ungefähr gleichzeitig hiermit müssen aber Berichte von den Agenten Frankreichs im spanischen Teile, den Generalen Chanlatte und Kerverseau, eingegangen, sein, die, aus derselben

Zeit stammend, wesentlich anders urteilten: Toussaint sei ehrgeizig und strebe nach der Unabhängigkeit; aus Herrschsucht habe er auch den Krieg gegen Rigaud entfesselt, unbekümmert, ob dabei der Wohlstand der Kolonie zu Grunde gehe. Die Berichte Roumes und Vincents seien nicht zuverlässig, da sie, von Toussaint genau überwacht, nichts schreiben dürften, was ihm mißfiele. Man solle daher auch nicht glauben, daß die Herrschaft Frankreichs über St. Domingue von der Persönlichkeit Toussaints abhänge: nicht er erhalte Frankreichs Autorität, sondern umgekehrt, der Einfluß des Mutterlandes sichere ihm seine Prärogative gegenüber den andern schwarzen Generalen. Aus diesen widerspruchsvollen Nachrichten ging nur soviel mit Evidenz hervor, daß die französischen Regierungsvertreter ein Schattenregiment führten.

Angesichts dieser verworrenen Lage kam Napoleon auf den Gedanken zurück, durch eine Expedition drüben Ordnung schaffen zu lassen. Die politische Lage war dem Unternehmen günstig. Er hatte soeben (Ende August 1800) Verhandlungen mit England über eine Waffenruhe eröffnet, die zwar in erster Linie Gelegenheit geben sollte, Egypten zu versorgen, aber auch die Sendung über den Ozean gestattet hätte. Während der Unterhandlungen befahl er daher die Ausrüstung von sieben Linienschiffen, um 3000 Mann nach St. Domingue zu tragen (10. Sept.). An Stelle von Lacrosse sollte Ganteaume das Geschwader führen, die beiden anderen Teilnehmer waren dieselben: Sahuguet und Lescallier. Die Aufgabe blieb die gleiche wie früher, nur forderte Sahuguet ausdrücklich die Erlaubnis, die persönliche Freiheit der Schwarzen beschränken zu dürfen, da sie anders nicht zur Arbeit gezwungen werden könnten — ein Gedanke, den Toussaint um dieselbe Zeit ausführte. Während man in Paris noch hierüber beriet und erwog, ob man nicht lieber einige Tausend Mann mehr nach der Insel schicke, zerschlugen sich in London die Verhandlungen, und damit entfiel auch die Möglichkeit, der bedrängten egyptischen Armee in Sicherheit Hilfe zu bringen. Napoleon sah sich daher gezwungen, alle seine maritimen Kräfte dieser dringendsten Aufgabe zu widmen und die Kolonien wiederum sich selbst zu überlassen: er fand sich in den Gedanken, daß man die Wiederherstellung der französischen Herrschaft dort bis nach dem Seefrieden verschieben müsse und bis dahin, wie es in einem Berichte des Marineministeriums heißt, „nichts oder fast nichts thun" könne. Aber auf jeden Einfluß zu verzichten, war er doch nicht gesonnen. So wünschte er nicht, daß Toussaint den spanischen Teil eigenmächtig in Besitz nehme. Einmal war ihm unbequem, daß der widerspenstige Neger dadurch seine Macht verstärkte, und dann hatte die spanische Regierung Beschwerde über die Verletzung des Baseler Friedensvertrages erhoben und Sicherheit gegen die Wiederholung eines solchen Überfalles gefordert. Talleyrand, den der Konsul um Rat fragte, mißbilligte durchaus Toussaints Vorgehen: er könne ja kaum den französischen Teil in Ordnung halten; wozu besetze er da noch den spanischen? Daß etwa Spanien Hintergedanken hege und die Kolonie Toussaint nicht ausliefern wolle, um sie nach dem Seefrieden zu behalten, glaubte der Minister nicht, da sie den Spaniern immer gleichgiltig und nutzlos gewesen sei. So über die Loyalität der spanischen Regierung beruhigt, war Napoleon vollends abgeneigt, die Besitznahme der Kolonie zu gestatten. Wir müssen seine Versuche, seinen Willen drüben zur Geltung zu bringen, einen Augenblick betrachten. Sie blieben freilich nur Entwürfe, zeigen aber doch, wie sehr ihn die kolonialen Dinge fortwährend beschäftigten.

Um diese Zeit trafen Berichte über Toussaints Sieg und Rigauds Flucht ein (Oktober). Damit rückte die Gefahr, daß Toussaint wiederum gegen den spanischen Teil vorgehen werde, näher, und es fragte sich, wie man ihn davon abhalten könne. Mit Gewalt war nichts zu machen, es blieb nur übrig, ihn durch Ehrenbezeigungen und Versprechungen zu gewinnen. Daß er äußerst vorsichtig behandelt werden mußte, um ihn bei seiner großen Empfindlichkeit nicht zu Gewaltthätigkeiten zu reizen, lehrte seine Vergangenheit und bestätigten zwei Gesandte, die vor kurzem mit Briefen von ihm eingetroffen waren: jeder Versuch, sagten sie, eine bewaffnete Macht in die Kolonie zu schicken, werde für Toussaint das Signal zur Niedermetzelung aller Weißen sein. Dagegen werde er gern einige europäische Beamte und Offiziere zur Reorganisation der Verwaltung aufnehmen. Diesen Wunsch beschloß Napoleon zu erfüllen. Er hatte soeben die Grundzüge für die künftige Kolonialverwaltung entwerfen lassen; danach sollten, wie wir noch näher sehen werden, die militärische, administrative und richterliche Gewalt getrennt und dem Vertreter der ersten, dem Generalkapitän, nur ein gewisses Oberaufsichtsrecht über den Kolonialpräfekten und Justizkommissar, die Spitzen der Zivilbehörden, eingeräumt werden. Man wollte nun Toussaint zum Generalkapitän ernennen, ihm zwei tüchtige Beamte zur Seite stellen, in der Hoffnung, ihm durch die neue Würde, die den Rang eines Oberbefehlshabers ohne Zweifel an Glanz übertraf, zu schmeicheln, und ihn zugleich durch die beiden Beamten überwachen zu können. Der bisherige Vertreter Frankreichs, Roume, sollte dementsprechend abberufen werden. Auch General Michel, der mittlerweile herübergekommen war, riet dringend, Toussaint nach Möglichkeit entgegenzukommen; man dürfe ihm unbedingt trauen, da er sich seinen eifersüchtigen Generalen gegenüber auf die Autorität des Mutterlandes stützen müsse; diese allein hätten ihn zum Vorgehen gegen Roume und den spanischen Teil gedrängt. Da er nicht im Besitz von festen Instruktionen der Regierung gewesen, habe er ihnen widerwillig nachgeben müssen. Sobald er aber bestimmte Anweisungen der Metropole habe, werde er ihnen schon widerstehen können. (Dezember 1800.)

Ob Napoleon viel von diesen Vorschlägen erwartet und Toussaints guten Gesinnungen getraut hat, steht dahin, jedenfalls hielt er den Gedanken fest, die beiden Beamten hinüberzusenden. Ihr Aufbruch verzögerte sich indessen längere Zeit. Die Notwendigkeit, auf die nach Egypten bestimmte Expedition Rücksicht zu nehmen, war die Ursache. Zu deren Gelingen war notwendig, daß niemand ihr Ziel kannte; es wurde daher verbreitet, sie sei nach St. Domingue bestimmt. Die Absendung eines Schiffes nach dieser Insel nun, besorgte Napoleon, werde die Engländer erkennen lassen, daß die Flotte nicht dorthin segeln solle, und ihnen das wahre Ziel verraten. Er befahl daher, die Korvette, welche die Beamten übersetzen sollte, erst zehn Tage nach Ganteaume aufbrechen zu lassen. Da sich dessen Aufbruch aber verzögerte (bis Ende Januar 1801), mußte die Korvette ebenfalls warten. Auch nachher hatte Napoleon mit der Absendung der Beamten keine Eile; es scheint, daß es Schwierigkeiten machte, einen geeigneten Kolonialpräfekten zu finden. Dessen Aufgabe war höchst delikat und erforderte große diplomatische Gewandtheit: er sollte das Vertrauen Toussaints zu gewinnen suchen und ihn in seiner Anhänglichkeit an Frankreich bestärken, indem er ihm die große Macht Frankreichs schilderte und vor den Gefahren eines Abfalls warnte. An Ehrenbezeigungen und Schmeicheleien gegen den Gewaltigen und seine Generale sollte er es nicht fehlen lassen, dagegen auf Übelstände nur mit großer Zurückhaltung aufmerksam machen und Abhilfe fordern. So billigte Napoleon Toussaints Verfügungen über die Güter der abwesenden Besitzer nicht, aber um den Neger nicht zu reizen, wollte er sie nicht für ungültig erklären, sondern befahl dem zum Kolonialpräfekten ernannten Lequoy-Mongiraud, Toussaint durch gütliche Vorstellungen zur Aufhebung zu bewegen. Es mag dem stolzen Sieger von Marengo hart angekommen sein, eine solche Sprache gegen den ehemaligen Sklaven zu führen und die trotzigen Erklärungen seiner Boten zu dulden, anstatt ihn für seine vielfachen Übergriffe zur Rechenschaft zu ziehen, aber er mußte sich den Umständen beugen. Er ließ sich sogar herbei, einen schmeichelhaften Brief an Toussaint zu schreiben, in dem er seine Verdienste um die Kolonie dankend anerkannte und ihn seines Vertrauens versicherte. Außerdem erging noch ein Konsulatsbeschluß an Toussaint, den spanischen Teil, entsprechend dem Frieden von Basel, nicht zu besetzen. Um diesem Beschluß Achtung zu verschaffen, wurde ein neuer Agent für Santo Domingo bestimmt, General Combis; er erhielt den Auftrag, die Einwohner allmählich mit dem Gedanken, französische Unterthanen werden zu müssen, vertraut zu machen, aber keine Bestrebungen, die beiden Kolonien mit einander zu vereinigen, zu dulden, vielmehr geflissentlich den inneren Gegensatz zwischen beiden zu verstärken. Napoleon erwartete nicht allzuviel von der Sendung und rechnete mit der Möglichkeit, daß Toussaint die Warnungen der neuen Gesandten ebenso mißachten werde wie die aller früheren: in diesem Falle sollten sie sogleich nach Europa heimkehren, um die Würde Frankreichs nicht bloßzustellen.

Mit diesen Instruktionen versehen, gingen die Boten, denen sich noch der zum Justizkommissar ernannte Desprevaux anschloß, nach Brest. Sie waren eben im Begriff sich einzuschiffen, als plötzlich der Befehl von Paris kam, die Abreise aufzuschieben (9. April). Neue Nachrichten aus St. Domingue hatten diesen überraschenden Entschluß hervorgerufen. Man hatte in Paris erfahren, daß Toussaint Roume verhaftet und den spanischen Teil besetzt, also gerade das gethan habe, was man durch die Sendung der beiden Boten verhindern wollte. Schon die Verfügung Toussaints über den Handel, die dem Mutterlande keinen Vorzug gewährte, wurde vom Schatzminister Barbé-Marbois, den Napoleon in kolonialen Dingen gern zu Rate zog, als Beweis rebellischer Absichten angesehen, jetzt fand auch der Marineminister, der mehr als Napoleon geneigt war, Toussaint Vertrauen zu schenken, daß dieser seine Befugnisse doch erheblich überschritten habe. Der Gedanke, daß Toussaint sich unabhängig machen wolle, gewann immer mehr an Wahrscheinlichkeit. Der General Chanlatte wiederholte diese Behauptung immer wieder, und der amerikanische Gesandte sprach gegen Talleyrand dieselbe Überzeugung aus: er habe den spanischen Teil nur besetzt, um die Franzosen im Falle einer etwaigen Expedition aller Landungsplätze zu berauben. Napoleon schwankte eine Zeit lang, ob er unter diesen Umständen die Beamten überhaupt noch absenden sollte, endlich entschloß er sich doch dazu, wohl in der Absicht, von ihnen zuverlässige Berichte über die Kolonie zu erhalten. Mit der Vertreibung der Spanier aus Santo Domingo wurde Combis' Amt gegenstandslos: da aber Napoleon eine Vertrauensperson im spanischen Teile haben wollte, so ernannte er ihn zum Kolonialpräfekten daselbst. Zum Generalkapitän mußte wohl oder übel Toussaint ernannt werden (Juni). Die Beamten hätten nun sogleich aufbrechen können, aber mit Rücksicht auf die politische Lage hielt sie Napoleon noch zurück. Seit einigen Monaten (April) schwebten in London Unterhandlungen über den Seefrieden: wenn er schnell zustande kam, wurde die oft geplante Hinübersendung einer bewaffneten Macht möglich und die friedliche Mission der Beamten überflüssig. Wenn dagegen der für den Schluß der Verhandlungen festgesetzte Termin (2. Oktober) resultatlos verstrich, war er entschlossen, sie sogleich abzusenden.[1] Man sieht, es lag ihm viel daran, mit der Kolonie für alle Fälle in Verbindung zu bleiben. — Die Nachricht von dem Abschluß des Präliminarfriedens änderte dann alle Entwürfe.

Es war hohe Zeit, daß der Seefriede geschlossen wurde, wenn sich die französischen Kolonien dem Mutterlande nicht ganz entfremden sollten: das Beispiel von St. Domingue hatte bereits in der Nachbarschaft gewirkt und auch in Guadeloupe revolutionäre Bewegungen hervorgerufen. Napoleon hatte zwar vortreffliche Instruktionen an die dortigen Agenten richten lassen, aber ihre Ausführung hing von dem guten Willen der Beauftragten ab, eine Kontrolle war nicht möglich. Sie behaupteten freilich in ihren Berichten, nach Kräften die Abstellung der alten Mißbräuche betrieben zu haben, große Erfolge erzielten sie indessen nicht. Es zeigte sich bald, daß das kollegialische Regierungssystem nicht glücklich gewählt war; wenige Monate nach ihrer Ankunft brachen Zwistigkeiten unter ihnen aus, die dazu führten, daß einer, General Laveaux, der ehemalige Gönner Toussaints, von seinen beiden Kollegen festgenommen und nach Europa geschickt wurde (März 1800). Er begünstige die Prätensionen der Schwarzen und Farbigen und untergrabe dadurch das Ansehen der Weißen, hieß es in dem Berichte der beiden anderen: gewiß bezeichnend für den Wandel der Anschauungen

[1]) Diese Absicht geht aus mehreren Briefen des Ministers an Toussaint, in denen er die bevorstehende Ankunft der Beamten ankündigt, und an die Beamten selbst hervor.

in den letzten Jahren. Einige Aufstände, die Neger und Mulatten nach der Deportation ihres Beschützers unternahmen, wurden bald niedergeworfen, aber die Agenten verzweifelten doch daran, die ihnen von den Konsuln übertragene Aufgabe zu lösen. Verwaltung und Heer seien völlig zerrüttet, klagten sie, sie hätten wohl die auffälligsten Mißstände abstellen können, aber nun seien sie physisch und moralisch erschöpft. Das Beste sei, sie abzuberufen und an ihrer Stelle einen einzelnen Mann mit der Regierung der Kolonie zu betrauen (Juli 1800). Ihr Wunsch, die Insel bald zu verlassen, wurde in der Folge noch stärker. Sie gerieten in Zwist mit der holländischen Insel Curaçao, die nach ihrer Behauptung ein dort beschädigtes französisches Schiff an der Ausbesserung seiner Schäden und am Wiederauslaufen verhindert habe. Kurz entschlossen, rüsteten sie eine Expedition aus, um die Abfahrt der Fregatte mit Gewalt zu erzwingen, und um sich, wie es scheint, der ganzen Insel zu bemächtigen. In den daraus entstehenden Kämpfen wurden die Franzosen geschlagen und mußten nach herbem Verlust Curaçao verlassen (August, September 1800). Wenn es den Agenten vorher nicht gelungen war, das Ansehen der Regierung wiederherzustellen, so mußte sie dieser Fehlschlag, der sich als brutaler Überfall einer befreundeten Kolonie charakterisierte, völlig kompromittieren. Das Ereignis beweist, wie eigenmächtig die kolonialen Behörden sich infolge der langjährigen Ohnmacht der Zentralregierung zu handeln gewöhnt hatten und wie wenig sie auf die internationalen Beziehungen der Regierung Rücksicht nahmen.

Als der Marineminister von diesen Vorgängen zuerst durch Privatnachrichten Kenntnis erhielt, schienen sie ihm so ungeheuerlich, daß er nicht daran glauben wollte; als sie sich dann bestätigten, erregten sie seinen Unwillen aufs heftigste. Er beantragte sogleich die Abberufung der Agenten, die sich nirgends ihrer Aufgabe gewachsen gezeigt hätten, und Einsetzung einer neuen Regierung. Da in Guadeloupe die Bevölkerung im allgemeinen noch ruhig war, so glaubte er, daß man hier, im Gegensatz zu St. Domingue, noch vor dem Frieden Ordnung schaffen könne; man müsse nur sogleich neue Streitkräfte hinübersenden und die alte korumpierte Garnison, die an der Erhaltung des alten Schlendrians interessiert sei, ablösen, riet er; dann werde eine tüchtige Verwaltung bei dem guten Geist der Bevölkerung bald die Kolonie moralisch und materiell wieder in die Höhe bringen (Oktober 1800). Napoleon ging über diese Vorschläge noch hinaus. Seit seiner Rückkehr aus Italien hatte er sich, wie wir uns erinnern, intensiv mit den kolonialpolitischen Fragen beschäftigt und war zu dem Entschluß gekommen, die ganze Verwaltung der Kolonien zu reformieren und sich nicht mit der Absetzung und Neuernennung einiger Beamten zu begnügen. Der erste Versuch mit der neuen Organisation sollte bei Guadeloupe gemacht werden. Er ernannte daher den Admiral Lacrosse, der in der Revolutionszeit mehrfach in Guadeloupe thätig gewesen war und so die Insel aus eigener Anschauung kannte, zum Generalkapitän; er sollte einstweilen die Regierung selbständig übernehmen und die Einwohner an das neue, feste Regiment gewöhnen; erst nach einigen Monaten sollten ihm die übrigen Behörden folgen. Die Elemente, denen der unerfreuliche Zustand der Insel schuldgegeben wurde, in erster Linie die Regierungsagenten und die Offiziere der Garnison, sollte er entfernen. Um diese Maßregeln, denen die Betroffenen vermutlich Widerstand entgegensetzen würden, durchführen zu können, sollte er einige Hundert Mann französischer Soldaten hinüberführen, die den Kern eines zuverlässigen Heeres abgeben sollten. Für die Hebung der materiellen Wohlfahrt, vornehmlich des Ackerbaues, erhielt er ungefähr dieselben Anweisungen wie die früheren Agenten.

Die Abfahrt des neuen Generalkapitäns verzögerte sich indessen aus denselben Gründen wie die der Beamten für St. Domingue von Monat zu Monat, so daß Lacrosse den Hafen erst im Frühling verlassen konnte. Nach kurzer Überfahrt langte er glücklich in Guadeloupe an (29. Mai 1801) und wurde von der Bevölkerung mit Jubel empfangen, ein Beweis, daß ihr separatistische Gedanken fern lagen. Lacrosse war des Lobes voll über den guten Geist der Insulaner; die frühere Unbotmäßigkeit, schrieb er an Napoleon (4. Juli), sei nur durch die Schwäche der Regierung verschuldet worden; jetzt, wo jeder die Festigkeit der Regierung fühle und niemand mehr ihre Absichten zu verdächtigen wage, stehe die Anhänglichkeit der Insel an Frankreich außer Zweifel. Diese Sicherheit wurde grausam enttäuscht, sobald Lacrosse mit der Durchführung seiner Instruktionen begann. Wie zu erwarten war, verletzten seine Bemühungen, in die regellose Finanzverwaltung Ordnung zu bringen und die vielen öffentlichen Kostgänger zu beseitigen, viele Interessen, und vor allem sein Versuch, eine Zwangsanleihe auszuschreiben, erregte viel böses Blut. Weit gefährlicher war indessen, daß er mit der zahlreichen Klasse der freien Farbigen zerfiel. Die Armee von Guadeloupe bestand zum großen Teil aus Angehörigen dieser Klasse und zählte selbst unter den Offizieren viele Mischlinge, die in dem Kriege mit England zu Rang und Würden gekommen waren. Lacrosse ließ nun, seinen Instruktionen entsprechend, viele von ihnen unter allerlei Vorwänden deportieren. Der Unwille, den das erzeugte, brach in hellen Flammen aus, als Lacrosse ihren ersten Offizier, den Obersten Pélage, ebenfalls zu verhaften befahl. Die Truppen empörten sich, Lacrosse wurde gefangen genommen und auf einem Kauffahrer nach Europa eingeschifft (Oktober). Seine europäischen Truppen waren zu schwach, ihn zu schützen, und unter den weißen Insulanern regte sich keine Hand für den unbeliebten Generalkapitän, die „kleinen Weißen" machten vielmehr gemeinsame Sache mit den Farbigen. Auf der Reise nach Europa geriet Lacrosse in englische Gefangenschaft, wurde aber auf die Nachricht vom Abschlusse des Waffenstillstandes zwischen England und Frankreich wieder in Freiheit gesetzt. Er begab sich nach der Insel Dominique, und hier trafen bald nach ihm die beiden anderen für Guadeloupe bestimmten Beamten ein, der Kolonialpräfekt Lescallier und der Justizkommissar Coster (November 1801), so daß die Spitzen der Behörden nunmehr versammelt waren. Sie konstituierten sich als legale Verwaltung von Guadeloupe und erließen an die Insel eine Proklamation, ihnen, und nicht der ungesetzlichen Regierung in Guadeloupe zu gehorchen.

In Guadeloupe machte währenddessen die Revolution weitere Fortschritte. Zunächst war sie nichts als eine militärische Meuterei der farbigen Soldaten gegen den tyrannischen Generalkapitän gewesen; die Herrschaft Frankreichs und die Weißen waren nicht bedroht worden. Pélage, der zum Haupte der Regierung erwählt worden war, richtete sogleich Versicherungen der Ergebenheit nach Paris, und als er die Ankunft der Zivilbehörden in St. Dominique erfahren hatte, lud er sie dringend ein, nach Guadeloupe zu kommen und ihre Ämter zu übernehmen. Erst als diese Bitte keinen Erfolg hatte, und als Lacrosse von Dominique aus allen Handelsschiffen öffentlich widerriet, in Guadeloupe anzulegen und so eine allgemeine Blockade der Insel proklamierte, stieg die Erbitterung, und es kam zu Versuchen, die französische Herrschaft abzuschütteln und die Weißen zu vertreiben. Vergeblich suchte der verständige Pélage, der die Unmöglichkeit, sich vom Mutterlande loszureißen, einsah, diesen Tumulten Einhalt zu thun; die intransigenten Elemente drängten ihn beiseite und die Insel verfiel mehr und mehr in Anarchie: die zuchtlosen Soldaten dominierten. Natürlich ließ sich bei diesem Konflikt zwischen den Weißen und der bewaffneten Macht auch die Unterordnung der schwarzen Arbeiter nicht mehr behaupten; wie einst in St. Domingue, erhoben sie sich gegen ihre Herren oder verließen ihre Arbeit, um ein Räuber- und Müßiggänger-Leben zu führen; wie dort begannen die Weißen vor den Schwarzen zu flüchten.

Es schwebte ein Unstern über den kolonialen Unternehmungen Napoleons, solange der Krieg mit England dauerte: die meisten kamen aus Mangel an maritimen Mitteln nicht zustande, und die einzige, die ausgeführt wurde, konnte nur mit so geringen Kräften ausgestattet werden, daß sie ihre Aufgabe, Guadeloupe in die alte straffe Unterordnung zurückzuführen, nicht erfüllen konnte, sondern gerade das Gegenteil erreichte: wie St. Domingue befand sich jetzt auch Guadeloupe im Zustande der Revolution und mußte wie dieses durch Waffengewalt unterworfen werden.

Nur eine kleine Erleichterung konnte Napoleon seinen Kolonien noch während des Seekrieges verschaffen: die Wiederherstellung der guten Beziehungen zu den Vereinigten Staaten. Zwischen den beiden traditionell befreundeten Republiken hatten sich in den Revolutionskriegen Differenzen erhoben, hauptsächlich weil die Amerikaner den Engländern das Recht zugestanden hatten, feindliches, d. h. französisches Gut an Bord der neutralen Schiffe zu konfiszieren, und die Franzosen hierauf mit ähnlichen Maßregeln gegen die Schiffe mit englischen Waren an Bord geantwortet und den amerikanischen Handel empfindlich geschädigt hatten. Auf gereizte Verhandlungen war dann der Abbruch der diplomatischen Beziehungen erfolgt (1796), und wenn auch der Krieg nicht formell erklärt worden war, so behandelten sich beide Staaten doch als feindliche Mächte. Den Schaden hatten in erster Linie die französischen Kolonien zu tragen; der Verkehr mit dem Mutterlande erhielt durch die Feindschaft Amerikas ein neues Hindernis, und der Handel mit Amerika selbst, der für den Ausfall des heimischen einen Ersatz hätte bieten können, verringerte sich ebenfalls. Die Korsarenzüge konnten den Schaden nicht aufwiegen. Auch die Amerikaner hatten keinen Vorteil von dem Zerwürfnis. Ihr legaler Handel mit den französischen Inseln hörte ganz auf, und die Anknüpfung mit Toussaint konnte, solange in St. Domingue noch nicht wieder Ruhe herrschte, den durch die französischen Korsaren verursachten Schaden nicht ersetzen. Beide Regierungen waren daher nach einigen Jahren des Konfliktes geneigt, einander entgegenzukommen, und ernannten Bevollmächtigte, um eine Verständigung herbeizuführen. Noch die Direktoren hatten die ersten Schritte in dieser Richtung gethan, und die Konsular-Regierung verfolgte in ihrer Sorge für die notleidenden Kolonien diese Bahn mit Eifer. Weiter aber, als bis zur Wiederherstellung der Handelsbeziehungen zwischen den Kolonien und Amerika, wollten die Konsuln nicht gehen: ein Versprechen, den Amerikanern künftighin größere Vergünstigungen als nach den alten Gesetzen zu gewähren, lehnten sie von vornherein ab, schon jetzt fest entschlossen, zu den kommerziellen Grundsätzen der Königszeit zurückzukehren. Das Abkommen, das nach einigen Verhandlungen in Paris zustande kam (September 1800), enthielt auch nichts hierüber, sondern schlichtete nur die Differenzen, aus denen der Zwist entstanden war: es setzte fest, daß die neutrale Flagge feindliches Gut decke, und die konvoyierten Schiffe von jeder Durchsuchung nach feindlichem Gut frei sein sollten. Für den Handel zwischen Amerika und den Kolonien wurde also der Zustand vor der Revolution wiederhergestellt, und sogleich erging an die Kolonialbehörden die Anweisung, die Belästigung des amerikanischen Handels zu unterlassen. Es war die erste Wohlthat, welche die Kolonien von der neuen Regierung empfingen; der Vertrag ermöglichte nicht nur eine Belebung des Handels mit Amerika: es war auch nicht ausgeschlossen, daß der französische Kolonialhandel unter Vermittlung der amerikanischen Flagge einen Aufschwung nahm. Die Unruhen auf Guadeloupe und die Handelsverordnungen Toussaints vereitelten allerdings diese Hoffnung.

Viertes Kapitel.

Neuorganisation der Kolonien nach dem Seefrieden.

In den Verhandlungen zwischen England und Frankreich seit dem Frühjahr hatten koloniale Fragen die Hauptrolle gespielt. Napoleon hatte ursprünglich gehofft, Egypten zu behalten, aber, abgeschnitten vom Mutterlande, war das französische Truppenkorps in Egypten allmählich zusammengeschmolzen und mußte sich schließlich den Engländern gegen die Zusicherung freier Überfahrt nach Frankreich ergeben (September 1801). Schon ehe dieses Ereignis in Paris bekannt geworden war, hatte Napoleon, als seine Entsatzversuche sämtlich scheiterten, die Unmöglichkeit, diese Kolonie zu halten, eingesehen und hatte bereits seine Bereitwilligkeit, darauf zu gunsten der Türkei zu verzichten, erklärt (Juli). Als Gegenkonzession hatte England Malta, das es im vorigen Jahre erobert hatte, dem früheren Besitzer, dem Johanniterorden, wieder auszuliefern. Die dritte Position, die Napoleon im Mittelmeere besetzt hatte, die jonischen Inseln, mußten ebenfalls aufgegeben werden. Sie waren während Napoleons Aufenthalt in Egypten von den Russen erobert worden und sollten von nun an eine unabhängige Republik bilden. Die drei Erwerbungen aus der Revolutionszeit, die nach Napoleons Willen den Franzosen die Herrschaft über das Mittelmeer und wennmöglich den Besitz des indischen Handels verschaffen sollten, waren also dahin; für seine koloniale und kommerzielle Ausdehnung war Frankreich wieder auf die Besitzungen, die ihm noch aus der Königszeit geblieben waren, verwiesen. Wenn Napoleon schon während des Krieges, als er seine Hauptthätigkeit auf den Orient richtete, lebhafte Teilnahme für diese Besitzungen gezeigt hatte, so mußte sein Interesse daran mit dem drohenden Verlust Egyptens naturgemäß steigen. In den Friedensverhandlungen setzte er daher durch, daß Frankreich alle seine überseeischen Besitzungen vom Jahre 1789 zurückerhielt, und daß England von allen seinen Eroberungen in den Antillen nur die spanische Insel Trinidad behielt. Einen Augenblick hatte er daran gedacht, um das schon übermächtige England nicht noch mehr kolonialpolitisch zu verstärken, an Stelle des wertvollen Trinidad das unbedeutendere französische Tabago preiszugeben, aber die Weigerung der Engländer, sich mit Tabago zu begnügen und Unzufriedenheit mit der spanischen Regierung bewog ihn, davon zurückzukommen und den Spaniern das Opfer Trinidads aufzuerlegen. Wie in Amerika, erhielt Frankreich seine alten Besitzungen auch in Afrika und Indien zurück. Die indischen waren freilich, verglichen mit denen Englands, schon vor der Revolution ziemlich unbedeutend gewesen, und jetzt war das Mißverhältnis noch gestiegen, da die Engländer den Holländern Ceylon abgenommen hatten.

Die Wiedererwerbung der von den früheren Regierungen an England verlorenen Besitzungen war jedoch nicht alles, was Napoleon in den ersten Jahren seiner Herrschaft erreichte: er vermehrte sogar den von Ludwig XVI. hinterlassenen Kolonialbesitz durch eine ehemalige französische Besitzung, durch Louisiana. Diese seit 1763 zu Spanien gehörige Kolonie umfaßte ungefähr das Gebiet der heutigen Unionsstaaten Louisiana, Arkansas, Missouri, Kansas, Iowa, Nebraska, Minnesota und Montana, bot also der kolonialen Expansion ein ungeheures Feld. Die Hauptstadt, Neu-Orleans, war vorwiegend von Franzosen bewohnt, welche die alte Zugehörigkeit zu Frankreich nicht vergessen hatten. Schon das Direktorium hatte daher die Wiedererwerbung Louisianas angestrebt und wiederholt in Madrid die Abtretung verlangt, aber da es keine entsprechende Gegengabe zu bieten hatte, hatte der König von Spanien das Ansinnen stets abgelehnt. Napoleon beschloß nun, den Spaniern Louisiana durch ein europäisches Land abzukaufen. Die Zustände am spanischen Hofe kamen ihm dabei zu Hilfe. Hier führte in Wahrheit die Königin, geleitet von ihrem Günstling, dem Friedensfürsten, die Herrschaft; der König, unbedeutend und bigott, wie alle Glieder des sinkenden Bourbonenhauses, hatte auf die Staatsgeschäfte wenig Einfluß. Als geborene Prinzessin von Parma nahm die Königin großes Interesse an ihrer italienischen Heimat, und als sie gar ihre Lieblingstochter mit ihrem Neffen, dem Erbprinzen von Parma, vermählt hatte, wünschte sie dringend das Erbe ihres Schwiegersohns zu vergrößern und den Königstitel für ihn zu erlangen. Napoleon benutzte diese ihm wohlbekannte Familienpolitik mit gewohnter Meisterschaft. Unmittelbar nach seiner Rückkehr aus dem italienischen Feldzuge schickte er seinen Generalstabschef Berthier als außerordentlichen Gesandten nach Madrid (August 1800), um auf die Wiederabtretung von Louisiana zu dringen: zum Ersatz hatte er das Großherzogtum Toskana als Königreich Etrurien für den Thronerben von Parma anzubieten. Was er hier versprach, hatte er bereits im Besitz; der Sieg von Marengo hatte es ihm soeben ausgeliefert, und es handelte sich nur noch darum, die Anerkennung des neuen Königreichs durch die Mächte zu erwirken. Außer Louisiana hoffte der Konsul zugleich das altspanische Florida als Verbindung zwischen Louisiana und St. Domingue für diesen Kaufpreis mitzuerlangen. Berthier wurde in Madrid über Louisiana bald handelseinig; die Königin, erfreut über die Erfüllung ihres Lieblingswunsches, bestimmte den König, dem weniger an der Vergrößerung Parmas lag, in die Rückgabe des Mississippigebietes zu willigen (1. Oktober 1800): sechs Monate nach Erfüllung der für Parma gemachten Zusagen sollte Louisiana wieder an Frankreich fallen. An einer sofortigen Abtretung hatte Napoleon kein Interesse, denn solange der Krieg mit England dauerte, hatte ja Frankreich keine Aussicht, das Land in Besitz zu nehmen. Es war vorteilhafter, die Kolonien vorläufig den Spaniern zu lassen und ihnen damit — analog den Verhältnissen im spanischen Teile Haïtis — die Verteidigung gegen auswärtige Feinde zu übertragen. Die Abtretung von Florida konnte der Botschafter indessen nicht durchsetzen. Napoleon war einstweilen mit dem Erreichten zufrieden und behielt sich vor, zu gelegener Zeit auf Florida zurückzukommen. Als dann nach dem Frieden von Lunéville Napoleon seine Verpflichtungen erfüllt, und das neue Königspaar seinen Thron in Florenz bestiegen hatte (1801), war der Heimfall Louisianas an das alte Mutterland binnen kurzem zu erwarten und nach dem Präliminarfrieden von London standen auch auswärtige Hindernisse der Besitznahme nicht mehr im Wege.

Von gewaltiger Ausdehnung und großem natürlichen Reichtum, aber noch außerordentlich schwach bevölkert und wenig entwickelt, waren die beiden neuen Gebiete; es fragte sich nun, ob es den Franzosen gelingen werde, sie für die Ausbreitung ihres Handels und ihrer Rasse nutzbar zu machen. Sobald Napoleon die Nachricht von dem Präliminarfrieden erhalten hatte, nahm er die Ausführung der so lange gehegten Kolonialpläne in Angriff. Nach allem, was wir aus seiner Thätigkeit der letzten beiden Jahre wissen, ist es nicht verwunderlich, daß seine erste Sorge der besten und zugleich gefährdetsten Kolonie, St. Domingue, galt: jetzt war der Moment gekommen, mit der Herrschaft des schwarzen Usurpators ein Ende zu machen und die „Perle der Antillen“, wie die Franzosen die Insel gern nannten, wieder unter französische Botmäßigkeit zu bringen. Eine imposante Streitmacht sollte zu dem Zwecke über den Ozean gesandt werden.

Der Entschluß war nicht die Eingebung eines Augenblicks sondern die Folge wiederholter und eingehender Beratungen, die Napoleon seit zwei Jahren mit dem Minister und anderen kolonialpolitisch erfahrenen Männern gepflogen hatte; zahlreiche Denkschriften von Beamten und ehemaligen Kolonisten, die ihm öffentlich oder vertraulich zugingen, empfahlen dringend eine größere militärische Aktion als das einzige Mittel, die französische Autorität wiederherzustellen. Die meisten Verfasser waren der Meinung, daß das Werk große, aber nicht unüberwindliche Schwierigkeiten biete: mit 30000 Mann ausgesucht guter Truppen, sagte z. B. Dubois, ein ehemaliger Gerichtsbeamter auf den Windinseln, sei der Erfolg gewiß. Allerdings fehlten auch Schwarzseher nicht, die mit Rücksicht auf das ungesunde Klima jede größere Expedition verwarfen. Unter diesen Stimmen war wohl die gewichtigste die Vincents, der freilich erst in Paris anlangte (14. Oktober), nachdem die Expedition schon beschlossen war (8. Oktober). Trotz seiner übeln Erfahrungen mit Toussaint behauptete er nach wie vor, daß man durch ihn die Insel beherrschen müsse und ihn durch geschickte Behandlung leicht gewinnen könne. Eine Expedition aber werde ihn zur Niedermetzelung der Weißen in der Kolonie veranlassen und doch nichts ausrichten, da die Armee an Krankheiten zu Grunde gehen müsse. Seine Vorschläge fanden aber keinen Beifall; die Verfassung Toussaints, die er überbrachte, ließ die Expedition vollends dringlich erscheinen.

Die militärischen Vorbereitungen wurden sogleich mit großem Eifer begonnen. In Brest, Rochefort und Lorient wurden Transportmittel für 12000 Mann zusammengebracht, die binnen wenigen Wochen (Anfang November) aufbrechen sollten; ihnen sollten schleunigst 6300 Mann aus anderen Häfen folgen und einige Wochen später hoffte Napoleon für weitere Verstärkungen die Mittel zur Überfahrt zu finden. Einige 20000 Mann hielt er nach den Ratschlägen erfahrener Generale, die die Kolonie kannten, für notwendig, um Toussaints Macht zu brechen: das Vierfache der Streitkräfte, mit denen Sahuguet im Kampfe zwischen Toussaint und Rigaud den Schiedsrichter hatte spielen sollen. Zum Befehlshaber der Armee ernannte der Konsul seinen Schwager Leclerc. Welche Erwägungen die Wahl auf diesen Mann, der noch nie in den Kolonien gedient hatte, gelenkt haben, ist nicht ersichtlich; vielleicht traute er ihm hervorragendes organisatorisches Talent zu, vielleicht auch wollte er eine Aufgabe, die große Selbständigkeit erforderte, nur einem unbedingt zuverlässigen Manne, einem Mitgliede seiner Familie, anvertrauen. Unter ihm dienten mehrere Generale wie Rochambeau, Desfourneaux und andere, welche die Kolonie bereits aus eigener Anschauung von Sonthonax' zweiter Sendung her kannten. Der Oberbefehlshaber wurde zugleich zum Generalkapitän des französischen wie spanischen Teils ernannt, erhielt aber die uns aus Combis' Instruktionen schon bekannte Weisung, die Verwaltung der beiden Kolonien vollständig zu trennen, da Napoleon den spanischen Teil nach anderen Grundsätzen als den französischen regieren wollte. Die Besitznahme Toussaints und alle seine Verwaltungsorganisationen in der spanischen Kolonie wurden für ungiltig erklärt und eine neue feierliche Besitzergreifung befohlen. Die Verschiedenheit der beiden Teile in der Verwaltung war dem Konsul noch nicht genug: er wünschte sogar, daß der spanische sich dem französischen gegenüber innerlich fremd fühlen und eine gewisse Antipathie zwischen beiden bestehen möge: in der Hoffnung, daß einer den andern überwachen, und die Metropole stets einen Bundesgenossen gegen etwaige Unabhängigkeitsgelüste eines von ihnen finden werde. Entsprechend diesen Anordnungen wurden für jeden Teil zwei von einander vollständig unabhängige Kolonialpräfekten ernannt: Lequoy Mongiraud für den spanischen, Staatsrat Benezech für den französischen Teil.

Genaue Anweisungen regelten die militärische und administrative Thätigkeit des neuen Oberhauptes der Kolonie. Zunächst sollte er suchen, die Hafenplätze unvermutet zu besetzen, damit Toussaint, falls er den Gehorsam verweigern wolle, keine Vorbereitungen zum Widerstande treffen könne, hierauf die

Gutgesinnten aller Farben bewaffnen und eine Proklamation der Konsuln an die Eingebornen veröffentlichen. Darin wurden die Neger als Brüder der Franzosen begrüßt, ihnen die Freiheit von neuem versprochen und Gehorsam gegen Leclerc befohlen. Zugleich sollte sich Leclerc bemühen, Toussaint und seine Generale, vornehmlich die als weißenfreundlich geltenden, wie Christoph und Maurepas zur Anerkennung seiner Gewalt zu gewinnen; an Toussaint insbesondere sollten seine Kinder mit einem schmeichelhaften Briefe des ersten Konsuls gesandt werden, in dem er aufgefordert wurde, Leclerc mit seiner Weisheit und Erfahrung zu unterstützen. Binnen zweier Wochen, hoffte Napoleon, werde Leclerc diese Aufträge erledigt haben. Das Nächste war dann, die schwarze Armee unschädlich zu machen. Wenn die farbigen Generale dem Lockrufe folgten und inmitten der französischen Armee zur Huldigung erschienen, sollten sie mit großer Zuvorkommenheit aufgenommen werden: sobald dann aber die schwarzen Truppen aufgelöst seien, sollten sie verhaftet und nach Frankreich geschafft werden; wer sich freiwillig der französischen Herrschaft beugte, sollte seinen militärischen Rang behalten, wer sich widersetzte, als Deportierter behandelt werden. Blieben aber die Einladung und eine spätere kategorische Aufforderung fruchtlos, so sollte Toussaint mit seinen beiden obersten Gehülfen Moyse und Dessalines, die als die grimmigsten Feinde der Weißen galten, als Rebellen erklärt und ein Vernichtungskrieg gegen sie geführt werden. Nicht eher sollte Leclerc ruhen, als bis er die schwarze Armee zersprengt und sämtliche Chefs in seine Gewalt bekommen habe, um sie dann sogleich nach Europa zu verschicken. Der Konsul glaubte, daß man bei raschem und energischem Handeln ohne erhebliche Schwierigkeiten zum Ziele gelangen werde; er baute auf die Uneinigkeit unter den schwarzen Häuptlingen und erwartete von einigen bei Ankunft der Flotte sogleich Kundgebungen zu gunsten der Franzosen. Aus diesem Grunde auch befahl er, nur jene drei zu ächten, um den andern die Rückkehr zum Gehorsam zu erleichtern. War man so weit, dann sollte die Axt an die Wurzel der Negerherrschaft gelegt werden: sämtliche Schwarze, gleichviel, ob sie an der Rebellion teilgenommen hatten oder nicht, sollten entwaffnet werden und alle, die einen höheren Grad als Kapitän erlangt hatten, sollten aus der Kolonie entfernt werden: als Deportierte, wenn sie sich Leclerc widersetzt, im ehrenvollen Besitze ihres Ranges, wenn sie sich sogleich unterworfen hatten. Mit ihnen sollten alle Weißen, die Toussaint unterstützt oder sich irgendwie kompromittiert hatten, die Kolonie verlassen; kurz alles, was an die Unterbrechung der französischen Herrschaft erinnerte, sollte verschwinden. Erst dann sollte die Kolonie als dem Mutterlande wieder gehörig betrachtet werden.

Mit dieser radikalen Beseitigung des schwarzen Regimentes war aber nicht die Wiedereinführung des alten Zustandes verbunden. Die einmal gewährte Freiheit sollte bestehen bleiben, denn „niemals“, sagte die Instruktion Leclercs, „wird die französische Nation Männern, die sie als frei anerkannt hat, Fesseln anlegen“. Aus Soldaten wollte Napoleon die Neger nur wieder zu Landarbeitern machen und zu regelmäßiger Thätigkeit anhalten, was freilich nicht ohne Freiheitsbeschränkungen abging, aber doch nicht die Wiederherstellung der Sklaverei bedeutete. Im spanischen Teile allerdings, wo sie nie aufgehoben worden war, sollte alles beim alten bleiben. In den kommerziellen Beziehungen strebte Napoleon die Wiederherstellung des alten Systems an, doch sollten einstweilen noch, bis die schwarze Bevölkerung entwaffnet war, auch die Ausländer in den Häfen zugelassen werden, um die Verpflegung der Armee sicher zu stellen. Auch in der Behandlung der Güter der Abwesenden wurde Toussaints System nicht mit einem Schlage vernichtet. Die nach Frankreich geflohenen Pflanzer sollten ohne weiteres ihr Hab und Gut nach Wiederherstellung der öffentlichen Sicherheit zurückerhalten; wer sich aber im Auslande aufhielt, durfte ohne spezielle Erlaubnis der Regierung die Kolonie nicht betreten, und seine Güter blieben sequestriert.

Der Kommandeur der Flotte, Vizeadmiral Villaret-Joyeuse, hatte sich mit dem Generalkapitän in allen Operationen zu verständigen. So lange der Krieg gegen die Rebellen dauerte, mußte er bereit sein, die Landungsarmee durch Matrosendetachements zu unterstützen und alle von den Aufständischen besetzten Häfen zu blockieren. Seine weitere Aufgabe war, im Bedarfsfalle aus den benachbarten spanischen und englischen Kolonien wie aus Amerika Lebensmittel für die Armee zu verschaffen und zu allen diesen Mächten ein freundschaftliches und würdiges Verhältnis herzustellen, insbesondere den Engländern gegenüber die Ehre der französischen Flagge zu wahren, „denn“, sagte der Konsul, „die Ehre ist das erste Gut für ein so mächtiges Volk wie wir, Wohlstand und Handel erst das zweite“. Um die Verpflegung der Armee sicher zu stellen, erhielt der französische Geschäftsträger in den Vereinigten Staaten, Pichon, den Auftrag, Getreidelieferungen von dort nach St. Domingue zu veranlassen. Damit endlich der Expedition von England, das an der Ausrüstung einer so großen Flotte Anstoß nehmen konnte, keine Schwierigkeiten erwüchsen, mußte Talleyrand der englischen Regierung den Zweck der Expedition erläutern.

Bevor wir der Expedition nach St. Domingue folgen, verweilen wir noch einen Augenblick bei Napoleon, um seine Anschauungen über die Kolonien im allgemeinen zu betrachten. Die Grundfrage, um die sich alles drehte, war, ob in den Kolonien das alte System mit Sklaverei und Negerhandel wiedereingeführt werden, oder ob man die Neuerungen der Revolutionszeit anerkennen sollte. Seit Jahren wurde diese Angelegenheit öffentlich in Broschüren und in vertraulichen, der Regierung vorgelegten Denkschriften diskutiert. Rückhaltslose Aufrechterhaltung des gegenwärtigen Zustandes wünschten nur wenige Stimmen, die Unordnungen in St. Domingue hatten zu abschreckend gewirkt. Andere, und zwar hauptsächlich alte Kolonisten, plädierten für einfache Rückkehr zum alten Regime, während die meisten Stimmen, darunter viele Beamte aus den Kolonien, eine Mittelstellung einnahmen und an die Stelle der Sklaverei eine Art behördlicher Vormundschaft der Pflanzer über die Schwarzen setzen wollten. Napoleon war vor allem der Meinung, daß man die überseeischen Besitzungen nicht, wie das der Konvent und die Direktoren gethan hatten, alle nach einem Schema regieren dürfe; daß man den speziellen Bedürfnissen entgegenkommen müsse, hatte er ja schon in der Verfassung aussprechen lassen. Demgemäß wollte er auch in dieser Frage keine generellen Anordnungen treffen, sondern sich nach den einzelnen Verhältnissen richten. Nun war die Sklavenbefreiung gänzlich durchgeführt worden allein in St. Domingue; in Guadeloupe hatten sich die Weißen eine starke Autorität über die Neger bewahrt, in Ile de France und Réunion hatten die Pflanzer die Ausführung der Emanzipation einfach verweigert, in Martinique und den kleineren Besitzungen war sie durch die Besitznahme der Engländer verhindert worden. Wo die Sklaverei noch zu Recht bestand, wollte sie auch Napoleon erhalten: darum befahl er dem General Combis, als dieser als Agent nach Santo Domingo gehen sollte, ausdrücklich, den spanischen Kreolen die Furcht vor der Aufhebung der Sklaverei nach dem Übergang der Kolonie in französischen Besitz zu nehmen, und in ähnlicher Weise beruhigte er die gleichen Besorgnisse der Einwohner von Ile de France. Für die übrigen Kolonien schloß er sich der vermittelnden Anschauung an; er glaubte, daß die Neger durch die unbeschränkte Freiheit nur zum Müßiggange verleitet würden und die Kolonien darunter Schaden litten. Aus diesem Grunde hatte er seinerzeit gegen Sahuguets Forderung, die persönliche Freiheit der Schwarzen begrenzen zu dürfen, keinen Einspruch erhoben und Leclerc den Befehl gegeben, die Neger zum Ackerbau wieder anzuhalten, was ja nicht ohne Zwang geschehen konnte. Das Verhältnis, das in Guadeloupe bestand, schien ihm das beste.

Nicht minder wichtig als die Frage „Sklaverei oder Freiheit"? war die des Negerhandels. Allgemein herrschte die Anschauung vor, daß die Bevölkerung der Antillen in den Wirren der Revolution stark zurückgegangen, und ihre Vermehrung zur Hebung des gesunkenen Wohlstandes unbedingt notwendig sei. Auch Toussaint hatte das erkannt und sich in seiner Verfassung den Auftrag erteilen lassen, für Heranziehung neuer Arbeitskräfte Sorge zu tragen. Darum lauteten weitaus die meisten Gutachten für Wiederherstellung des Negerhandels. Selbst unbedingte Gegner jeder Sklaverei, wie Malensent, erkannten seine Unentbehrlichkeit an, nur wollten sie den Händlern und Kolonisten die Verpflichtung auferlegen, die gekauften oder geraubten Schwarzen milder als vor der Revolution zu behandeln. Die Lage der Neger in Afrika, wurde gesagt, sei die denkbar härteste, man thue also ein gutes Werk, wenn man sie von dort nach den französischen Kolonien in menschliche Behandlung bringe. Überdies würden die anderen Nationen dem Beispiele der Franzosen, wenn das alte System aufgegeben bleibe, nicht folgen, und damit die französischen Kolonien den fremden gegenüber benachteiligt sein. Verschieden waren die Vorschläge über die Behandlung der eingeführten Schwarzen: nach den einen sollten sie eine Reihe von Jahren dienen und dann die Freiheit erlangen, nach anderen sollten sie beständig Sklaven bleiben. Napoleon scheint um die Zeit der Entsendung Leclercs für die Kolonien ohne Sklaverei die mildere Auffassung geteilt zu haben. Man kann dies daraus schließen, daß der Moniteur um diese Zeit den Inhalt einer Broschüre, die diese Forderung aufstellte und begründete, ausführlich wiedergab. Sein neuer Marineminister Decrès stimmte ihn um.

Dieser plaidierte, gestützt auf zahlreiche Wünsche aus den Kolonien, mit Eifer für radikale Aufhebung aller Gesetze der Revolution über Negerhandel und Sklaverei. Wenn man das Gesetz in Kraft lasse, daß jeder Schwarze, der die französischen Kolonien betrete, frei werde, so würden sich weder Kolonisten noch Kaufleute finden, die die Kolonien mit Schwarzen versorgten. Wenn es auch die Regierung augenblicklich nicht anwende, so würden sie doch immer fürchten, daß es bei einem Systemwechsel wieder angewendet werde, und sie um alle ihre Aufwendungen kommen würden. Thatsächlich habe auch, klagt er etwa ein Halbjahr nach dem Präliminarfrieden, niemand Anstalten gemacht, den alten Sklavenmarkt an der Küste von Guinea wieder aufzusuchen. Wenn man nicht bald eine Änderung treffe, würden die Kolonien immer mehr verfallen, die Pflanzer sie verlassen oder ihre Sympathien dem Mutterlande entziehen.

Das sei aber insbesondere in den eben zurückgegebenen oder neu erworbenen höchst bedenklich, denn im Kriegsfalle werde man immer auf die Hilfe der Einwohner angewiesen sein. Für diese müsse man daher sogleich den alten Zustand gesetzlich wieder einführen und ihn auch für die übrigen vorbereiten. Dieser Vorschlag berührte sich zum Teil mit dem Willen Napoleons, die bestehenden Zustände zu erhalten, und so kam bald darauf ein Gesetz zustande (20. Mai 1802), das in den orientalischen Besitzungen und Martinique, Tabago und St. Lucie die Gesetze der Königszeit über die Schwarzen wieder in Kraft setzte. Weiter aber ließ sich in diesem Gesetze die Regierung ermächtigen, sämtliche Kolonien durch besondere Reglements, ohne Rücksicht auf bestehende Gesetze, zu verwalten. Dies hatte den Zweck, die alten Gebräuche später auch in den anderen Kolonien, in St. Domingue und Guadeloupe, wieder einzuführen. Man wagte nicht, das öffentlich zu verkünden, da man dadurch den Aufständen in beiden Inseln, die zum Teil die Furcht vor der Sklaverei zur Ursache hatten, neue Nahrung zuzuführen besorgte. Die Absicht aber, diese Kolonien dereinst nach denselben Grundsätzen wie die andern zu behandeln, stand fest: den beider Generalkapitänen wurde das Gesetz mitgeteilt und ihnen überlassen, wann sie davon Gebrauch machen und die Sklaverei nach den Prinzipien des früheren Kolonialregiments proklamieren wollten. Wenn sie diesen Schritt mit Rücksicht auf die Lage ihrer Kolonien noch hinausschieben wollten, sollten sie wenigstens eine militärische, der Sklaverei ähnliche Disziplin unter der Landbevölkerung aufrichten, aber für gute Behandlung der Arbeiter durch ihre Herren sorgen. Die Schwarzen würden bald bemerken, daß ein solches väterliches Regiment dem eines harten Usurpators, wie Toussaint, vorzuziehen sei, und die Sklaverei nicht mehr fürchten. Ohne Verzug aber sollten sie den Negerhandel ermutigen und den Kolonisten die Sicherheit geben, daß sie die neu zu erwerbenden Schwarzen zu vollem Eigentum, d. h. als Sklaven nach alten Begriffen, kaufen würden.

Napoleon hatte also seinen gegen Leclerc ausgesprochenen Grundsatz, einmal als frei Anerkannte nicht wieder in die Sklaverei zurückzuzwingen, geändert: überall sollten die Schwarzen den alten Gesetzen wieder unterworfen werden.[1]) Die von Decrès behauptete Notwendigkeit, die Wünsche der Pflanzer zu erfüllen, weil nur so die Kolonien wirtschaftlich zu heben und dem Mutterlande näher zu bringen seien, hatte ihn dazu vermocht. Wie die Neger, so sollten auch die Farbigen wieder unter die Gesetze des alten Regime treten: allein durch das Zurückdrängen in eine niedere soziale Stellung, wurde z. B. der Generalkapitän von Guadeloupe instruiert (Juli 1802), habe man sie im Zaume gehalten und zugleich zur Aufrechterhaltung der Ruhe unter den Schwarzen beigetragen. Der Unterschied zwischen den Farben sollte unerbittlich aufrecht erhalten werden und Mischehen der allgemeinen Verachtung anheimfallen, denn sie hätten bisher nur schlechte Resultate gehabt. Das weiße Blut müsse sich völlig rein erhalten. Mit dieser Abneigung gegen die farbige Bevölkerung hängt es zusammen, daß Napoleon die Einwanderung Schwarzer und Mischlinge in Frankreich verbot (2. Juli). Das Einströmen von Negern und Farbigen in Frankreich während der Revolution, das bei vielen die Besorgnis vor einer Verschlechterung der französischen Rasse durch diese Elemente erweckte, war das Motiv zu dieser Maßregel.

Auch in den Handelsbeziehungen der Kolonien kehrte Napoleon zum alten System zurück. Wir sahen schon, welche Instruktionen er Leclerc erteilte, und später verschärfte der Minister diese Weisungen noch: keine maritime Nation könne gestatten, daß andere Nationen mit ihren Kolonien Aus- oder Einfuhrhandel trieben. Die Wiederherstellung des Gesetzes von 1784 war das Äußerste, was er den Fremden zugestehen wollte.

Einschneidende Neuerungen traf dagegen Napoleon auf dem Gebiete der Behördenorganisation. So wenig er alle

[1]) Aus der Mitteilung an England, daß er die Freiheit der Schwarzen auf Domingue nicht anerkennen wolle (an Talleyrand, 13. Nov. 1801), ist gefolgert worden (z. B. von Adams, Rev. Hist. 24), daß Napoleon schon damals die Absicht, die Sklaverei auf der Insel wiedereinzuführen, gehegt habe. Das ist aber offenbar unrichtig: unter Freiheit versteht Napoleon hier den Zustand, wie er sich unter Toussaint herausgebildet hatte, die thatsächliche Unabhängigkeit vom Mutterlande.

Kolonien nach gleichen Gesetzen regieren wollte, so stellte er doch ihre Verwaltung auf gleichmäßige Grundlagen. Er beschäftigte sich mit diesem Werk seit der Rückkehr aus dem italienischen Feldzuge, wie wir bereits aus seinen Versuchen Toussaint zu gewinnen, wissen. Als Lacrosse dann seine Expedition nach Guadeloupe unternahm, und die Beamten nach St. Domingue abgesandt werden sollten, war sie beendet. Während die Kolonien in der Königszeit durch einen Gouverneur und Intendanten, die untereinander häufig genug im Konflikt lagen, regiert wurden, führte Napoleon einen dritten hohen Beamten mit selbständigem Wirkungskreis ein, den Justizkommissar. Der Generalkapitän hatte die Streitkräfte der Kolonie zu Wasser und zu Lande zu kommandieren, den Verkehr mit dem Auslande zu leiten, die Pässe zu visieren, die niederen Offiziers- und einen Teil der Beamtenstellen zu besetzen. Der Kolonialpräfekt sorgte für die innere Sicherheit, für die Verwaltung und Eintreibung der Steuern, für Pflege des Ackerbaues und Handels, Überwachung des Schmuggels, für den Unterricht, kurz für alle Gebiete der inneren Politik. Die Beamten seines Ressorts konnte er nicht selbständig ernennen; soweit dies nicht dem Minister zufiel, hatte er dem Generalkapitän eine Anzahl Kandidaten zu präsentieren. Dieser war in der Ernennung nicht an die Liste des Präfekten gebunden, mußte aber, wenn er einen anderen wählte, dem Minister über seine Motive Bericht erstatten. Unter demselben Vorbehalt hatte der Kapitän das Recht, neue Reglements des Präfekten in seinem Ressort zu annullieren. Beide stellten gemeinsam den Etat auf und erteilten Konzessionen über Staatsländereien. Der Justizkommissar endlich hatte alles unter sich, was die Pflege der Justiz erforderte, insbesondere sollte er Vorbereitungen für die Ausarbeitung eines bürgerlichen Gesetzbuches in der Kolonie treffen. Sein Verhältnis zum Generalkapitän war analog dem des Kolonialpräfekten. Gegen die Zentralbehörde, den Minister, erhielten die Kolonialbehörden eine gewisse Freiheit: die drei obersten Beamten durften etwaige Erlasse des Ministers, ja auch Gesetze, die ihnen schädlich schienen, nach reiflicher

Beratung untereinander für immer oder zeitweilig aufheben, hatten aber dann binnen drei Monaten gemeinsam über einen solchen Entschluß zu berichten.

Von einer Teilnahme der Bevölkerung war in dieser Organisation so wenig die Rede wie in der alten der Bourbonenzeit. Die Einführung einer Art Selbstverwaltung, die ein Geistlicher aus St. Domingue vorschlug, war, selbst wenn sie mit Napoleons Anschauungen verträglich gewesen wäre, schon deshalb unmöglich, weil in den meisten Kolonien keine zuverlässige Bevölkerung mehr existierte, welche die Verwaltung hätte führen können. In Domingue und Guadeloupe waren die alten Besitzer durch die Revolution zum großen Teil verjagt, in Martinique waren sie der französischen Herrschaft entwöhnt und zum Teil englisch gesinnt; in Ile de France endlich, wo während der Revolution eine Autonomie bestanden hatte, hatte sie sich, wie sich später zeigen wird, nicht bewährt.

Der Generalkapitän stand also den beiden anderen in manchen Beziehungen als übergeordnete Behörde gegenüber, durfte sich aber nicht in ihre laufenden Geschäfte einmischen. In allen Dingen, die sie gemeinsam zu versehen hatten, konnte der Kapitän seinen Willen den beiden anderen aufzwingen, mußte aber dann einen gesonderten Bericht über seine Gründe einreichen. Der Konsul mochte hoffen, durch diese Machtverteilung und die häufigen Berichte der Behörden an den Minister diese stets unter der Leitung der Zentralgewalt zu halten, und die alten Ressortfehden zu verhüten. Die Erfüllung dieser Hoffnung hing aber in erster Linie von den Persönlichkeiten ab; in einigen Kolonien arbeiteten sie vortrefflich miteinander, in anderen kam es, wie wir noch sehen werden, zu heftigen Differenzen. Napoleon liebte es im allgemeinen nicht, seinen Beamten weitgehende Machtbefugnisse und Selbständigkeit anzuvertrauen. Aus diesem Grunde hatte er in den Beratungen über die Organisation stets die Macht des Generalkapitäns herunterzudrücken versucht. So war die Vorschrift, daß der Generalkapitän sich nicht in die Funktionen der anderen einmischen dürfe, auf seinen speziellen Befehl erfolgt, und die

Stellung des Kolonialpräfekten suchte er dem Kapitän gegenüber dadurch zu heben, daß er ihn zu seinem Stellvertreter bei vorübergehender Abwesenheit oder für den Todesfall ernannte. Es geschah dies gegen Forfaits wiederholten Vorschlag, der dazu einen Offizier empfahl. Ebenso hatte Forfait beantragt, die Reglements des Präfekten und Justizkommissars im Namen der Republik und des Generalkapitäns zu publizieren: Napoleon strich den Namen des Generalkapitäns.

Dieselbe Tendenz, Kolonie und Mutterland eng zu verknüpfen und diesem in allen Dingen den weitgehendsten Einfluß zu sichern, zeigt sich auf einem anderen speziellen Gebiete. In jener Instruktion erhielt Leclerc den Auftrag, keinen öffentlichen Unterricht in der Kolonie zu dulden, damit die Kreolen gezwungen seien, ihre Kinder in Frankreich erziehen zu lassen. Kurz darauf gestattete Napoleon jedoch, vielleicht auf Betreiben des Marineministers, wenigstens Schulen einzurichten, in denen nach dem Beispiele des alten Regimes die Elemente des Lesens und Schreibens gelehrt würden. Aber der Unterricht in den exakten Wissenschaften, den schönen Künsten, kurz in aller höherer Bildung, blieb verboten. Für die anderen Kolonien wurden ähnliche Vorschriften erlassen. Als z. B. die Verwaltung von Ile de France später zur Zeit des Krieges mit England Lyceen einrichtete, erhielt sie vom Minister einen scharfen Verweis und mußte sich sagen lassen (1808), daß ein Lyceum in der Kolonie gegen die Grundsätze der Metropole sei. Ohne Zweifel wollte Napoleon hierdurch die Ausbildung eines separatistischen Geistes verhindern. Die jungen Kreolen sollten in Frankreich erzogen werden, dort ihre Jugendeindrücke empfangen und sich mit Anhänglichkeit an das Mutterland erfüllen. Also Leitung der öffentlichen Meinung in der Kolonie durch die Metropole.

In der Gerichtsverfassung erneuerte Napoleon einfach den alten Zustand, und nur die Namen der Gerichtshöfe, die an die alten königlichen Einrichtungen erinnerten, wurden geändert: fortan besaß jede Kolonie eine Anzahl Gerichte erster Instanz und je nach ihrer Größe einen oder mehrere Appellhöfe. Als letzte Instanz fungierte das oberste Gericht in Paris. Die

Richter ernannte der Generalkapitän provisorisch. Vergehen gegen die Handelsgesetze standen unter besonderen Bestimmungen. In erster Instanz wurden sie von den gewöhnlichen Gerichten abgeurteilt, in zweiter und letzter von einem Gerichtshofe, den die drei obersten Behörden und drei Mitglieder des Appellhofes bildeten.

Zum großen Teil wurden auch auf dem Gebiete des Kultus die alten Gebräuche wiederhergestellt. In der Königszeit war die katholische Religion die allein berechtigte und jede andere ausgeschlossen gewesen; die Kirche hatte großen Einfluß besessen, gewaltige Reichtümer erworben, und ihre Diener hatten, wie viele Zeitgenossen klagen, das üppige Leben der oberen Gesellschaft geteilt und namentlich das Keuschheitsgelübde nicht beobachtet, anstatt der Bevölkerung das Beispiel sittlichen Wandels zu geben. Wie in Frankreich machte die Revolution auch in den Kolonien der kirchlichen Herrschaft ein Ende; viele Priester wurden vertrieben, das Kirchengut beschlagnahmt und zum Teil verschleudert. Napoleon stellte nun das Privileg der katholischen Religion wieder her und verbot jeden öffentlichen Gottesdienst in einer fremden Konfession, die Kirchenverwaltung regelte er aber nach modernen Grundsätzen: der Staat behielt, entsprechend den Bestimmungen des Konkordats, das Kirchengut in Verwaltung und besoldete aus den Erträgen die Priester und Bischöfe; die Geistlichen selbst erhielten zwar von ihren kirchlichen Obern ihre Bestallung, mußten aber dem Konsul Treue geloben und wurden von ihm oder dem Generalkapitän der einzelnen Kolonien bestätigt. Im einzelnen verfuhr Napoleon hier wie in Europa mit Milde und gewährte auch Priestern, die sich während der Revolution kompromittiert hatten, Wiederanstellung, sofern sie nur die neuen Verhältnisse rückhaltslos anerkannten. Diese Bestimmungen erklären sich aus der Auffassung, die Napoleon von der Aufgabe der Kirche in den Kolonien hatte. Zur Zeit der Gründung der Kolonien, unter Richelieu und Colbert, hatte die Kirche in den neu erschlossenen Ländern vornehmlich Missionszwecke verfolgt, und die Regierung, selbst von streng katholischem Geiste erfüllt, hatte ihrem Bekehrungseifer kräftig Vorschub geleistet: jetzt wurde die Regierung nicht mehr von religiösen, sondern allein von unmittelbar praktischen Motiven geleitet. Nicht mehr um die Bekehrung der Indianer handle es sich jetzt, sagt Decrès einmal, sondern das Ziel sei, die Sklaven durch den Zügel der Moral und der religiösen Zeremonien im Zaume zu halten. Dazu konnte man freilich nur Priester brauchen, welche die sozialen und politischen Ansichten der Regierung unbedingt zu vertreten bereit waren, und deshalb auch konnte man eine andere als die katholische Religion nicht öffentlich zulassen. Denn, wie sollte die Kirche über die halb oder ganz wilden Schwarzen Macht gewinnen, wenn sie nicht mit dem Anspruche auftreten konnte, allein das wahre Heil zu vermitteln? Jede Rivalität oder gar Streitigkeiten zwischen mehreren Religionsgemeinschaften mußten notwendig das Ansehen der Kirche schwächen und die Skepsis unter den Negern erwecken. Aus rein weltlich-polizeilichen Zwecken kam also der Sohn der Revolution zu denselben Maßregeln wie der Kardinal Richelieu, dem die Verbreitung der katholischen Religion Herzenssache war.

Fünftes Kapitel.

Die Ereignisse auf St. Domingue bis zum Bruche des Friedens von Amiens.

Nachdem Leclerc seine Instruktionen erhalten hatte, dauerte es noch geraume Zeit, bis die Ausrüstung seiner Flotte beendet war. Endlich, einen und einen halben Monat später (14. Dezember 1801) lichtete Villaret in Brest die Anker. Zwei Tage später vereinigte er sich mit Latouche-Tréville, der aus Lorient aufgebrochen war, und setzte gemeinschaftlich mit ihm über die kanarischen Inseln die Fahrt nach St. Domingue fort. Nach fast sechs Wochen landeten sie auf der Nordostküste der Insel bei Samana (29. Januar), wo sich auch das Rochefortер Geschwader einfand. Die Fahrt war nicht ohne Unfall verlaufen, fünf Schiffe waren unterwegs schadhaft geworden und hatten umkehren müssen. Von den Flotten aus Cadix und Toulon war man ohne Nachricht. Trotzdem so ein erheblicher Teil der Expedition noch fehlte, beschloß Leclerc doch, die Ankunft der fehlenden Schiffe nicht erst abzuwarten. Ein ausgesandter Kreuzer hatte ihm die Nachricht von den Meutereien auf Guadeloupe und der Vertreibung des Admirals Lacrosse gebracht: es war zu befürchten, daß die Kunde von dieser Mißachtung der französischen Autorität das Selbstgefühl der Schwarzen allenthalben steigern und in St. Domingue ähnliche Tendenzen hervorrufen werde. Er brach daher schon am folgenden Tage wieder mit der Hauptmasse nach Westen auf, zwei Schiffe mit 500 Mann erhielten den Befehl, die Hauptstadt des spanischen Teils, Santo Domingo, zu besetzen. Auch ohne die Zurückgebliebenen vereinigte er eine imposante Macht: an 20 große Schiffe mit 12000 Streitern.

Beim Kap Lagrange — ungefähr 8 Meilen östlich der Stadt Le Cap — teilte der Generalkapitän sein Geschwader: Latouche erhielt den Befehl, den General Boudet mit 3000 Mann nach Port au Prince zu führen, der Divisionsgeneral Rochambeau sollte mit 2000 Mann bei Manzanilla landen und das Fort Dauphin — an der Nordküste, wenige Meilen westlich der Grenze des spanischen und französischen Teils gelegen — besetzen, und mit dem Rest wollte Leclerc selbst die alte Hauptstadt der französischen Kolonie, Le Cap, in Besitz nehmen. Durch das fast gleichzeitige Erscheinen vor den wichtigsten Küstenplätzen hoffte Leclerc den Negern durch seine Machtentfaltung zu imponieren und für einen etwa notwendig werdenden Feldzug auf allen Seiten eine Basis zu schaffen. Es zeigte sich bald, daß Toussaint nicht daran dachte, seine Herrscherstellung aufzugeben und den Weisungen der Metropole zu gehorchen. Als sich die Flotte dem Hafen von Le Cap näherte (am 3. Februar), verwehrte ihr der Kommandant, der schwarze General Christoph, Moyses Nachfolger, die Einfahrt; falls das Geschwader die Einfahrt erzwinge, ließ er Leclerc sagen, würde er alle Weißen niedermetzeln und die Stadt anzünden. Die ihm übersandte Proklamation Napoleons verteilte er nicht, und auf Leclercs Aufforderung, ihm als dem gesetzlichen Oberbefehlshaber zu gehorchen, erwiderte er, er nehme nur von Toussaint Befehle an. Leclerc setzte daher in der Nähe Truppen ans Land, um die Stadt rasch durch einen kombinierten Angriff zu Wasser und zu Lande einnehmen zu können, aber widrige Winde behinderten die Mitwirkung der Flotte, so daß sich die Einnahme um einige Tage verzögerte (6. Februar). Christoph hatte Zeit gefunden, seine Drohung auszuführen; einen großen Teil der Stadt hatte er niedergebrannt und auch einige Weiße ermorden lassen, die Hauptmasse der Europäer hatte sich indessen mit Hilfe des französisch gesinnten schwarzen Bürgermeisters gerettet. Christoph selbst war mit seinen Truppen entflohen; die Verfolgung, die Leclerc sogleich unternahm, erreichte ihn nicht mehr, verhinderte aber die Zerstörung der reichen Ebene vor den Thoren Le Caps und sammelte viele geflüchtete Bewohner. Christoph zog sich in das Gebirge südlich Le Cap zurück, wo Toussaint seine Hauptmacht zu vereinigen gedachte.

Schneller war die Einnahme des Fort Dauphin gelungen. Bereits am zweiten Tage nach der Landung (4. Februar) hatte es Rochambeau durch einen Doppelangriff zu Wasser und zu Lande genommen und darin viele Kriegsvorräte erbeutet; die gefangenen Schwarzen mußten als Rebellen über die Klinge springen. Ebenso schnell führte der Angriff auf Port au Prince zum Ziele. Die Neger erwiderten zwar die Aufforderung zum Gehorsam mit derselben barbarischen Drohung und setzten die französischen Parlamentäre gar gefangen, aber schon am folgenden Tage (5. Februar) fiel die Stadt und einige Forts in die Hand der Europäer, ehe die Schwarzen ihre Absicht ausführen konnten. Die Besatzung entfloh und vereinigte sich mit Dessalines, der nördlich von Port au Prince eine Stellung bezogen hatte; die gefangenen Franzosen und einige Hundert Weiße aus Port au Prince schleppte sie mit sich fort. Mit diesem tapferen, aber grausamsten aller schwarzen Generale fanden in den nächsten Tagen einige Scharmützel statt; er richtete durch Feuer und Schwert viel Schaden an, es gelang aber, ihn in

Schach zu halten und seinem Zerstörungswerke, zum Teil wenigstens, Einhalt zu thun. Während dieser Zeit war auch der Oberbefehlshaber nicht müßig gewesen. Kurz nach dem Falle Le Caps schickte er ein Detachement nach Port de Paix, dem zweiten bedeutenden Hafen der Nordküste, wo Maurepas, einer der hervorragendsten Generale Toussaints, kommandierte. Wie überall, räumten die Neger vor dem überlegenen Geschützfeuer der Kriegsschiffe und der überlegenen Taktik der gelandeten Soldaten die Stadt (9. Februar); Maurepas entfloh aber nicht wie Christoph in die Berge, sondern, die Schwäche seines Gegners wohl erkennend, nahm er in der Nähe von Port de Paix Stellung, jeden Augenblick bereit, zum Angriff überzugehen. Der französische General konnte mit seinen 1200 Mann nur die Stadt verteidigen, zu einem erfolgreichen Angriff war er nicht fähig.

Trotz dieses halben Erfolges hatte Leclerc doch die Hauptküstenplätze binnen weniger als einer Woche in seine Gewalt gebracht. Es war jetzt klar, daß Toussaint nicht daran dachte, die Herrschaft der Franzosen anzuerkennen. Daß die schwarzen Kommandanten die Aufforderung zur Kapitulation alle mit der gleichen Drohung beantwortet hatten, bewies, daß sie von ihm ihre Anweisungen empfangen hatten. Auch die Verhandlungen, die Leclerc, seinen Instruktionen folgend, sogleich nach seiner Landung mit ihm angeknüpft hatte, verliefen resultatlos. Weder die Bitten seiner Söhne, durch die ihm Leclerc den Brief des ersten Konsuls übersandte, noch die Verheißungen Napoleons konnten den schwarzen Diktator umstimmen; er blieb entschlossen, die Franzosen mit Gewalt zu vertreiben und suchte nur die Verhandlungen einstweilen hinzuziehen, um Zeit zu besseren Vorbereitungen zu gewinnen. Leclerc durchschaute seine Absicht vollkommen. Da Toussaints Kinder nach Le Cap wieder zurückgekehrt waren, so sandte er sie ihm wieder zu, um jeden Anschein einer illoyalen Handlungsweise gegen Toussaint zu vermeiden und stellte ihm das Ultimatum, binnen vier Tagen Gehorsam in Le Cap zu geloben, widrigenfalls er als Rebell geächtet werden würde. Als die Frist verstrichen war, ächtete er ihn nebst Christoph, der den ersten Schuß auf die Franzosen gethan hatte und verhieß allen, die jene beiden verlassen und sich unterwerfen würden, volle Amnestie (17. Februar). Die Proklamation Napoleons, die den Schwarzen Freiheit und Gleichheit verhieß, hatte er bereits früher überall im Machtbereiche der französischen Waffen verbreiten lassen. Toussaint beantwortete seine Ächtung mit der Ächtung Leclercs und rief alle Schwarzen und Farbigen zum kräftigsten Widerstande gegen die Franzosen auf, die gekommen seien, die Sklaverei wiederherzustellen. Die Grausamkeiten Rochambeaus nach der Eroberung von Fort Dauphin kamen ihm dabei vortrefflich zu statten.

Während dieser Zeit hatte sich Leclercs Stellung bedeutend verbessert. Die Geschwader von Toulon und Cadix mit ihrer 4200 Mann starken Armee waren endlich angekommen (12. und 14. Februar), so daß die Armee nunmehr 16000 Europäer zählte. Die zuverlässigen Elemente der städtischen Bevölkerung verstärkten die Garnisonen, und bald kamen auch von Toussaints Armee Deserteure, die Leclerc in sein Heer einreihte und damit, wie sich bald zeigen sollte, sehr tüchtige Bundesgenossen gewann. Auch Ackerbauer, die freiwillig oder gezwungen geflüchtet waren, kehrten in ihre Heimat zurück, wo sie nichts mehr von Toussaints Schaaren zu befürchten hatten. Großenteils waren es altfreie Schwarze, die Toussaint verließen, da sie sein hartes Regiment verabscheuten und für ihre soziale Lage von den Franzosen nichts übles besorgten. Sehr günstige Nachrichten kamen dann aus dem spanischen Teile. Hier hatte zwar der Kommandant von Santo Domingo, Paul Louverture, ein jüngerer Bruder des Diktators, ebenfalls die Übergabe abgelehnt, aber der Gouverneur der Provinz, General Clerveaux, ein Farbiger und also kein Freund Toussaints, gab auf die Nachricht von der Ankunft einer großen Expedition sogleich den Widerstand auf und stellte sich unter Leclercs Befehle. Infolgedessen öffnete auch die Hauptstadt dem General Kerversean ihre Thore (20. Februar) und die Bevölkerung empfing die Franzosen mit Jubel, froh, von der verhaßten Negerherrschaft befreit zu sein. Wenn Napoleon geglaubt hatte, der spanische Teil werde den Hauptherd des Widerstandes bilden, so geschah gerade das Gegenteil: er fiel fast ohne Schwertstreich, während die Unterwerfung des französischen einen regelrechten Feldzug erforderte. Auch die Südprovinz des französischen Teils, der alte Sitz Rigauds, fiel von Toussaint ab: der kommandierende General in Les Cayes, Laplume, ließ sich ohne Mühe von Boudet gewinnen und nahm sogleich am Kampfe gegen Dessalines Teil. Napoleons Hoffnung auf die Uneinigkeit der schwarzen Gewalthaber war also zum Teil in Erfüllung gegangen. Als Leclerc Toussaint den Krieg erklärte, kannte er zwar die Besetzung von Domingo und den Abfall Laplumes noch nicht, aber er war unterrichtet von Clerveaux' Unterwerfung und erwartete mit Zuversicht ein gleiches Resultat von der Rassenabneigung der Farbigen im Süden. Seine militärische Lage beurteilte er daher sehr günstig.

Alle diese Vorgänge hatten dagegen Toussaints Macht beträchtlich verringert. Da Dessalines von Boudet beschäftigt wurde, so hatte er nur seine Garden, die Truppen von Maurepas und Christoph, sowie mehrere tausend Landleute zur Verfügung. An disziplinierten Truppen standen nach Leclercs Schätzung unter Toussaints speziellem Befehl etwa 2700, unter Christoph 1000 und unter Maurepas gegen 2000 Mann. Leclerc war ihm also bedeutend überlegen. Toussaint sammelte seine Scharen, wie wir sahen, in den Gebirgen südlich von Le Cap, um den von der Nordküste her vordringenden Franzosen den Weg nach den Ebenen des Westens zu versperren und Leclercs Vereinigung mit Boudet zu verhindern. An der nördlichen Spitze dieser sich von Nordwesten nach Südosten erstreckenden Berge, stand wenige Meilen von Port de Paix entfernt, Maurepas; südwestlich davon, am Oberlaufe des das Gebirge durchströmenden Flusses Les Trois Rivières, Christoph und noch weiter südlich als rechter Flügel bereits im spanischen Teile, Toussaint Louverture selbst. Das durch Flüsse und Klüfte zerrissene Gebirge bot vorzügliche Verteidigungsstellungen, war aber für Toussaints kleine Armee viel zu ausgedehnt.

Gegen diese ihm im allgemeinen bekannten Stellungen führte Leclerc seine Heersäulen von allen Seiten heran. Er wollte die Schwarzen durch einen Angriff von Norden her in die Ebene von Les Gonaïves werfen, ihnen dort durch den von Süden heranrückenden Boudet den Rückzug abschneiden lassen und sie gegen das Meer drücken. Da die Franzosen die See beherrschten, wäre dann die Vernichtung der Rebellen unvermeidlich geworden. Die ersten Operationen gelangen vortrefflich. In drei Divisionen rückten die Franzosen gegen Toussaint und Christoph vor und trieben sie in mehreren siegreichen Gefechten aus allen ihren Stellungen; bereits nach einer Woche drangen sie in die Ebene von Les Gonaïves ein. Toussaint hatte auch hier wieder befohlen, auf dem Rückzuge alles zu verwüsten, um den Feinden den Vormarsch zu erschweren, aber das schnelle Nachdrängen der Franzosen ließ es meistens nicht dazu kommen, nur die Stadt Les Gonaïves wurde vollständig eingeäschert, ehe die Sieger sie besetzen konnten (24. Februar). Die Niederlagen und die täglich wachsende Desertion hatten die Schwarzen wohl geschwächt, aber sie in der Ebene zu erdrücken war nicht gelungen: da Boudet nicht rechtzeitig zur Stelle sein und ihnen den Rückzug verlegen konnte, entkamen Toussaint und Christoph in das Cahosgebirge, das die Grenze zwischen dem französischen und spanischen Teile bildete. Boudet hatte harte Kämpfe mit Dessalines auszufechten, die erst mehrere Tage nach Toussaints Niederlage zum Siege führten. Er hatte ihn zwar mehrfach geschlagen, ihm die letzte bedeutende Küstenstadt, die noch im Besitz der Schwarzen war, St. Marc, entrissen und ihn endlich ins Gebirge gejagt (28. Februar), aber hier war den Rebellen das Zerstörungswerk nur zu gut gelungen; St. Marc fiel als ein Trümmerhaufen in die Hände der Franzosen, und an 200 Weißen kostete die Niederlage der Schwarzen das Leben. Glücklicher waren die Operationen gegen Maurepas verlaufen. Während der ersten Tage des Feldzuges hatte dieser sich mit Erfolg gegen die französischen Generale Humbert und Debelle, die ihn von Port de Paix aus angriffen, gehalten; nach dem Falle von Les Gonaïves aber führte Leclerc selbst zwei Divisionen in seinen Rücken, um ihn durch einen gleichzeitigen Angriff von Norden und Süden zu vernichten. Früher jedoch als

Debelle und Humbert, erfuhr Maurepas das Herannahen Leclercs: rasch entschlossen, bot er ihnen unter Berufung auf Leclercs Proklamation seine Unterwerfung gegen Zusicherung seines bisherigen militärischen Ranges an. Die französischen Generale, von Leclers Plänen noch nicht unterrichtet, gingen mit Freuden darauf ein und sicherten ihm volle Amnestie zu (28. Februar), und Leclerc ratifizierte das Abkommen am folgenden Tage. Es scheint, daß er diese Lösung nicht gern sah und Maurepas lieber aufgerieben hätte, aber es ist kein Zweifel, daß das Resultat überaus günstig war; die Soldaten Maurepas' leisteten später vortreffliche Dienste, und dann war der Übertritt dieser einige tausend Mann starken Abteilung von großer moralischer Wirkung: die Einwohner des Nordens, wo Toussaints Herrschaft am festesten begründet war, hielten seine Sache jetzt für verloren und kehrten scharenweise aus den Wäldern und Bergen zu ihren friedlichen Beschäftigungen zurück.

Es galt nun noch, Toussaint, der sich mit Christoph und Dessalines vereint im Cahosgebirge festgesetzt hatte, zu bekämpfen. Schwierig zu ersteigen, war es, wie alle Gebirge der Insel, für die Defensive sehr geeignet, und überdies war der beste Zugang aus der Ebene durch das Fort Crête à Pierrot, ein von den Engländern angelegtes Bollwerk, gesperrt. Dessalines übernahm die Verteidigung des Forts, Toussaint und Christoph zogen sich tiefer in die Berge zurück. Diese Sperre sollte zuerst genommen werden. Die Schwarzen widerstanden in dem unwirtlichen Gebirge hartnäckig, so daß der Vormarsch manche Verluste brachte, aber schließlich wurde das Fort doch von etwa 12000 Mann — Europäern und Schwarzen — eng umstellt (9. März). Der Kommandant wurde zwar bei einem Ausfalle abgedrängt und in die Berge gejagt, aber dennoch wehrte sich die an 1500 Mann starke Besatzung tapfer und schlug mehrere voreilig unternommene Stürme mit herben Verlusten zurück. Erst nach Herbeischaffung zahlreicher Artillerie wurde das Fort genommen, aber die Besatzung entkam: bei Nacht fand sie ihren Weg durch die Reihen der Belagerer, diesen nur ihre Toten und Verwundeten, sowie einige Geschütze zurücklassend (24. März).

Noch niemals hatte sich der den Schwarzen durch Toussaint eingepflanzte kriegerische Geist und ihre militärische Tüchtigkeit, die selbst den Belagerern Worte der Bewunderung entlockten, so vortrefflich bewährt; wochenlang hatten sie die Hauptmasse der Franzosen mit einer schwachen Truppenzahl unter verhältnismäßig geringen Opfern festgehalten, ihren Feinden dagegen schwere Verluste beibebracht. An 1500 Mann, behauptet einer der Teilnehmer, habe die Belagerung gekostet; Leclerc sei darüber so außer sich gewesen, daß er die Höhe der Verluste in seinen Berichten verschwiegen und auch seinen Offizieren verboten habe, die Wahrheit bekannt zu machen.

Der Generalkapitän hatte um so mehr Ursache, mit dem Verlauf der Belagerung unzufrieden zu sein, als Toussaint diese Zeit zu mehreren erfolgreichen Vorstößen benutzt hatte. Mit Christoph vereinigt, war er unter Sengen und Brennen in die Ebene des Nordens eingefallen, überall das Gerücht verbreitend, daß die französische Armee vor Crête à Pierrot entscheidend geschlagen sei. Sein plötzliches Erscheinen und diese Nachricht trieben viele schon heimgekehrte Schwarze wieder zum Aufstande; er selbst wurde zwar von dem Divisionsgeneral Desfourneaux und Maurepas, die zum Schutze der Nordprovinz zurückgelassen waren, wieder vertrieben, aber der Aufruhr glühte fort, und bei Le Cap konnte die schwache Garnison, selbst mit Unterstützung von Matrosenabteilungen, die Ruhe nur in der nächsten Umgebung aufrecht erhalten, aber nicht die Autorität in der ganzen großen Ebene sichern. Auch die Westküste suchte Toussaint heim; nach seiner Vertreibung aus dem Norden machte er einen Vorstoß nach Les Gonaïves und durchschnitt so die Verbindungen der Belagerungsarmee mit der See. Nach dem Falle des Forts traf daher Leclerc sogleich Anstalten, die Ruhe im Küstengebiet wiederherzustellen. Er sandte die Division Hardy quer durch das Gebirge nach Le Cap, Rochambeau und Boudet erhielten den Befehl, nach Les Gonaïves und Port au Prince zu ziehen und die Banden, welche die westlichen Ebenen unsicher machten, zu vertreiben (26. März). Die beiden letzten erfüllten schnell ihre Aufgabe und befreiten zahlreiche von den

Insurgenten gefangene Weiße, schwieriger aber war Hardys Aufgabe. Den Weg durch das Gebirge konnte er sich nur durch verlustreiche Kämpfe bahnen, und in der Ebene konnte er den Aufruhr nicht dämpfen, nur die Hauptstadt und ihre nächste Umgebung konnte er schützen. Erst als nach einigen Tagen eine neue Expedition 2500 Mann frischer Truppen aus Frankreich brachte (6. April), konnte er die Offensive ergreifen, die Banden aus der Ebene verjagen und den Einwohnern wieder Respekt vor der französischen Herrschaft einflößen.

Die Ankunft dieser Verstärkungen hatte aber noch weit größere Folgen. Schon seit längerer Zeit waren Mißhelligkeiten unter den ja nie recht einigen schwarzen Generalen ausgebrochen; manche waren des beschwerlichen Gebirgskriegs müde und sehnten sich nach ihren Palästen zurück. Als sich nun die Nachricht von der Ankunft neuer Truppen verbreitete, nahm diese Stimmung an Stärke zu und unter den Führern wuchs die Neigung, das Beispiel Maurepas' nachzuahmen. Kleinere Abteilungen unter untergeordneten Offizieren hatten bereits mehrfach die Fahne gewechselt, jetzt aber trat Christoph, einer der Ersten nach Toussaint, mit Leclerc in Unterhandlung und bot ihm seine Unterwerfung zu denselben Bedingungen wie Maurepas an. Nach einigen Verhandlungen bewilligte sie ihm Leclerc, und Christoph vereinigte seine Truppen mit den Franzosen (26. April). Der Abfall Christophs zwang auch Toussaint zu demselben Entschlusse. Ohne Aussicht, seine Herrscherstellung mit seinen zusammengeschmolzenen Kräften wieder zu erringen, erklärte er sich zu der Huldigung bereit; er forderte in einem trotzigen Briefe volle Amnestie für sich und seine Armee, die, wenn Leclerc sie mit Gewalt zur Unterwerfung zwingen wolle, noch stark genug sei, um der Kolonie durch Sengen und Brennen großen Schaden zuzufügen. Leclerc bewilligte alles und versprach ihm, seine Truppen wie die französischen zu halten; ihm selbst solle es freistehen, sich auf irgend eine seiner Besitzungen zurückzuziehen. So stieg denn auch Toussaint von den Bergen nach Le Cap herab; vom Publikum mit großer Begeisterung empfangen und von Leclerc glänzend bewirtet, bewahrte er vor dem neuen Gouverneur eine stolze, reservierte Haltung; bereits einen Tag darauf, nachdem er die Huldigung geleistet hatte, verließ er die Stadt und zog sich auf ein Landgut bei Les Gonaïves zurück (6. Mai). Mit der Unterwerfung des Oberbefehlshabers war der Krieg zu Ende. Dessalines und die übrigen Generale führten in den nächsten Tagen ihre Truppen aus den Wäldern heraus, und nur einige Banden von geringer Bedeutung fristeten noch ein unstetes Räuberleben in der Wildnis. Von ihnen allein war aber eine Erschütterung der französischen Herrschaft nicht zu besorgen.

Mit den letzten Dispositionen war Leclerc über Napoleons Instruktionen hinausgegangen, denn diese befahlen Krieg bis zum äußersten gegen Toussaint, wenn er sich nicht sogleich freiwillig unterwerfe, und Deportation, sobald man seiner habhaft werden könne. Ein Blick auf die Lage des Generalkapitäns wird uns über die Gründe zu seiner Haltung aufklären. Wenn er auch siegreich gewesen war, fühlte er sich doch noch keineswegs sicher. Die Armee war empfindlich geschwächt, da der Gesundheitszustand von Anfang an viel zu wünschen übrig ließ. Schon vor Beginn des eigentlichen Feldzugs zählte sie an 600 Kranke; wenn diese zum Teil auch wieder genesen sein mögen, so rissen die Strapazen und Kugeln der Schwarzen weitere Lücken: zur Zeit der Belagerung von Crète à Pierrot lagen bereits 2000 Mann in den Hospitälern, davon ein Viertel etwa verwundet, und nach der Einnahme des Forts war die Zahl der Franzosen in den Lazaretten auf 5000 gestiegen: unter den Waffen zählte Leclerc nicht mehr als 14000 Mann, davon die Hälfte Schwarze und Farbige. Auf deren Treue, meinte er, sei überdies kein Verlaß; sie gehorchten, so lange die Franzosen siegreich seien; beim ersten ernstlichen Unfall würden sie zum Gegner übergehen. Bald darauf kamen zwar Verstärkungen aus Europa, aber die Militärverwaltung hatte den Rat der Kenner der Kolonie schlecht befolgt: ein Teil von ihnen, klagte Leclerc, sei nichts wert; ohne Waffen, ungenügend bekleidet und schlecht diszipliniert seien sie angekommen, so daß sie der Kolonie mehr eine Last als von Nutzen seien. Mit seinen Erfolgen im Felde wuchsen naturgemäß auch seine Aufgaben: je mehr Terrain er eroberte, desto mehr hatte er zu schützen; die Ebenen, in welche die geflüchteten Landleute heimzukehren begannen, mußten gegen die Raubscharen gesichert werden; viele der Arbeit entwöhnte Neger mußten durch Strenge wieder zum Ackerbau angehalten werden, und um sie durch die Strenge nicht von neuem zum Aufstande zu treiben, war ihre Überwachung durch respektable Truppenmassen notwendig. Wir sahen, wie wenig die Ebenen während des Krieges gesichert werden konnten; wir dürfen es dem Generalkapitän also wohl glauben, wenn er mit seinen Mitteln die gewaltsame Unterwerfung der Insel für unmöglich erklärt: dazu gebrauche er eine Armee von 25000 Europäern. Sollte er also Toussaints Hand zurückstoßen und den Krieg auf Leben und Tod fortsetzen? Nach den Erfahrungen der letzten Wochen war nicht zu erwarten, daß er Toussaints habhaft werden konnte, und so lange Toussaint noch frei war, fand er auch Mittel, einen greuelvollen Parteigängerkrieg zu führen und die Ansiedler aller Orten zu beunruhigen. Dazu kam, daß jetzt die Regenzeit herannahte und mit erhöhten Anstrengungen steigende Verluste zu bringen drohte: schon jetzt starben an 30 bis 50 Mann täglich, wie sollte das erst werden, wenn der Krieg mit allen seinen Entbehrungen und seiner Mühsal erneuert werden mußte? Die ganze militärische Lage drängte also auf die Beendigung des Feldzugs, und nicht minder die politische. Während der Verhandlung mit den schwarzen Chefs erfuhr Leclerc durch Decrès, daß die Feindseligkeiten mit England binnen kurzem wieder ausbrechen könnten. Diese Nachricht erheischte vollends rasche Beendigung des Krieges, denn in diesem Falle wären die Insurgenten ohne Zweifel von England mit Waffen und Vorräten aller Art unterstützt worden: ein Ende war dann gar nicht abzusehen. Ja, die ganze Armee stand auf dem Spiele, denn die französische Flotte bei St. Domingue war der englischen in jenen Gewässern bei weitem nicht gewachsen; da aber die Armee dringend der Verstärkungen aus der Heimat bedurfte, so mußte sie nach dem Verluste der Flotte unter den Angriffen der Feinde allmählich verbluten. War dagegen Friede mit den Rebellen geschlossen, ihr Heer aufgelöst, und Toussaint mit seinen Generalen in der Gewalt der Franzosen — wenn auch nicht hinter Schloß und Riegel, so doch unter Aufsicht — dann war es für England schwierig, auf der Insel Bundesgenossen zu finden, und die Lage der Armee weniger verzweifelt.

Nun sagten die Instruktionen zwar, daß Toussaint nach der Huldigung sogleich ohne Aufsehen verhaftet und weggeschafft werden solle, aber sie setzten dabei voraus, daß Toussaint nicht infolge eines feierlichen Vertrages sondern als völlig Besiegter oder freiwillig die Huldigung leisten werde. Unmöglich konnte Leclerc sein soeben angesichts der ganzen Kolonie verpfändetes Wort brechen und den ehemaligen Diktator in Le Cap festnehmen; er mußte fürchten, durch diese illoyale Handlung nicht nur das Vertrauen der Insulaner für immer zu verscherzen, sondern auch die noch versammelten schwarzen Truppen zum Aufstande zu treiben und damit den Kampf zu erneuern.

Nach denselben Instruktionen hätten sodann weitere Verhaftungen und die allgemeine Entwaffnung der Schwarzen folgen müssen. Leclerc sah sich zu diesem rigorosen Vorgehen aus denselben Gründen wie zur gewaltsamen Unterwerfung Toussaints außer stande. Er wußte, welchen Wert die mißtrauischen Schwarzen auf den Besitz ihrer Waffen legten; Toussaint hatte sie gelehrt, in ihnen allein den Hort ihrer Freiheit zu sehen und jeden Versuch, ihnen die Waffen zu nehmen, als den ersten Schritt zur Wiederherstellung der Sklaverei zu betrachten. So lange daher die schwarzen Soldaten noch versammelt unter ihren alten Führern standen und ihm keine überwältigende Macht zu Gebote stand, wollte er diese Maßregel nicht wagen, um die Schwarzen nicht zur Verzweiflung zu treiben. Einstweilen mußte er sich begnügen, diese Maßregeln vorzubereiten. Um das Haupthindernis seiner Absichten, die schwarze Streitmacht, aus dem Wege zu räumen, beschloß er sie zu vermindern und als geschlossenes Korps zu beseitigen. Er befahl (1. Juni), die schwarze Armee zu mustern und alle in ihre Heimat zu entlassen, die wegen körperlicher Gebrechen, zu hohen oder geringen Alters zum Waffendienste untauglich seien; der Rest sollte unter die europäischen Truppenteile verteilt werden, in der Weise, daß jede schwarze Halbbrigade zu einem Bataillon zusammengezogen und mit zwei europäischen Bataillonen eine neue Halbbrigade bilden sollte. Der Generalkapitän hoffte hierdurch die Kosten des Militärbudgets zu verringern, dem Ackerbau eine Anzahl Arbeiter wiederzugeben, vor allem aber den Korpsgeist der schwarzen Truppen zu brechen und sie besser zu kontrollieren. Diese letzte Hoffnung erfüllte sich nicht, die alten Regimentsbezeichnungen verschwanden zwar aus den offiziellen Listen und Verfügungen, aber unter den schwarzen Soldaten lebten sie fort: sie bezeichneten sich untereinander nicht nach ihren neuen, sondern nach ihren alten, nunmehr aufgelösten Truppenteilen und blieben so ein inneres abgeschlossenes Ganzes für sich. Ein kameradschaftliches Verhältnis mit den französischen Soldaten kam nicht zu stande, und zwischen den Offizierkorps blieb eine tiefe Kluft bestehen. Toussaints Leibgarde gar lehnte stolz den Eintritt in die französischen Regimenter ab; ihrem Herrn nach wie vor treu ergeben, nahmen die Gardisten fast sämtlich den Abschied und siedelten sich in der Nähe des gestürzten Diktators an, stets seines Winkes zu neuen Kämpfen gewärtig. Die Reihen der übergetretenen Schwarzen lichteten sich bald durch Desertionen, und Leclerc war darüber im stillen erfreut; er verlor ja nur recht unzuverlässige Streiter in ihnen, und sein Militärbudget wurde von einer Menge nutzloser Kostgänger befreit. Mannschaften wie Offiziere waren also mit den Neuerungen unzufrieden; die letzteren insbesondere deshalb, weil Leclerc, um die große Anzahl der schwarzen und farbigen Offiziere zu vermindern und die französische Autorität zur Geltung zu bringen, alle Ernennungen Toussaints seit der Landung (5. Februar) kassierte und viele Offiziere mit Halbsold verabschiedete.

Als weitere Vorbedingung zu der Entwaffnung und Festnahme der Führer betrachtete Leclerc die Einrichtung einer starken Gendarmerie, die schon unter dem alten Regime und unter Toussaint von großer Wichtigkeit gewesen war. Leclerc bemühte sich, sie neu zu organisieren. Vier Legionen, zusammen an 3000 Mann stark, sollten gebildet werden, zu je einem Drittel aus den Gendarmen Toussaints, der Kolonialarmee und europäischen Soldaten bestehend. Vor der Revolution hatte sie ausschließlich aus Farbigen und Schwarzen bestanden, jetzt schien die Beimischung des europäischen Drittels zur Erhöhung ihrer Zuverlässigkeit notwendig. Die Maßregel kam nur langsam und unvollkommen zur Ausführung; es war schwierig, die zuverlässigen Elemente unter den Kolonialtruppen zu finden, und die weiße Armee konnte bei ihrer Schwäche ihr Kontingent nicht sogleich stellen. Die ausbrechende Krankheit machte bald darauf die Verwendung von Europäern zu diesem anstrengenden, den Einwirkungen des Klimas im höchsten Grade preisgegebenen Dienste unmöglich. Weder die Einverleibung der Kolonialtruppen, noch die Gendarmerie erfüllten also Leclercs Erwartungen, und ebenso täuschte ihn die weitere Hoffnung, seine Armee baldigst verstärkt zu sehen.

Mit der Krankheit und den ungünstigen Wirkungen des Klimas haben wir bereits die Umstände erwähnt, die von außerordentlicher Bedeutung für die Expedition waren und von Mit- und Nachwelt häufig als die eigentliche Ursache ihres Scheiterns betrachtet worden sind. Wir sahen schon, daß der Gesundheitszustand während des ganzen Feldzugs nicht günstig gewesen war, wenn er auch nicht zu tieferen Bedenken Anlaß gegeben hatte. Nach Überwindung der Strapazen mochte Leclerc hoffen, daß sich sein Heer in Ruhe bald wieder erholen werde. Aber nur kurze Zeit war nach Toussaints Unterwerfung verstrichen, als die Kolonie von einer Epidemie heimgesucht wurde, wie sie die Franzosen während der ganzen Zeit ihrer hundertjährigen Herrschaft noch nicht kennen gelernt hatten. Die Krankheit trat plötzlich (Mitte Mai) mit einer solchen Heftigkeit auf, daß man, so schreibt ein Augenzeuge, darauf verzichten mußte, den Toten die letzten Ehren zu erweisen. Gelbes Fieber und Übel von Siam nannten die Franzosen die Pest, die sich in Kopfschmerzen, Fieber, brennendem Durst, Erbrechen und Schlaflosigkeit äußerte, und gegen die weder Bäder noch Medizinen viel ausrichten konnten. Am mörderischten war die Pest in Le Cap, weil dort, wie man meinte, die Truppen am dichtesten zusammenlagen und die Unterkunft höchst mangelhaft war, da der von Christoph zerstörte Teil trotz aller Mühe Leclercs noch nicht hatte wiederhergestellt werden können. Die Berichte schildern, wie die Toten auf die Straße geworfen und bei Nacht in Massengräbern ohne Zeremonie beigesetzt werden, wie jedes Truppenlager zum Hospital wird und die Lazarette die Zahl der Kranken nicht fassen können, die bald Regengüssen, bald der glühenden Sonne ausgesetzt sind und von Ungezieser, wie es in tropischen Ländern zu Hause ist, gequält werden. Die schlechte Beschaffenheit der Hospitäler vergrößerte das Übel. Schon während des Feldzuges, noch vor dem Ausbruch der Krankheit, hatten sie den Ansprüchen nicht genügt; ein Teil der zum Sanitätsdienste notwendigen Dinge war in Brest vergessen worden, ein anderer während der Überfahrt verdorben; es ist also nicht zu verwundern, daß es überall an Ärzten und Arzneien fehlte und die Hospitäler nicht nur viel zu klein für die Zahl der Verwundeten, Kranken und Rekonvalescenten waren, sondern auch ihre Einrichtung viel zu wünschen übrig ließ. Nach dem späteren Berichte eines Offiziers an den Marineminister soll die Gewinnsucht unredlicher Beamten zum großen Teile die Schuld an den schlimmen Zuständen tragen. Wie dem auch sei, so viel ist gewiß, daß die Nachlässigkeit der heimischen Verwaltung, die so schlecht für den Sanitätsdienst gesorgt hatte, eine der Ursachen ist, daß die Krankheit so außergewöhnliche Opfer forderte. Leclerc sah mit großer Sorge in die Zukunft; eine Reihe tüchtiger Generale, wie Hardy und Debelle, und an 3000 Soldaten starben ihm in den ersten Wochen dahin; ohne Nachschub aus der Heimat fürchtete er im Herbst nur noch 4000 Europäer unter den Waffen zu haben. Wie die Landtruppen, wurden auch die Seeleute der Kriegs- und Handelsschiffe von der Seuche ergriffen und bald zählten auch ihre Verluste nach Tausenden.

Zu diesem Unglück kam noch, daß sich Vorboten eines neuen Aufruhrs zeigten, und zwar war es Toussaint selbst, der revolutionärer Absichten beschuldigt wurde. Von mehreren Seiten erfuhr Leclerc, daß Toussaint die Fortschritte der Krankheit mit Eifer überwache und unter der Landbevölkerung Unzufriedenheit zu erregen suche; ja einige seiner früheren Waffengefährten, die, wie Clervaux, von seinem Wiederemporkommen für ihren Abfall Strafe zu befürchten hatten, oder, die, wie Dessalines, mit ihm um den ersten Platz unter den Schwarzen rivalisierten, schrieben ihm die bestimmte Absicht zu, im August, wenn das Fieber die französische Armee noch mehr geschwächt habe, noch einmal zu den Waffen zu greifen. Aufgefangene Briefe, in denen er von dem bevorstehenden Tode Leclercs sprach, bestätigten diesen Verdacht. An Mitteln zum Aufstande gebrach es ihm nicht. Sein Ansehen unter den schwarzen Soldaten war noch groß, auch unter der Landbevölkerung besaß er trotz seines grausamen Regiments großen Anhang, und die Bemühungen Leclercs, die der Arbeit entwöhnten Neger zur Arbeit zurückzuführen, waren nur geeignet, die Unzufriedenen zu vermehren. Vor allem aber besaß er in seiner Garde, die sich zum großen Teil in der Nähe seines Landsitzes niedergelassen hatte, einen Kern kriegsgeübter Scharen, der im Falle einer Empörung gewiß bald durch Desertionen und Zulauf unzufriedener Landleute verstärkt worden wäre. Beweise für Toussaints verräterische Absichten hatte Leclerc zwar nicht, auch jene Briefe mögen, wie Toussaints Freunde behauptet haben, nicht echt, sondern untergeschoben gewesen sein: aber schon die bloße Möglichkeit einer neuen Schilderhebung war für den Generalkapitän unerträglich. Mit seinem geschwächten Heere durfte er es unter keinen Umständen darauf ankommen lassen; eine rasche Niederwerfung war nach den Erfahrungen des ersten Feldzuges so gut wie ausgeschlossen. Er beschloß daher, dem Angriffe Toussaints zuvor zu kommen und ihn zu verhaften, in der Hoffnung, den Mißvergnügten dadurch ihr Haupt und ihren Mittelpunkt zu nehmen. Mit offener Gewalt war freilich hier nichts auszurichten, da Toussaint, mißtrauisch wie er war, bei der ersten Kunde von diesem Plane sogleich in die Berge entwichen wäre, es blieb daher nur die List übrig. Ein französischer Offizier lockte Toussaint aus seiner Einsamkeit heraus, unter dem Vorgeben, sich von ihm Belehrungen über die Behandlung der Schwarzen auszubitten, und verhaftete ihn ohne Mühe, als Toussaint, geschmeichelt durch dies Vertrauen, in die Falle ging. Leclerc ließ den Gefürchteten sogleich nach Frankreich deportieren (15. Juni). Der ehemalige Diktator sah seine Heimat nicht wieder, in einem Festungsgefängnis am Fuße des Jura starb er nach zehnmonatlicher Gefangenschaft, ein Opfer des rauhen Klimas, nachdem er sich in mehreren eigenhändigen Bittschriften an den ersten Konsul vergeblich um eine Milderung seines Schicksals bemüht hatte.

Ein Teil der Napoleonischen Instruktionen war somit erfüllt und der Hauptgegner der französischen Herrschaft unschädlich gemacht, freilich viel später und in anderer Weise als Napoleon gewünscht hatte: Toussaints Deportation bildete nicht das äußere Zeichen des Triumphes der Weißen, sie war vielmehr nur ein prekärer Versuch, einen neuen gefährlichen Aufstand hintanzuhalten. Die Schwarzen waren nicht niedergeworfen, sondern nur überlistet, und die Gefahr eines neuen Aufstandes war keineswegs beseitigt.

Vorderhand freilich schien kein Grund zur Besorgnis vorzuliegen. Was einige Weiße gefürchtet hatten, daß Toussaints Festnahme eine Erhebung zur Folge haben werde, geschah nicht; nur einige Banden, die sich noch nicht unterworfen hatten und in den Wäldern umhertrieben, machten einige Vorstöße, wurden aber ohne große Mühe zurückgeschlagen, und das Landvolk, das sich ihnen in einigen Strichen in der Nachbarschaft von Les Gonaïves angeschlossen hatte, mit blutiger Strenge bestraft. Im übrigen blieb alles ruhig. Unter dem Eindruck dieser anscheinenden Resignation entschloß sich nun Leclerc, auch den letzten entscheidenden Schritt zu thun und die Entwaffnung vorzunehmen, die er bisher aus Mangel an Kräften verschoben hatte. Seine Streitmittel waren zwar, als er diesen Entschluß faßte (Mitte Juni), geringer als je vorher und verminderten sich täglich, aber gerade in dieser Abnahme seiner Kräfte lag nach der Meinung eines seiner vertrauten Offiziere ein Grund mehr, die Entwaffnung zu beeilen: je mehr die Macht der

Franzosen zusammenschmolz, desto größer wurde für die Schwarzen die Versuchung, sich ihrer Waffen gegen sie zu bedienen, und je länger man die Entwaffnung verschob, desto schwieriger mußte sie werden. Der Generalkapitän formierte daher mobile Kolonnen, die aus weißen und schwarzen Truppen gemischt im Lande umherzogen und den entlassenen Soldaten und Ackerbauern ihre Gewehre und Munitionsvorräte abnahmen. Bei der Schwäche seiner Armee konnte er die Maßregel nicht zugleich in allen Teilen der Kolonie beginnen; sie nahm ihren Anfang im Süden und Westen, um später im Norden beendet zu werden. In jenen Provinzen vollzogen sie Laplume und Dessalines, für den Norden wurden Christoph und Maurepas, sämtlich unter Assistenz weißer Offiziere, ausersehen. Im Süden ging die Operation ohne Schwierigkeit vor sich, im Westen dagegen flohen viele Schwarze in die Wälder oder verweigerten die Auslieferung. Dessalines, der Schlächter der Schwarzen, wie ihn Leclerc nennt, griff mit barbarischer Grausamkeit ein und brachte eine große Menge Waffen zusammen, verscheuchte freilich auch viele Neger in die Wälder und Berge. Immerhin verlief die Entwaffnung im allgemeinen zunächst günstig; es wurden viele Tausende Flinten abgeliefert, und Leclerc sah mit mehr Zuversicht in die Zukunft, um so mehr, als er auf die Treue der angesehensten schwarzen Generale rechnen zu können glaubte: sie seien auf einander zu eifersüchtig, um gemeinsam zu revoltieren. Als er zugleich an 2000 Mann Verstärkungen erhielt (Anfang Juli), und die Lücken in seinen Bataillonen wieder etwas ausfüllen konnte, meinte er zufrieden: nun sei von den Abfallsgelüsten einiger schwarzer Häuptlinge nichts mehr zu fürchten; wenn er nur bis zum Herbst weitere 8000 Mann erhalte, sei die Kolonie unwiderruflich der französischen Herrschaft zurückgegeben; bis dahin werde er die Verwaltung reorganisieren.

Dieser Aufgabe hatte sich der Generalkapitän sogleich nach Wiederherstellung der Ruhe mit großem Eifer gewidmet. Noch ehe die schwarzen Generale sämtlich ihre Waffen niedergelegt hatten, wandte er sich in einer väterlichen Proklamation an die

Einwohner (29. April) und verhieß ihnen eine liberale Konstitution auf der Grundlage der Freiheit und Gleichheit aller Einwohner der Kolonie, ohne Rücksicht auf die Farbe. Eine Versammlung von 22 angesehenen Farmern und Kaufleuten, die er sich auswählen werde, solle seine Pläne begutachten und ihm mit Rat und That zur Seite stehen. In der That trat diese Versammlung mehrere Wochen später (Anfang Juni) in Le Cap zusammen; die meisten ihrer Mitglieder waren selbstverständlich Weiße, doch fehlten auch Farbige und Schwarze nicht, so gehörte ihr z. B. Christoph an, Toussaints ehemaliger Waffenbruder und Kommandant von Le Cap. Ein großer Wirkungskreis war ihr nicht beschieden. Es lag gar nicht in der Absicht Leclercs, der Versammlung legislatorische Befugnisse zuzugestehen und seine Verwaltungspläne von ihr genehmigen zu lassen; er hatte sie vielmehr nur mit beratender Stimme ausgestattet und erlaubte ihr keinen Einfluß auf seine Entschließungen. Sie sollte nur eine konstitutionelle Form wahren und den Anschein erwecken, als sei die Neuorganisation der Verwaltung nicht das einseitige Werk der Regierung, sondern aus gemeinsamen Beratungen der Regierung mit Vertrauensmännern des Landes hervorgegangen. Bei dem bekannten Mißtrauen der Neger gegen die Verordnungen der Metropole schien diese Vorsicht nicht überflüssig. Trotzdem der Rat von vornherein zur Bedeutungslosigkeit verurteilt war, ging es in seinen Debatten doch recht lebhaft zu; einige Heißsporne unter den Kolonisten verlangten ziemlich unverblümt die Wiederherstellung der Sklaverei und riefen dadurch den heftigsten Widerspruch der schwarzen Mitglieder, vornehmlich Christophs, hervor. Der Rat trug daher weniger zur Gewinnung als zur Beunruhigung der Schwarzen bei. Von langer Dauer waren die Beratungen nicht. Bald nach ihrem Zusammentritt starb der Kolonialpräfekt Benezech (12. Juni), der die Versammlung hatte leiten sollen; der Justizkommissar war schon eine Woche vorher dem Fieber erlegen, und als nun die Krankheit auch aus den Reihen der Deputierten ihre Opfer forderte, verabschiedete Leclerc die Versammlung, von deren Beratungen er sich ohnehin keinen

Nutzen mehr versprechen konnte (Ende Juni). Seitdem regierte er völlig absolutistisch.

Trotz des Verlustes jener beiden Mitarbeiter, welche die vorbereitenden Arbeiten zur großen Zufriedenheit des Generalkapitäns geleitet hatten, stockte die Neuordnung der Verwaltung nicht. In der äußern Einteilung stellte Leclerc den Zustand des alten Regimes wieder her: der französische Teil, jetzt westlicher Teil genannt, zerfiel in drei Departements, den Norden, Westen und Süden, diese wiederum in Quartiere, denen die Parochien, jetzt Gemeinden genannt, als weitere Verwaltungseinheiten folgten. Analog der obersten Kolonialverwaltung standen an der Spitze der Departements ein Generalleutnant für die militärischen wie polizeilichen, und ein Unterpräfekt für die bürgerlichen Angelegenheiten; in den Quartieren lag die oberste Leitung in den Händen militärischer Kommandanten, und in den Kommunen teilten sie sich ein Kommandant und ein Notabelnrat, der in den drei Departementshauptstädten Le Cap, Port au Prince und Les Cayes aus fünf, in den übrigen aus drei Mitgliedern bestand. Eine Volksvertretung waren die Notabeln so wenig wie jene Kolonialversammlung; sie wurden von dem Kolonialpräfekten ernannt und durften die Wahl nicht einmal ablehnen. Ihnen lag vornehmlich die Sorge für die kommunalen Finanzen ob; doch waren sie in allem von der Kolonialverwaltung abhängig; diese bestimmte die aufzubringenden Summen und die Steuern, die Notabeln hatten sie nur unter Aufsicht des Kolonialpräfekten zu verteilen und einzuziehen. Die Kommandanten der Quartiere und Kommunen hatten im wesentlichen polizeiliche Befugnisse. Die Gewalten waren also geteilt zwischen der Militär- und Zivilverwaltung, aber einstweilen blieb die Scheidung nur auf dem Papier: so lange es noch in der Kolonie gärte, erklärte sie Leclerc als im Belagerungszustand befindlich und erweiterte die Funktionen der Militärbehörden beträchtlich. Seitdem leiteten sie thatsächlich alle Angelegenheiten allein; selbst der oberste Zivilbeamte, der Kolonialpräfekt, wurde in seinen Befugnissen beschränkt und ein willenloses Werkzeug des Generalkapitäns. Der Nachfolger Benezechs, Lequoy

Mongiraud, erkannte die Notwendigkeit, die Gewalt vorläufig zu konzentrieren, wohl an, aber es kam doch wiederholt zu Zwistigkeiten zwischen den beiden obersten Beamten, die in diesem Verhältnisse ihren Grund hatten.

An die Verwaltungseinteilung schloß sich die gerichtliche Organisation an, die, wie die geistliche, nach Napoleons generellen Vorschriften eingerichtet wurde.

Von weit größerer unmittelbarer Bedeutung waren die Bestimmungen über den Handel. Es war, sahen wir, Napoleons Absicht, Toussaints Verordnungen aufzuheben und unter Ausschluß der fremden Kaufleute aus der Kolonie eine Domäne für den französischen Handel zu schaffen. Vorderhand konnte hiervon noch keine Rede sein, und Leclerc sah sich zu vermittelnden Maßregeln gezwungen. Sie hingen aufs engste mit der Notwendigkeit, die Ernährung der Armee zu sichern, zusammen. Diese bereitete ihm von Anfang an große Sorge. Die Armee war kaum gelandet, als die Verpflegungsschwierigkeiten begannen; die Flotte hatte nur notdürftige Vorräte an Bord und konnte nur kurze Zeit den Bedürfnissen der Armee genügen; in der Kolonie selbst war ebenfalls wenig zu finden, ein Teil der Magazine in Le Cap überdies verbrannt. Auf Nachschub aus der Heimat, insbesondere auf den französischen Handel, war vorläufig noch nicht zu rechnen, und die Kaufleute in Le Cap, amerikanische wie einheimische, forderten enorme Preise und verlangten Barbezahlung, da sie offenbar der französischen Verwaltung noch nicht trauten. Leclerc schalt zornig über diese Ansprüche, aber es blieb ihm nichts übrig, als sich mit ihnen zu verständigen. Mit Hilfe dieser Einkäufe sicherte er sich für die nächste Zeit. Trotz seines Grimmes über die amerikanischen Händler blieb er auch die nächsten Wochen noch auf sie angewiesen, da die benachbarten spanischen Kolonien nur wenig liefern konnten und die englische Regierung in Jamaica jede Unterstützung an Lebensmitteln abgeschlagen hatte. Unter diesen Umständen mußte er Toussaints Reglement die ersten beiden Monate in Kraft lassen; erst nachdem er einige Siege erfochten und aus dem spanischen Teile und aus dem

Süden einiges zu erhalten hoffen durfte, erließ er eine neue Zollordnung (31. März): Französische Schiffe, die französische Waren an Bord hatten, bezahlten nur die Hälfte des Ein- und Ausfuhrzolls, den die Fremden zu tragen hatten, Schiffe mit fremden Waren bezahlten 20 Prozent des Wertes.

Diese Bestimmungen, die dem französischen Handel noch sehr mißfielen, wurden bald nach der Beendigung des Krieges wieder modifiziert (22. Juni): Französische Waren, die auf französischen Schiffen eingeführt wurden, blieben von jedem Eingangszolle frei, auf fremden Schiffen zahlten sie 10 Prozent des Wertes. Die Waren aus anderen Ländern durften auf französischen Schiffen überhaupt nicht eingeführt werden, und auf ausländischen zahlten sie den doppelten Zoll der französischen. Eine besondere Begünstigung genossen die Nahrungsmittel, deren ja die Kolonie dringend bedurfte: lebendes Vieh, Pökelfleisch, Mehl, Biskuit waren auf französischen Schiffen zollfrei und auf fremden nur mit einem Zoll von 6 vom Hundert belegt. Der Export war in der Weise geregelt, daß im allgemeinen die Tarife für die fremden Schiffe doppelt so hoch als für die französischen waren. Von Napoleons Ziele, den ausländischen Handel fernzuhalten, war man noch weit entfernt, und es war auch keine Aussicht, es in absehbarer Zeit zu erreichen, da der französische Handel unfähig war, die Kolonie zu versorgen, und überdies die Finanzverwaltung die Einkünfte aus den Zöllen noch nicht missen konnte. Für Lebensmittel wurden später (2. September) die Tarife noch weiter herabgesetzt, doch durften die Fremden dafür in den übrigen Zweigen nicht mehr überall mit den Franzosen konkurrieren.

Um die Kontrolle der ein- und auslaufenden Schiffe durchführen zu können, wurde bestimmt, daß die Schiffe ihre Ladung nur in vier Häfen — Le Cap, Port au Prince, Les Cayes und Jacmel — löschen durften; den Kapitänen, die andere Häfen anliefen, wurde die Ladung konfisziert. Einige Fregatten und Korvetten kreuzten beständig an der Küste, um jeden Schmuggel zu verhindern; die Schiffsmannschaft, die ein Schiff auf verbotenen Wegen ertappte und festnahm, erhielt den dritten

Teil der konfiszierten Ladung als Belohnung zugesprochen. In den Häfen selbst galten ebenfalls strenge Kontrollbestimmungen. Kein Schiff durfte mit dem Lande kommunizieren, bevor nicht der Kapitän der Zollbehörde ein genaues Verzeichnis seiner Ladung eingereicht hatte; etwa verschwiegene Waren wurden konfisziert. Getrennte Ankerplätze für französische und fremde Schiffe erleichterten der Zollbehörde die Kontrolle. Zur bessern Überwachung der Fremden endlich wurde eine Bestimmung Toussaints erneuert, daß jeder ausländische Kaufmann einen ansässigen Handeltreibenden als Bürgen für die gewissenhafte Erfüllung aller seiner Pflichten stellen mußte, und als Bürgen wurden nur Franzosen oder Fremde, die mindestens seit sechs Monaten in der Kolonie ansässig waren, zugelassen.

Die Anordnungen erwiesen sich günstig für den Handel. Kaum waren die Häfen in der Gewalt der Franzosen, so belebten sich auch die Rheden, und als erst die Ruhe in der Kolonie wieder hergestellt worden war, nahm der Handel einen großen Aufschwung. Kauffahrer aller Nationen stellten sich ein und führten der Kolonie Lebensmittel und europäische Manufakturen zu, um dafür Produkte aller Art, namentlich Baumwolle, Zucker, Kaffee, Hölzer und Felle, zu exportieren. Das größte Kontingent stellten neben den Franzosen die Amerikaner; trotz ihres scharfen Wettbewerbes lagen doch für den französischen Handel die Verhältnisse weit günstiger als unter Toussaint, und Dankadressen an Leclerc erkannten die Verbesserung auch ausdrücklich an. In Paris gefiel freilich die Duldung der Fremden nicht, aber sie war unvermeidlich.

Der schwächste Punkt in der ganzen Expedition waren von Anfang an die Finanzen. Bei seinem Aufbruch nur mit einer halben Million Francs versehen, geriet Leclerc durch die Notwendigkeit, sofort nach der Landung Lebensmittel zu kaufen, in große Verlegenheit, und auch später besserte sich seine Lage nicht. Die Armeeverwaltung hatte die Truppen ungenügend ausgestattet, an Schuhen und Bekleidung fehlte zu Leclercs großem Verdruß viel, und in der Kolonie konnte das nur mit großen Opfern beschafft werden. In einer Berechnung, die er noch während des Krieges mit Toussaint aufstellte (1. April), veranschlagte er die jährlichen Verwaltungskosten auf mehr als 50 Millionen Francs, wovon an drei Viertel auf den Unterhalt des Heeres und der Marine entfielen. Von der Kolonie hoffte er im ersten Jahre wenig über 10 Millionen beziehen zu können, so daß das Mutterland an 40 Millionen zuzusteuern hatte. Da die Kolonie nur kurze Zeit in einen friedlichen Zustand zurückkehrte, so ist die Probe auf die Richtigkeit dieses Anschlags nicht gemacht worden, er zeigt aber, mit welchen Schwierigkeiten Leclerc bei seinen geringen Barvorräten zu ringen hatte. Allmählich stiegen die Zolleinnahmen zwar etwas und aus den Waren, die Rebellen gehörten und beschlagnahmt wurden, zog die Kasse zwar ebenfalls etwas Vorteil, aber das genügte bei weitem nicht zur Deckung der täglichen Bedürfnisse. Die Steuern, die dieselben wie unter Toussaint blieben, konnten natürlich zu Anfang wenig liefern. Gegen Ende des Krieges (Ende April), als Leclerc eben 1300000 Francs aus Paris erhalten hatte, reichten seine Mittel gerade zur Beschaffung der Lebensmittel für zwei Monate und zur Bildung eines Reservefonds von einer Million hin; dabei aber schuldete er den Landtruppen seit einem Monat den Sold, und die Marine hatte seit Beginn der Expedition überhaupt noch nichts erhalten. Nach der Unterwerfung der Schwarzen wuchs die Geldnot noch, da er nun auch die übergetretenen Insurgententruppen mit zu erhalten hatte, und die Einnahmen aus der pazifizierten Kolonie naturgemäß nur langsam steigen konnten und bei dem Wiederausbruch des Aufstandes fast ganz verschwanden. Ein Anleiheversuch in Havanna schlug fehl, und so sah er sich um die Zeit der Verhaftung Toussaints außer stande, seinen Verpflichtungen nachkommen zu können. Trotz seiner bald flehenden, bald vorwurfsvollen Bitten erhielt er von Paris aus niemals so viel, als er verlangte, und hatte daher bis zu seinem Tode fortwährend mit diesem Mangel an Mitteln zu kämpfen. In Paris hatte man gehofft, daß der spanische Teil billiges Fleisch liefern werde, so daß von außerhalb nur geringe Anschaffungen nötig sein würden, aber die Hoffnung erwies sich als trügerisch, da der durch Toussaint ausgesogene Teil nur wenig abgeben konnte. Auch die Lebensmittelsendungen des Marineministers nach der Insel entlasteten das Lebensmittelkonto Leclercs wenig: sie waren nicht selten von recht schlechter Beschaffenheit, so daß große Massen ins Meer geworfen wurden und Leclerc dringend bat, ihn mit weiteren Lieferungen aus Frankreich zu verschonen. Mag nun Unredlichkeit oder Nachlässigkeit der Beamten diese Übelstände verschuldet haben: es leuchtet ein, daß alle diese Umstände die Thätigkeit der Verwaltung auf allen Gebieten behindern mußten. Am drückendsten machte sich die Finanznot geltend während des zweiten Krieges, als Handwerker und Lieferanten sich weigerten, der Verwaltung länger Kredit zu geben und wichtige Arbeiten und Reparaturen nur langsam ausgeführt werden konnten.

Von großer Wichtigkeit waren Leclercs Vorschriften über den Landbau. Sie gingen Hand in Hand mit seinen Bemühungen, die Autorität der Weißen über die Schwarzen wiederherzustellen und schlossen sich eng an das Toussaintsche Reglement an. Wie dieses machte Leclercs Verordnung die strenge Unterordnung der Arbeiter unter die Eigentümer und deren Beamten zur Pflicht und bestrafte jeden Ungehorsam nach den Militärgesetzen; wie dieses band sie die Arbeiter an die Scholle und verbot ihnen sogar, sich mit einer Frau aus einer anderen Wirtschaft zu verheiraten, um jeden Verkehr und so jedes Komplott unter der Masse der Landarbeiter unmöglich zu machen. Müßiggänger und Vagabunden sollten in ihre Heimat zur Wiederaufnahme der Arbeit zurückgebracht werden, ebenso sollten die entlassenen Soldaten in ihre Heimat zurückkehren. Um die Arbeiter nicht zu kleinen Grundbesitzern werden zu lassen, verbot Leclerc nach Toussaints Vorgang den Verkauf kleiner Landparzellen unter 75 Hektar: eine Anordnung, die schwarze wie weiße Arbeiter vom Grunderwerb ausschloß. Alle diese Bestimmungen näherten sich bedenklich einer Sklaverei in gemilderter Form: es fehlte nur, daß der Eigentümer das Recht erhielt, seine Arbeiter zu verkaufen. Daß Leclerc den Besitzern empfahl die Arbeiter durch Güte zu gewinnen, und daß er durch besondere Beamte allmonatlich Inspektionsreisen unternehmen ließ, um Arbeiter und Herren zu überwachen und ihre Beschwerden anzuhören, änderte daran nichts: nach ihrer Instruktion waren sie von vornherein in erster Linie zur Unterstützung der Herren angewiesen und mußten jeden Arbeiter bestrafen, dessen Beschwerde sie unbegründet fanden. Es konnte nicht fehlen, daß diese harten Bestimmungen, wie seiner Zeit unter Toussaint, große Unzufriedenheit erregten; viele Schwarze und Farbige sahen darin den Vorboten der Sklaverei und flohen in die Wälder, wo ja immer noch einige Banden ein unstetes Räuberleben führten, und konnten bei der Schwäche der exekutiven Gewalt vorläufig nicht zur Heimkehr gezwungen werden.

Auch der Durchführung einer weiteren Maßregel, die der Hebung des Ackerbaues dienen sollte, mußte erst die allgemeine Entwaffnung und Überwindung der Epidemie voraufgehen: der Rückgabe der sequestrirten Güter. In den Jahren der Revolution und der Herrschaft Toussaints waren viele Güter mit Beschlag belegt, deren Eigentümer auf der Emigrantenliste standen oder die Insel verlassen hatten; verpachtet, oder durch staatliche Beamte verwaltet, brachten sie wenig Ertrag, da es an Arbeitern fehlte. Leclerc ging nun, seinen Instruktionen entsprechend, daran, diese Güter den Besitzern gegen eine Abgabe soweit als möglich zurückzugeben, in der Absicht, dadurch eine rationelle Bewirtschaftung der Güter herbeizuführen, sich eine neue Einnahmequelle zu schaffen, und das französische Element auf der Insel zu stärken. Jeder, so verkündete er, der seinen Anspruch auf ein sequestriertes Gut durch Zeugen oder Urkunden beweisen könne und nicht auf der Emigrantenliste stehe, könne um Rückgabe seines Eigentums einkommen, und in der That meldete sich eine Reihe von Kolonisten, welche nach der Insel zurückkehrten. Bei den Unruhen freilich, welche die Kolonie bald darauf wieder heimsuchten, blieb ihre Zahl nur gering.

Den Staatsländereien endlich schenkte Leclerc ebenfalls große Aufmerksamkeit und erließ genaue Vorschriften für ihre Verwaltung, die aber aus den bekannten Ursachen nie in Wirksamkeit treten konnten.

Kehren wir nun nach diesem Blick auf die administrative Thätigkeit des Generalkapitäns zu seiner militärischen zurück. Wir sahen, wie Leclerc nach der leichten Entwaffnung des Südens seine Lage wieder günstiger beurteilte. Das Publikum faßte ebenfalls Vertrauen zur Zukunft der Kolonie, wie der Aufschwung des Handels und die Rückkehr geflüchteter Kolonisten beweist, die um Herausgabe ihres beschlagnahmten Eigentums einkamen. Nicht wenig mag hierzu die widerstandslose Verhaftung Toussaints beigetragen haben, nach dessen Beseitigung vielen Franzosen und Fremden eine neue Erhebung der Schwarzen ausgeschlossen schien. Aber bald zeigte sich, daß die Ruhe in der Kolonie trügerisch war. Im Westen verweigerten viele Schwarze und Farbige die Abgabe ihrer Waffen, und Dessalines' Brutalität konnte sie wohl in die Einöden scheuchen, aber nicht die Herausgabe der Gewehre erzwingen. Ihre Flucht vergrößerte die Banden, die ihren Frieden mit den Franzosen noch nicht gemacht hatten. Unter diesen Umständen ging die Entwaffnung der Westprovinz nur äußerst langsam vorwärts. Im Norden zeigten sich in nächtlichen Versammlungen und Verschwörungen die Vorboten des Aufstandes, noch ehe die Entwaffnung überhaupt begonnen hatte, und Leclerc wagte nicht, sie zu beschleunigen, um seine europäischen Truppen nicht den Einwirkungen des gerade jetzt mörderischer als je wütenden Klimas auszusetzen. Als sie endlich begonnen wurde (Mitte Juli), ließ der offene Widerstand nicht auf sich warten; an der Nordwestspitze der Insel und im Thale des Grande Rivière erhoben sich schwarze Offiziere, die an der Spitze von Quartieren standen und überfielen einzelne Posten europäischer Truppen. Auch im Westen fiel ein Offizier, Belair, ein Verwandter Toussaints, ab und bedrohte die Ebene von Port au Prince (Ende Juli). Leclerc war in großer Verlegenheit; seine europäischen Truppen wollte er, ihrer geringen Anzahl wegen, den Rebellen nicht entgegenschicken, und an Kolonialtruppen besaß er wenig, da sich ihre Reihen durch Verabschiedung und Desertion gelichtet hatten. Trotz dieser unsichern Lage traf er um diese Zeit eine Bestimmung, die zwar den Geist der ganzen

Gesetzgebung atmete, aber im Augenblick höchst unpraktisch war. Er verbot den Negern und Mulatten, europäische Namen zu tragen, und verordnete, daß sie allein die ihnen bei der Geburt, also vor der Revolution, beigelegten führen sollten (29. Juli). Diese Maßregel war den Eingeborenen ein neuer Beweis für die reaktionären Absichten der französischen Regierung und nur geeignet, die Gegensätze zu verschärfen.

Die Dinge besserten sich etwas, als 2000 Mann französischer Truppen gelandet waren (Anfang August). Leclerc ergriff die Offensive und hoffte, bis zum Beginne des Herbstes die Rebellen niedergeworfen zu haben. Es kam nun zu einem erbitterten Parteigängerkriege; in offenem Kampfe meist geschlagen, verschwanden die Insurgenten in Wäldern und Einöden, um an einer andern Stelle wieder hervorzubrechen. Von beiden Seiten wurden große Grausamkeiten begangen; die Schwarzen wollten ihre Unterdrücker samt und sonders vertilgen und töteten alle Weißen, die ihnen in die Hände fielen, und die Franzosen wollten durch Strenge von der Teilnahme am Aufstande abschrecken und ließen ebenfalls viele Gefangene hängen oder erschießen. Die schwarzen Generale, voran Dessalines, ließ Leclerc mit Vorliebe diese Schlächtereien ausführen, um sie für immer mit ihren Stammesgenossen zu entzweien. Alle Strafen schreckten die Schwarzen nicht. „Diese Leute", schreibt Leclerc nach der Hinrichtung von 50 Gefangenen, „sterben mit unglaublichem Fanatismus; sie lachen über den Tod, und ebenso ist es mit den Frauen". (Anfang August.)

Noch hatte die Erhebung ihren Höhepunkt nicht erreicht, und ein großer Teil der Bevölkerung war noch unbeteiligt. Vergegenwärtigen wir uns noch einmal kurz ihre Ursachen. Daß mit der Wiederherstellung der französischen Autorität viel Unzufriedenheit erregt werden mußte und auch einige Meutereien zu erwarten waren, ist von vornherein klar. Die Auflösung des Heeres, die Kassierung von Offizierspatenten, die Verhaftung Toussaints, das Ackerbaureglement, verletzten viele Interessen und Gefühle und schufen dem neuen Regiment viele Feinde. Die Furcht vor Einführung der Sklaverei, die über allen

Negern seit der Ankunft Leclercs schwebte, wuchs, als die Ablieferung der Waffen befohlen wurde. Ungeschickte Behandlung der Eingeborenen entfremdete ihre Gemüter den Franzosen noch mehr. Erinnern wir uns an die Debatten in der Kolonialversammlung über die Wiederherstellung der Sklaverei, und ähnliches wiederholte sich noch oft. Je höher die Unzufriedenheit stieg und je unsicherer die Lage der Franzosen infolge der Krankheit wurde, desto übermütigere Äußerungen konnte man hören: es sei hohe Zeit, die Sklaverei wieder einzuführen, man habe alle Schwarzen von Rang zugleich mit Toussaint entfernen müssen. Zeitungen aus Frankreich berichteten ähnliche Aussprüche von Mitgliedern der Regierung, die öffentliche Meinung teile dort diese Anschauungen. Alle diese Momente führten wohl zu Zusammenrottungen, aber noch nicht zu einem allgemeinen Aufstande. Da kam aber, während die Entwaffnung im Westen und Norden mühsam ausgeführt wurde, die Nachricht aus Guadeloupe, daß dort der Generalkapitän Richepanse das Gesetz über die Sklaverei publiziert, und die Sklaverei mit dem Negerhandel wieder eingeführt habe (Mitte August).

Leclerc hatte das Gesetz nebst dem Briefe des Ministers, der ihm anheimstellte es sogleich auszuführen oder nicht, einige Wochen früher erhalten. Er war keinen Moment im Zweifel, was er zu thun habe: die Zeit, die Sklaverei wiederherzustellen, antwortete er sogleich nach Paris, sei noch lange nicht gekommen, und überdies wolle er selbst diese Maßregel nicht vollziehen, nachdem er so oft den Schwarzen Wahrung ihrer Freiheit versprochen habe. Er wolle aber alles vorbereiten, damit sein Nachfolger, den er für den Anfang des nächsten Jahres erbat, den Beschluß der Regierung ohne weiteres ausführen könne. Um die Frucht dieser Vorsicht brachte ihn jetzt Richepanse. Nun wurde die alte Furcht der Neger vor der Sklaverei zur Gewißheit. Denn warum sollte St. Domingue anders behandelt werden als Guadeloupe? Die Kunde flog binnen kurzer Zeit durch die Kolonie, und der Aufruhr, schreibt Leclerc, der bisher nur partiell war, wurde sogleich allgemein. Nicht mehr einzelne Banden von Räubern, entlaufenen Arbeitern und Deserteuren standen in Waffen, die ganze Bevölkerung des Westens und Nordens nahm daran teil und leistete den Rebellen direkt und indirekt Vorschub. Leclerc schalt zornig über Richepanses unpolitisches Vorgehen, das ihm einen großen Teil seines Einflusses über die Schwarzen gekostet habe, aber der Fehler ließ sich nicht wieder gut machen. In seinen sichersten Erwartungen sah sich der Generalkapitän getäuscht: Die Rückgabe der sequestrierten Güter an ihre Eigentümer, wovon er eine Verstärkung des französischen Einflusses im Lande erhofft hatte, bewirkte gerade das Gegenteil: die Pächter dieser Güter waren unwillig, daß sie ihre Pachtungen verlieren sollten und schlossen sich den Rebellen an, in der Hoffnung durch eine Vertreibung der Franzosen diese Güter zu behalten. Ob freilich alle diese Ursachen genügt hätten, eine allgemeine Revolution hervorzurufen, und ob nicht trotz allem die Wiederaufrichtung des alten Zustandes ohne größere Zuckungen möglich gewesen wäre, wenn den Eingeborenen ein achtunggebietendes französisches Heer gegenübergestanden hätte und den ersten Regungen sogleich mit überwältigender Energie entgegengetreten werden konnte, läßt sich nicht entscheiden. Soviel ist indessen zweifellos, daß die Krankheit den Entschluß zum Aufruhr erleichterte und den Schwarzen ein vorzüglicher Bundesgenosse wurde.

Seit jener Nachricht aus Guadeloupe schwand Leclercs Zuversicht, mit Beginn des Herbstes die Ruhe wiederhergestellt zu haben. Er kam trotz aller Anstrengungen nicht recht vorwärts: die Entwaffnung wurde zwar fortgeführt und an 20000 Flinten gesammelt, aber man wußte, daß das kaum die Hälfte der auf der Insel vorhandenen war: solche Vorräte hatte Toussaint in kluger Voraussicht angehäuft! Seine Stimmung wurde wieder gedrückter; 2000 Häuptlinge werde er noch deportieren müssen, um die Elemente des Aufruhrs von Grund aus zu beseitigen, schreibt er (am 25. August), aber dazu bedürfe er weit größerer Mittel. Die Truppen litten nach wie vor entsetzlich; es kamen zwar wiederum Verstärkungen aus Frankreich an, aber sie landeten gerade in der ungünstigsten Jahreszeit und es war keine Zeit, sie in gesunderen Gegenden zu acclimatisieren, wie ein Generalstabsoffizier vorschlug: Leclerc mußte sie sogleich gegen die Schwarzen ins Feld führen und so schnell aufbrauchen. Im Westen wurde zwar Belair von Dessalines gefangen genommen und bald darauf hingerichtet, aber im Norden hatte Leclerc selbst weniger Glück: ein Vorstoß mit den frisch angekommenen Truppen gegen die Hauptstellung der Aufständischen, das Gebirge an der Grenze des nördlichen und westlichen Departements, scheiterte, und Leclerc sah sich nach den harten Verlusten dieses zwölftägigen Feldzugs auf die Verteidigung von Le Cap und seine nächste Umgebung beschränkt (Mitte September). Bald darauf mußte auch Fort Dauphin und Port de Paix geräumt werden, so daß die Franzosen im Norden nur noch die Hauptstadt und Le Môle besaßen. Es konnte nicht fehlen, daß diese Schlappen das Ansehen der Franzosen verminderten; die Desertion nahm zu, und auch die Treue der Generale Toussaints, auf die Leclerc bisher fest gebaut hatte, begann zu wanken. Zuerst verließ ihn Clervaux, der seinerzeit auch Toussaint als erster den Rücken gekehrt hatte, bald darauf folgten Paul Louverture, Dessalines und Christoph, noch ehe Leclerc, der ihre Absichten ahnte, sie verhaften konnte. Einen Teil der ihm noch anhängenden schwarzen Soldaten entwaffnete er selbst, da er ihnen mißtraute (Oktober).

Häufig ist dem Generalkapitän der Vorwurf gemacht, so auch von Napoleon selbst, daß er die Generale so lange auf freiem Fuße belassen habe; im Vertrauen auf ihre Führung hätten die Schwarzen den Aufstand begonnen, und ihre Verräterei habe ihn dann gelingen lassen. Die Vorwürfe sind unbegründet. Die Verhaftung der schwarzen Generale war ja von Anfang an nicht möglich, und während des Aufstandes weniger denn je: ihre Festnahme, als Belohnung für ihre Dienste, hätte ohne Frage sämtliche noch zu den Franzosen haltenden Schwarzen ins Lager der Aufständischen getrieben. Auch Napoleons Meinung, ihre Verhaftung würde den Ausbruch eines Aufruhrs verhindert haben, ist irrig; die Revolte wurde ja nicht durch sie, sondern, wie schon durch Zeitgenossen bemerkt worden ist, durch Führer zweiten oder dritten Ranges, die unter Toussaint keine hervorragende Rolle gespielt hatten, entzündet und ausgedehnt. Ebenso oft ist die Frage aufgeworfen worden, was denn die schwarzen Generale so lange im Lager der Franzosen festgehalten und zu so kanibalischem Vorgehen gegen ihre eigenen Stammesgenossen bewogen habe. Die Antwort lautet gewöhnlich, die wohlüberlegte Absicht, durch ihre Grausamkeiten die Herrschaft der Franzosen noch verhaßter zu machen, und mit französischer Hilfe die ihnen widerwärtigen untergeordneten Führer erst zu vernichten, um dann im rechten Moment selbst die Führung zu übernehmen. Diese Meinung läßt sich weder widerlegen noch beweisen; ebensowohl möglich ist auch, daß die Generale, die Frankreichs Macht besser zu beurteilen wußten als die niederen Offiziere, die Revolte zu Anfang für aussichtslos hielten und deshalb erst, nachdem Leclerc einige empfindliche Schlappen erlitten hatte, die Fahne wechselten.

Wie dem auch sei, jedenfalls verstärkte der Abfall der Generale die Aufständischen numerisch und moralisch, und von nun an hörten die Stürme auf Le Cap nicht auf. Die die Stadt umgrenzenden Höhen gingen verloren, die Stadt selbst wurde aber mit Hilfe der Nationalgarde tapfer verteidigt. Der Krieg wurde immer grausamer: als die Franzosen von den Höhen herabgetrieben wurden und einen Moment alles verloren schien, wurden mehr als 1000 gefangene Schwarze, die auf Schiffen im Hafen bewacht wurden, ins Meer geworfen, da die schwache Besatzungsmannschaft von den Negern angegriffen und überwältigt zu werden fürchtete, sobald die Gefangenen des Erfolges ihrer Landsleute am Ufer inne würden. Im Westen standen die Dinge etwas besser, aber auch hier mußten sich die Franzosen in der Hauptsache auf die Besetzung der Küstenplätze beschränken. Ein Glück war es, daß der spanische Teil und der Süden ruhig blieben; einige Banden, die in den Wäldern ihr Wesen trieben, wurden von den Gouverneuren im Zaume gehalten. Ungeachtet allen Mißgeschicks, trotzdem er die Verluste Frankreichs mit Einschluß von 5000 Seeleuten schon auf 24000 Mann anschlug, verlor Leclerc den Mut nicht. Er rechnete darauf, daß die Krankheit in den Wintermonaten nachlassen werde, und daß er dann mit 12000 Mann, die er von der Regierung für den Beginn des nächsten Jahres erbat, die Ordnung wiederherstellen könne. Weitere 5000, die im Laufe des Frühlings und Sommers allmählich nachkommen müßten, sollten die Armee stets auf einer respektablen Höhe halten, aber die gänzliche Unterwerfung der Insel, gekrönt durch die Wiederaufrichtung der Sklaverei, glaubte er auch mit dieser Masse nicht durchführen zu können, dazu gehöre für den Herbst des nächsten Jahres (1803) ein neues Heer von 15000 Mann. Damit könne man aber die Revolution mit Stumpf und Stiel ausrotten: alle Schwarzen, die im Gebirge wohnten und die kriegerischen Elemente darstellten, müßten vertilgt werden, Männer und Weiber, nur die Kinder bis zu 12 Jahren könne man verschonen; von den Bewohnern der Ebene müsse wenigstens die Hälfte verschwinden und kein Schwarzer, der das Epaulett getragen habe, dürfe in der Kolonie geduldet werden.

Diese verzweifelten Ratschläge, deren Ausführung den Franzosen nur eine Blut- und Trümmerstätte zurückgegeben und eine Neukolonisierung von Grund aus erfordert hätte, wurden Leclercs politisches Testament. Er machte sie, als er die Gefährlichkeit seiner Lage völlig übersah und schon auf den Abfall Dessalines' rechnete (7. Oktober). Wenige Wochen später wurde er vom Fieber ergriffen und starb nach kurzer Krankheit (2. November 1802), nachdem er noch Zeit gehabt hatte, Rochambeau, seinen Instruktionen entsprechend, zum Nachfolger zu designieren.

Der unglückliche Generalkapitän ist häufig für den Mißerfolg seiner Expedition verantwortlich gemacht worden. In seiner falschen — erst zu milden, nachher zu strengen — Behandlung der Schwarzen sehen französische Schriftsteller die Ursache des Aufstandes, in seiner mangelhaften Fürsorge für die Truppen den Grund der unheilvollen Krankheit. Wir haben gesehen, welche Momente seine Haltung gegen die Eingeborenen bestimmt haben, und es ist nicht zu sagen, wie er sie im großen und ganzen anders hätte einrichten sollen. Ebenso ist der Vorwurf über die ungenügende Pflege der Truppen unbegründet; wir wissen, mit welchen von ihm nicht verschuldeten Schwierigkeiten er dabei zu ringen hatte, und wie gern er seine wenigen Soldaten geschont hätte. Daß er Ausschreitungen von Offizieren und Kolonisten nicht gehindert hat, und daß er nicht in allen Unternehmungen glücklich war, ist richtig, aber man darf bei der Beurteilung seiner Thätigkeit nie vergessen, daß er nach dem schnellen Tode seiner ersten Gehilfen fast allein eine große Arbeitslast zu bewältigen hatte und selbst leidend — er klagt von Anfang an über seine geschwächte Gesundheit — unter dem deprimierenden Eindrucke des ihn umgebenden Elends stand. Es ist zu verwundern, daß er trotz dieser trüben Erfahrungen nie in seiner Energie erlahmte und nie die Hoffnung auf einen endlichen Sieg bei den richtigen Maßregeln aufgab. Auch seiner Umgebung verstand er diesen Geist der Zuversicht einzuflößen. Napoleon selbst hat ihn getadelt, daß er nicht verstanden habe, die Mischlinge für sich zu gewinnen; in seiner Instruktion sei ihm ausdrücklich vorgeschrieben, die Interessen dieser Kaste von denen der Neger zu trennen und mit ihrer Hilfe die Schwarzen zu beherrschen. Auch Rigaud, den alten Gegner Toussaints, fügen einige französische Autoren hinzu, hätte er benutzen müssen: anstatt dessen habe er ihn gleich bei Beginn der Expedition nach Frankreich zurückgeschickt und sich dadurch die Mulatten entfremdet. In jener Instruktion wird indessen nirgends ein solcher prinzipieller Unterschied gemacht: es heißt hier, alle, die sich unter Toussaint kompromittiert hätten, Farbige, Schwarze und Weiße, sollten entfernt werden; eine Weisung, die Farbigen auszuzeichnen, ist nicht erteilt worden und war bei Napoleons bekannter Abneigung gegen die Mischrasse von vornherein unwahrscheinlich. Noch nach Leclercs Abfahrt wiederholt der Konsul in einem Schreiben den Befehl, alle Schwarzen und Farbigen, die in den Unruhen eine Rolle gespielt hätten, nach dem Kontinent zu schaffen (März 1802). Ferner aber erscheint die Gewinnung der Farbigen nicht so wichtig, denn ihre Bedeutung kann nicht mehr so hervorragend gewesen sein. Von jeher nicht sehr zahlreich, müssen sie durch die Wirren der Revolutionszeit, insbesondere durch den Krieg zwischen Toussaint und Rigaud, erheblich vermindert worden sein und waren nur im Süden noch von Einfluß. Hier aber fand zu Lebzeiten Leclercs keine ernste Ruhestörung statt: er scheint also den Sondergeist dieser Provinz richtig behandelt zu haben. Daß er endlich Rigaud nicht herangezogen hat, ist durchaus verständlich. Dieser galt keineswegs als Freund der Weißen und hatte seinerzeit nicht für Frankreich, sondern, wie oben erwähnt, für sich und seine Kaste gefochten; er genoß nicht das Vertrauen, um ihm eine Stellung von Einfluß zu gewähren. Endlich war er den Schwarzen verhaßt wie kein anderer; wenn Leclerc einmal darauf angewiesen war, den Negergeneralen mit Vertrauen entgegenzukommen, anstatt sie zu verhaften, mußte er unbedingt auf ein näheres Verhältnis zu diesem Manne, ihrem bittersten Feinde, verzichten.

Der neue Generalkapitän, der bisher in Port au Prince kommandiert hatte, langte etwa zwei Wochen nach Leclercs Tode in Le Cap an. Ein tapferer, aber grausamer Soldat und voll Verachtung auf Schwarze und Farbige herabsehend, hielt er die Lage der Franzosen zwar für sehr gefährdet, war aber weit entfernt, an einem guten Ausgange zu verzweifeln. Unmittelbar nach ihm trafen in Le Cap 1500 Mann frischer Truppen ein, mit denen er sogleich zur Offensive überging. Fort Dauphin wurde den Insurgenten ohne große Mühe entrissen (1. Dezbr.) und hierdurch die Landverbindung mit dem spanischen Teile, die wegen der Fleischzufuhr nach Le Cap wichtig war, wieder hergestellt. Auch in der Folgezeit war er glücklich und eroberte Port de Paix wieder (6. Januar 1803), was zum Schutze der benachbarten Insel Tortue, wo zahlreiche Kranke untergebracht waren, unentbehrlich war. Freilich hatte die Krankheit noch nicht aufgehört: bei 6600 Mann in Reih und Glied zählte die Armee 5400 Kranke, von denen etwa die Hälfte dem Tode verfallen war, aber immerhin war die militärische Lage weit günstiger als in den letzten Tagen Leclercs. Dazu kam, daß die Aufständischen untereinander nicht einig waren. Dessalines war zwar allmählich ihr anerkanntes Haupt geworden, aber eine einheitliche Leitung war ihm nicht möglich; die zuchtlosen

Banden führten Krieg auf eigene Faust und wollten niemandem gehorchen; es kam gelegentlich zu blutigen Kämpfen unter ihnen, in denen mehrere Generale, z. B. Paul Louverture, ihr Leben verloren. Rochambeau, der diese Vorgänge im allgemeinen kannte, forderte zur Niederschlagung des Aufstandes etwa dasselbe wie Leclerc: mit 35000 Mann, die in drei Abteilungen von 15000 und zwei zu je 10000 nacheinander landen müßten, machte er sich anheischig, der Insel den Frieden wiederzugeben (Januar 1803).

Die inneren Schwierigkeiten, mit denen die Kolonialverwaltung von jeher zu kämpfen hatte, hatten sich seit dem Ausbruche des Aufstandes noch vermehrt. Das schlimmste Übel, die Geldnot, stieg bedenklich, da mit der Ausdehnung des Aufruhrs der Handel mit Kolonialwaren naturgemäß abnehmen mußte, die Schiffe den Häfen fernblieben, der Schmuggel sich vermehrte und die Erträge der Zölle sanken. Da das Mutterland diese Lücken nicht ausfüllte, sahen sich Rochambeau und Daure, der neue Kolonialpräfekt, gezwungen, Kredit in Habana und Jamaica zu hohen Zinsen in Anspruch zu nehmen und endlich den fremden Handel zur Ausfuhr der Kolonialwaren ohne Beschränkungen zuzulassen (März 1803). Die französischen Kaufleute waren mit dieser Erleichterung der fremden Konkurrenz höchst unzufrieden, auch die Regierung in Paris billigte den Beschluß nicht, aber Rochambeau wußte kein anderes Mittel, seine Einnahmen zu erhöhen. Der Verminderung des Handels entsprach die geringere Einfuhr von Lebensmitteln, und das bereitete dem Generalkapitän um so größere Sorge, als er nicht nur die städtische Bevölkerung und seine Garnison, sondern auch die vor den Schwarzen geflüchteten Landleute und Eigentümer zu ernähren hatte. Auch die Rücksicht hierauf mag jenen Beschluß über die Ausfuhr mitveranlaßt haben; bei seinen geringen Barmitteln konnte er ja das Mehl, das Fleisch und die Gemüse, alles, was ihm von außen zugeführt werden mußte, gar nicht anders bezahlen als in Kolonialwaren.

Daß Rochambeau das Kriegsrecht in aller Strenge aufrecht erhielt und die Zivilverwaltung selbst leitete, ist nicht verwunderlich. Noch weniger als Leclerc verstand er es aber, dabei das gute Einvernehmen mit den übrigen Behörden zu wahren, verletzte sie vielmehr durch Zurücksetzung hinter seine Offiziere und rücksichtslose Eingriffe in ihren Wirkungskreis: alles werde militärisch entschieden, klagt der Justizkommissar; das Recht werde überall verletzt, und er müsse dem mit gebundenen Händen zusehen. Daß diese Reibungen die Verwaltungsschwierigkeiten noch erhöhen mußten, ist einleuchtend.

In den beiden insurgierten Provinzen nahmen die Dinge in den ersten beiden Monaten des neuen Jahres noch eine Wendung zum bessern. Unter meist siegreichen Gefechten hielten die Franzosen ihre Stellungen und brachten durch einige Nachschübe ihre kampffähige Armee auf die lange nicht erreichte Höhe von über 11000 Mann, während im Hospital wenig mehr als 4000 lagen (Anfang März). Schlimmer hatten sich die Dinge dagegen im Süden gestaltet. Hier hatten zu Beginn des Jahres einige Rebellenführer aus der Westprovinz einige Küstenplätze erobert; sie wurden zwar von Laplume wieder hinausgeschlagen, aber der Aufstand faßte seitdem Boden, und Laplume konnte, trotzdem Rochambeau sogleich Hilfe schickte, seiner nicht Meister werden. Die Insurgenten fanden auch hier jetzt Unterstützung durch Deserteure und Landleute. Sie eroberten die Städte wieder und drangen unter steten Kämpfen bis in die Gegend der Hauptstadt Les Cayes vor (Anfang März). Rochambeau, der mittlerweile seine Residenz nach Port au Prince verlegt hatte, suchte dem treuen Neger durch eine energische Unternehmung Hilfe zu bringen und ließ einen Angriff auf die von den Rebellen eroberte Stadt Gonave an der Nordküste der südlichen Halbinsel machen: dieser scheiterte aber mit empfindlichen Verlusten (Ende März).

Trotz allen Unglücks sah Rochambeau die Lage nicht als verzweifelt an. Seine Berichte aus dieser Zeit wiederholen immer wieder, daß die Kolonie mit den geforderten Verstärkungen zu retten sei und verfehlten auch ihren Eindruck in Europa nicht. Da trat aber ein Ereignis ein, das alle Hoffnungen Rochambeaus und alle kolonialen Aktionen Napoleons unbarmherzig durchkreuzte: der Bruch des Friedens von Amiens. Seitdem erstand den Franzosen ein neuer Feind, England, und damit war der Armee von St. Domingue das Todesurteil gesprochen. Der Pest und den Negern hatten die Franzosen widerstanden, die Engländer gaben die Entscheidung. Ehe wir uns diesen Dingen zuwenden, betrachten wir noch kurz die andern französischen Kolonien.

Sechstes Kapitel.

Die kleineren Kolonien während des Seefriedens.

Die Expedition nach St. Domingue nahm in den ersten Monaten nach dem Präliminarfrieden die Kräfte der französischen Marine so in Anspruch, daß Napoleon für die anderen Kolonien keine Schiffe übrig hatte und selbst in Guadeloupe die Dinge einstweilen gehen lassen mußte. Erst ein Halbjahr nach der Verjagung Lacrosses konnte er eine neue Expedition ausrüsten, um die beleidigte Autorität der Regierung wieder herzustellen. Viertausend Mann beschloß er hinüberzusenden unter dem Kommando des jungen Divisionsgenerals Richepanse, der sich bei Hohenlinden hervorgethan hatte. Lacrosse, der sich seiner Aufgabe nicht gewachsen gezeigt hatte, sollte abberufen werden, und Richepanse als Generalkapitän an seine Stelle treten, aber damit er nicht durch die Rebellen vertrieben erscheine, sollte der Admiral zuvor feierlich in sein Amt wieder eingesetzt werden. Um durch seine Unbeliebtheit nicht neue Aufstände hervorzurufen, sollte Lacrosse die Insel erst nach wieder hergestellter Ordnung betreten, einen Monat anscheinend als Generalkapitän amtieren und hierauf nach Europa zurückkehren. Napoleon gedachte, die Möglichkeit solcher Soldatenaufstände mit denselben Mitteln wie in St. Domingue für immer zu ersticken: er befahl, die Farbigen und Schwarzen zu entwaffnen und alle farbigen Personen von Ansehen zu deportieren; nur wenige Hundert Mischlinge und einige niedere Offiziere von unbedingter Zuverlässigkeit sollten in der Armee, mit Weißen vermischt, weiter dienen dürfen.

Die Besitznahme von Guadeloupe wurde den Franzosen durch die Spaltung unter den Eingeborenen erleichtert. Eine Partei unter Pélage wollte sich nicht von Frankreich trennen, während ein anderer Mulatte, Delgrès, mit seinem Anhang eine selbständige Stellung nach Toussaints Beispiel anstrebte. Als daher Richepanses Flotte vor Point à Pitre, der Hafenstadt der östlichen Hälfte Grande Terre, wo Pélage kommandierte, erschien (Anfang Mai 1802), fand sie keinen Widerstand; der Mulattenhäuptling begrüßte den neuen Obergeneral bei der Landung und übergab ihm ohne Kanonenschuß Hafen und Festungswerke. Richepanse begann sogleich mit der Ausführung seiner Instruktionen. Er ließ einen großen Teil der Armee Pélages entwaffnen und an Bord der Schiffe bringen, den Rest verteilte er unter seine europäischen Truppen. In der eigentlichen Hauptstadt Basse Terre dagegen wollte Delgrès nichts von Unterwerfung hören, da er sich in den früheren Aufständen kompromittiert hatte und jetzt die Rückkehr des verhaßten Lacrosse fürchtete. Trotz der Mahnungen Pélages und wiederholter Proklamationen Richepanses, die Aufrechterhaltung der Freiheit und Amnestie für freiwillige Niederlegung der Waffen verhießen, leistete er hartnäckigen Widerstand, und es bedurfte erst eines regelrechten Feldzugs, bis er mit seinen Scharen überwältigt war (Anfang Juni). Pélage bewährte auch hier seine Treue: an der Spitze der beibehaltenen schwarzen und farbigen Truppen kämpfte er tapfer an der Seite der Franzosen und war — wie in St. Domingue Maurepas nach seinem Übertritt — den des Klimas ungewohnten Europäern ein äußerst wertvoller Bundesgenosse. Seine Loyalität blieb nicht unbelohnt; er mußte sich zwar auf Weisung Napoleons nach Europa einschiffen und Rechenschaft von seiner Haltung in den letzten Jahren ablegen, wurde aber freigesprochen und diente in der französischen Armee bis zu seinem Tode (1813) mit Ehren weiter.

Der Niederwerfung der Rebellion folgte ein strenges Strafgericht. Die gefangenen Rädelsführer und viele ihrer Anhänger wurden erschossen, und um die Revolution mit Stumpf und Stiel auszurotten, entschloß sich Richepanse zu einem Schritt, den Napoleon für St. Domingue anbefohlen hatte, ohne daß er dort ausgeführt werden konnte: zu einer Massendeportation der gefangenen Insurgenten. Zweitausend Neger, Angehörige der früheren Kolonialarmee, wurden nach Nordamerika verschickt, aber auf den Protest der Vereinigten Staaten brachte man sie nach den spanischen Besitzungen des amerikanischen Festlandes. Der Bundesgenosse Frankreichs war zwar ebenfalls nicht erfreut über die Ankunft dieser unruhigen Elemente, besaß aber nicht die Kraft, sie abzuweisen. Etwa Tausend gingen nach Frankreich, wo sie in italienischen Festungen verteilt wurden und eine brauchbare Arbeitertruppe abgaben. Dieses Radikalmittel verursachte zwar ärgerliche Verhandlungen mit Nordamerika und Spanien und nahm auch dem Ackerbau eine Anzahl tüchtiger Arbeitskräfte, aber es hatte doch den Erfolg, den Richepanse erhofft hatte: es entzog den späteren Negeraufständen den Rückhalt einer kriegsgewohnten Truppe, und von Insurrektionen der Eingeborenen ist die Herrschaft der Franzosen auf Guadeloupe seitdem nicht mehr ernstlich gefährdet worden. Eine absolute Ruhe war freilich damit noch nicht wieder hergestellt, da — wie in Domingue nach der Unterwerfung Toussaints — noch Negerbanden in den Wäldern umherschwärmten und gelegentlich Besitzungen der Weißen überfielen. Wie in St. Domingue, erschwerten Übermut und Rachsucht der zurückgekehrten Pflanzer auch hier der Kolonialverwaltung das Versöhnungswerk; sie schickten sich an, die Neger und Farbigen ganz nach der Sitte des alten Systems zu behandeln und sich durch Ausschreitungen aller Art für die Zeit der Verbannung zu entschädigen. Noch während Richepanse in der westlichen Hälfte der Insel focht, brachen aus diesen Ursachen in Grande Terre mehrere Revolten aus, die allerdings keine nachhaltigen Folgen hatten, aber doch das Gefühl der Sicherheit unter den Eigentümern nicht aufkommen ließen. Es wurde notwendig, zur Verfolgung dieser räuberischen Negerbanden eine besondere Truppe einzurichten. Richepanse verwendete dazu einige Kompagnien freier Farbiger unter dem Kommando eingeborener Weißer. Auf diese Weise entlastete er seine europäischen Truppen von einem beschwerlichen und verlustreichen Dienst, und zugleich erfüllte er ihren dringenden Wunsch, sie von den Farbigen zu trennen, mit denen sie zusammen zu dienen verschmähten. Diese Absonderung der Farbigen entsprach durchaus dem Geiste des ganzen Kolonialsystems: da Napoleon die strengste Scheidung unter den Farben gewahrt wissen und den Mischlingen insbesondere keine den Weißen gleichberechtigte Stellung einräumen wollte, so konnte man unmöglich farbige und weiße Soldaten in Reih und Glied nebeneinander Dienst thun und kameradschaftliche Verbindungen unter ihnen aufkommen lassen. Die Schonung der weißen Truppen, die durch Übertragung des Gendarmeriedienstes an die Farbigen erzielt wurde, war dringend notwendig. Dieselbe Krankheit, die St. Domingue verheerte, suchte auch die übrigen Antillen heim, und nach Schluß des Feldzugs lag bereits der dritte Teil von Richepanses Armee unter der Erde oder in den Hospitälern; mehrere höhere Offiziere und Beamte, darunter der Justizkommissar, fielen ihr zum Opfer, ja kaum ein Vierteljahr nach seiner Ankunft in der Kolonie der Generalkapitän selbst (3. September 1802).

Den militärischen Teil seiner Aufgabe hatte Richepanse im wesentlichen erfüllt, weiter reichte aber seine Fähigkeit nicht. Es hätte nun nach Niederwerfung des Aufstandes die Durchführung der neuen Organisation folgen müssen. Das wichtigste war, für ausreichende Einkünfte zu sorgen. Die Unruhen des letzten Jahres und der Kampf gegen die Rebellen hatten viel Schaden gethan, so daß der Kolonialpräfekt Lescallier fürchtete, im nächsten Jahre nur geringe Einnahmen aus der Kolonie ziehen zu können. Seine ersten Versuche, sich durch Erhebung von Steuern und Zöllen neue Einnahmequellen zu verschaffen, scheiterten indessen an dem Widerstande des Generalkapitäns, der die Organisation der Kolonie allein durchführen wollte. Lescallier berief sich vergeblich auf die Bestimmung der Konsuln über die ihm übertragenen Funktionen als Kolonialpräfekt: Richepanse erklärte, so lange die Kolonie noch im Kriegszustande sei, gebühre alle gesetzgebende Gewalt der militärischen Behörde. Er verfügte eigenmächtig über das in der Kolonie vorgefundene Bargeld und erließ, ohne den Präfekten zu befragen, Bestimmungen über die Rückkehr der emigrierten Eigentümer und die Verwaltung der sequestrierten Güter. Da die Beruhigung der Kolonie ziemlich schnelle Fortschritte machte, so hatte er mehr Erfolg als Leclerc: an tausend Flüchtlinge kehrten zurück und forderten die Herausgabe ihres Eigentums. Da dieses zum größten Teil verpachtet war, so hatte Lescallier große Mühe, die einander entgegen stehenden Ansprüche des Staates und der Pflanzer auszugleichen. Der ohnmächtige Kolonialpräfekt, der schon in der Königszeit in den Kolonien gewirkt hatte, war mit Richepanses Anordnungen gründlich unzufrieden; er überschüttete den Marineminister mit Klagen über den Despotismus des jungen Generals, der von kolonialen Dingen nichts verstehe und doch der alleinige Gesetzgeber sein wolle und keine geordnete Verwaltung aufkommen lasse. Lescallier verzweifelte unter diesen Umständen an einer gedeihlichen Entwicklung der Kolonie und dachte schon an seinen Abschied, als er durch den Tod des Generalkapitäns freiere Hand erhielt.

Richepanses Nachfolger wurde Lacrosse. Der Admiral war, entsprechend Napoleons Befehlen, in seine Würde wieder eingesetzt worden, ohne die Funktionen thatsächlich zu übernehmen, und bereitete sich eben zur Rückreise nach Europa vor, als Richepanse plötzlich starb. Nun übernahm er wirklich das Amt des Generalkapitäns, zwar im Widerspruch mit der Vorschrift, daß beim Tode des Generalkapitäns der Kolonialpräfekt sein provisorischer Nachfolger sein werde, aber es scheint, daß Lescallier selbst, der mit den höheren Offizieren nicht in gutem Einvernehmen stand und von ihnen Mißachtung seiner Autorität besorgen mochte, die Succession des Admirals wünschte. Beide handelten zuerst durchaus im Einverständnis. Lacrosse hob sogleich den Belagerungszustand auf, den Richepanse noch hatte andauern lassen, um die Verwaltung ohne Hilfe des Kolonialpräfekten zu regeln, und Lescallier konnte seine finanziellen Pläne ausführen.

In seinen Maßregeln schloß er sich eng an die Einrichtungen der Königszeit an: er erhob eine Kopfsteuer auf die Sklaven, eine Gewerbe- und Gebäudesteuer, sowie Aus- und Einfuhrzölle, deren Höhe je nach Bedarf wechselte. Wie Lescallier vorausgesehen hatte, genügten diese Einkünfte den Bedürfnissen nicht. Da kam ihm die Wiedereinführung der Sklaverei zu statten. Wir sahen, wie Napoleon, seinem ursprünglichen Plan entgegen, die Wiederherstellung des Negerhandels und der Sklaverei auch für Guadeloupe angeordnet und die Wahl des Zeitpunktes für die Ausführung des Gesetzes dem Generalkapitän überlassen hatte. Die Nachricht hiervon kam noch zu Richepanses Lebzeiten in die Kolonie. Da die rebellischen Neger wehrlos gemacht waren, so lag für Wiedereinführung der Sklaverei kein direktes Hindernis vor, und Richepanse, weniger skrupulös als Leclerc, verkündete sie sogleich (5. August), obschon er in seinen Proklamationen die Aufrechterhaltung der allgemeinen Freiheit ebenso feierlich wie jener versprochen hatte. Durch dieses Gesetz gingen die Schwarzen, die während des Krieges auf englischen Schiffen gekapert worden waren, in das Eigentum des Staates über. Lescallier verkaufte diese nun nach Richepanses Tode an die Pflanzer und erzielte hierdurch eine beträchtliche Einnahme für die Staatskasse: über eine Million Francs, die binnen dreier Jahre bezahlt werden sollten. Leider, klagte der Kolonialpräfekt, seien zu Richepanses Lebzeiten und mit dessen Duldung viele Schwarze durch Offiziere zu ihrem privaten Nutzen verkauft worden; hierdurch und durch die Deportation der kriegsgefangenen Neger, die man ebenfalls hätte verkaufen können, seien dem Staate ein bis zwei Millionen entgangen. Die Unredlichkeit der Verwaltung, die in St. Domingue solchen Schaden gethan hatte, machte sich also auch hier bemerkbar. Eine Erleichterung verschaffte diese Auskunft dem bedrängten Lescallier wohl, aber auch jetzt genügten seine Einnahmen nicht, um die Kosten der Verwaltung zu decken. Noch nach Jahresfrist klagte er, daß er den Truppen den Sold nicht zahlen könne und ohne bare Unterstützung aus Frankreich zu Wechseln auf den Schatzminister seine Zuflucht nehmen müsse.

Mit der Pflege der Finanzen stand im engen Zusammenhange die Sorge für den Handel. Wie in St. Domingue, ließ sich auch hier Napolons Programm, die Kolonie allein dem französischen Handel dienstbar zu machen, vorderhand nicht durchführen. Die französischen Kaufleute waren nicht imstande, die Kolonie mit Lebensmitteln zu versorgen; die Verwaltung mußte daher die Hilfe der Neutralen, in erster Linie der Amerikaner, in Anspruch nehmen. Nach Napoleons Intentionen hätten die Neutralen auf die Einfuhr von unentbehrlichen Rohprodukten und Lebensmitteln, sowie auf die Ausfuhr von untergeordneten Artikeln, wie Sirup und Tassia, beschränkt werden müssen, aber ihre Privilegien mußten bald erweitert werden. Die Insel litt bitteren Mangel an Pökelfleisch und Mehl; da die Franzosen wenig lieferten, so war sie auf die Amerikaner angewiesen. Zur Bezahlung dieser Lieferungen reichten aber die geringen, den Amerikanern gestatteten Ausfuhrartikel nicht hin, und Bargeld besaß die Kolonie wenig, da der Handel mit Frankreich in Kolonialwaren sich nur langsam entwickelte: es blieb also nur übrig, den Neutralen auch die Ausfuhr von allen anderen Kolonialwaren zu gestatten, um die Lebensmittel damit zu bezahlen.

Das Einvernehmen zwischen den beiden höchsten Behörden war also seit Richepanses Tod gebessert und damit eine regelmäßige Verwaltung nach Napoleons Vorschriften gesichert, aber andere Übel machten sich wieder bemerkbar. Lacrosse war nach wie vor den Schwarzen und einem Teile der Weißen im höchsten Grade verhaßt und nicht imstande, sie für sich zu gewinnen. Wiederholte Aufstände brachen aus, an denen sich auch einmal einige Weiße beteiligten, und wenn die Regierung auch sogleich mit blutiger Strenge einschritt, so gelang es ihr doch nicht, alle Banden völlig zu zersprengen. Die Negerjagden nahmen ihren Fortgang, es wurden Preise auf die Köpfe der flüchtigen Schwarzen ausgesetzt, aber trotz aller Mühe konnte Lacrosse ihrer nicht Meister werden, zumal auch seine Truppen durch die Krankheit weiter vermindert und nicht in gleicher Weise ergänzt worden waren. Die Unzufriedenheit unter den Kolonisten über diese Dinge stieg beständig und machte sich in scharfer, rückhaltloser Kritik gegen den Generalkapitän Luft. Dieser, durch seine früheren Erfahrungen mißtrauisch und ängstlich gemacht, antwortete mit Verhaftungen, um den Geist der Auflehnung zu dämpfen; schließlich wagte er auch nicht mehr, sich auf seine höheren Offiziere zu verlassen und ließ den Kommandeur seiner Truppen, als einer Verschwörung verdächtig, nach Frankreich deportieren (Anfang 1803). Die Dinge spitzten sich immer mehr zu, und es wäre vielleicht zu einer neuen Katastrophe gekommen. Da wurde Lacrosse abberufen und durch General Ernouf ersetzt (März).

In Paris war man von den Vorgängen auf Guadeloupe wenig befriedigt. Die lange Dauer des Belagerungszustandes und der Zwist der oberen Behörden konnte dem ersten Konsul unmöglich willkommen sein, da sie die Erfüllung seines sehnlichen Wunsches, baldigst normale Zustände wieder hergestellt und die Einnahmen steigen zu sehen, lange hinausschob. Als daher Lacrosse den Belagerungszustand aufhob, war er erfreut und sah über die unregelmäßige Art, wie der Admiral das Amt des Generalkapitäns übernommen hatte, hinweg, in der Hoffnung, daß die Kolonie ihren Bedürfnissen nun selbst genügen werde. Aber schon der Erlaß über den Handel hatte seinen Beifall nicht; er meinte, man sei den Amerikanern auf Kosten der Franzosen zu weit entgegen gekommen und ließ dringend empfehlen, die Begünstigung so bald als möglich zurückzuziehen. Die weiteren Berichte von dem Wiederausbruch der Unruhen scheinen ihn dann auf seine ursprüngliche Absicht, den ungeeigneten Lacrosse aus der Insel zu entfernen, wieder zurückgebracht zu haben.

Da die übrigen Windinseln während der Revolution von den Engländern erobert worden waren, so konnten sie erst nach dem definitiven Frieden (25. März) wieder von den Franzosen in Besitz genommen werden. Napoleon wollte die Okkupation nicht länger als unumgänglich notwendig verzögern und ließ noch während der Friedensverhandlungen ein Geschwader ausrüsten, um sogleich nach dem Friedensschluß eine Expedition von 2200 Mann nach Martinique, der bedeutendsten, hinüberzuführen. Die Organisation wurde nach dem allgemeinen Schema geregelt; zum Generalkapitän wurde der Vizeadmiral Villaret, der bisher das Geschwader bei St. Domingue kommandierte, und zum Kolonialpräfekten Staatsrat Bertin ernannt. Der Chef der Zivilverwaltung ging dem Geschwader voraus, um mit den Engländern die Formalitäten der Übergabe zu regeln und die Einwohner der Insel von den wohlwollenden Absichten der französischen Regierung zu überzeugen. Er wurde von dem englischen Kommandeur mit großer Zuvorkommenheit empfangen (Anfang Juli 1802), und auch die Insulaner zeigten sich über die Rückkehr der französischen Herrschaft erfreut. Seine erste Sorge war die Organisierung der Nationalgarde aus Weißen und freien Farbigen, um die Landung von aufständischen Schwarzen aus Guadeloupe, wo ja der Aufruhr noch fortglimmte, zu verhindern. Mit dem englischen Admiral lebte Bertin in vortrefflichem Einverständnis und wußte von ihm wertvolle Konzessionen zu erlangen. Er setzte durch, daß die seit dem 1. Januar 1802 rückständigen Steuern nicht mehr zu gunsten Englands, sondern Frankreichs erhoben werden sollten und rettete damit mehrere hunderttausend Francs für die Kolonie.

Die Ausrüstung der Expedition Villarets dauerte, wie alle maritimen Unternehmungen Frankreichs in dieser Zeit, länger als Napoleon angeschlagen hatte. Unvollständigkeit der von den Truppenteilen gestellten Mannschaften, Krankheiten und Desertion verzögerten die Abfahrt, so daß Villaret volle zwei Monate später als Bertin in Martinique landete (Anfang September), worauf die englische Besatzung sogleich abzog. Da das alte Kolonialsystem hier aufrecht erhalten werden sollte, so hatte Villaret sorgfältig alles unterdrückt, was unter den Abzeichen seiner Truppen an Revolution und Freiheit erinnerte: die republikanische Devise Freiheit und Gleichheit, ja selbst die phrygische Freiheitsmütze hatten von den Fahnen der Regimenter verschwinden müssen, um nicht unerfüllbare Hoffnungen der

Schwarzen zu erwecken. Zu größeren Kämpfen wie auf den Nachbarinseln kam es in Martinique nicht, da hier die Wiederherstellung der französischen Herrschaft weder den Farbigen noch den Negern eine Verschlechterung ihrer Lage brachte. Flüchtlinge aus Guadeloupe hatten sich zwar, trotz der Wachsamkeit der von Bertin organisierten Miliz, auf der Insel eingefunden, aber ernsthafte Unruhen konnten sie nicht erregen. Nur die Wirkung hatte ihre Ankunft, daß Villaret zur besseren Bewachung der Insel den Belagerungszustand proklamierte und die bedeutendsten Regierungsfunktionen in seiner Hand vereinigte, worüber es zum Konflikt mit dem Kolonialpräfekten kam: dasselbe Schauspiel wie in Guadeloupe und St. Domingue, daß die Verteilung der höchsten Gewalt zu Unzuträglichkeiten führte und, wie Forfait vorausgesagt hatte, die Zivilbehörden von den militärischen unterdrückt wurden. Eine volle Aussöhnung erfolgte nicht wieder, und nach dem Ausbruch des Seekrieges wurde der Gegensatz so stark, daß Bertin sein Amt niederlegte und durch Laussat, der ursprünglich Kolonialpräfekt von Louisiana werden sollte, ersetzt werden mußte. Diesem außerordentlich tüchtigen Manne gelang es, ein erträgliches Einvernehmen mit dem rechthaberischen Generalkapitän herzustellen. Zerwürfnisse blieben allerdings auch zwischen ihnen nicht aus, und der Minister mußte den Admiral wiederholt zur Verträglichkeit ermahnen.

In finanzieller Beziehung stand Martinique günstiger als die übrigen Antillen, da Handel und Wandel unter englischer Verwaltung im großen und ganzen nicht gestört waren und die neue Regierung sogleich auf Steuererträge hoffen konnte. Langsam gingen sie zwar ein, aber einstweilen konnten die dringendsten Bedürfnisse — der Sold der Truppen und die Sorge für die Hospitäler — mit den vom Mutterlande erhaltenen Geldern befriedigt werden, und für die Zukunft hoffte der Kolonialpräfekt die Einnahmen aus der Insel zu steigern. Die Haupteinnahmen, die Zölle, konnten hier ebenfalls nicht sogleich nach Napoleons Wünschen gehandhabt werden, sondern auch hier mußte, mit Rücksicht auf den Mangel an Lebensmitteln, den Amerikanern der Export von Kolonialwaren gestattet werden

(September 1802). Auf Betreiben der französischen Handelsleute befahl aber der Marineminister schon nach wenigen Monaten die Zurücknahme der Verordnung, so daß die Franzosen ihre privilegierte Stellung früher als in den anderen Kolonien erhielten. Trotz der relativ günstigen Lage Martiniques konnte von einer Deckung der Verwaltungskosten durch koloniale Einkünfte auf lange hinaus nicht die Rede sein; von den vier Millionen, die erforderlich seien, erwartete der Präfekt nur anderthalb aus der Insel ziehen zu können.

Eine gewisse Sonderstellung in der kolonialen Organisation nahmen Tabago, Guyana und Senegal ein. Diese Gebiete konnten sich an Bedeutung mit den übrigen Kolonien nicht messen, ihre Verwaltung wurde deshalb einfacher gestaltet. Tabago erhielt einen Generalkapitän und Kolonialpräfekten, die Funktionen des Justizkommissars wurden durch Beamte niederen Ranges wahrgenommen. In Senegal übte ein Brigadegeneral die bürgerliche und militärische Gewalt aus; in Guyana behielt Viktor Hugues die Leitung der Geschäfte. Da er nicht Soldat war, erhielt er nicht den Titel Generalkapitän, sondern Regierungskommissar; unter ihm stand ein Truppenkommandeur, der mit etwa 400 weißen und ebensoviel schwarzen Soldaten für die innere und äußere Sicherheit der Kolonie zu sorgen hatte. Guyana war somit die einzige Kolonie, wo der Vertreter der militärischen Gewalt dem der bürgerlichen untergeordnet war.

Später als die amerikanischen konnten die orientalischen Kolonien versorgt werden. Die wiederholten Pläne Napoleons, während des Seekrieges Verstärkungen und Geldsummen nach Ile de France und Réunion zu werfen, hatten alle aufgegeben werden müssen und ebenso seine sonstigen Entwürfe. Wie in Amerika durch Erwerbung Louisianas, wollte er hier den Besitz durch Erschließung Madagaskars erweitern. Der Marineminister Forfait, den der Konsul über den Wert der Insel befragte (Januar 1801), konnte ihren Reichtum an Mineralien, Wild und nutzbaren Pflanzen nicht genug rühmen und empfahl dringend, nach dem Seefrieden die Hand darauf zu legen: bisher habe sie den Franzosen von Ile de France und Réunion nur Sklaven, Reis und Vieh geliefert, in Zukunft müsse sie intensiver und zwar zum ausschließlichen Vorteil Frankreichs ausgebeutet werden. Die Schwierigkeiten würden nicht unüberwindlich sein, denn europäische Nationen besäßen keine Niederlassungen dort, und die einheimische Bevölkerung sei gespalten und harmlos gegen Fremde. Aus diesem Projekte konnte zunächst freilich nichts werden, da nach dem Frieden die französische Marine und der Handel anderweitig, mehr als beide leisten konnten, in Anspruch genommen waren. Nicht einmal zu einer gründlichen finanziellen Unterstützung der schwer bedrängten Inseln waren Mittel übrig. Um ihnen nur vorläufig etwas Erleichterung zu schaffen, sandte Decrès ein Schiff mit 160000 Francs in bar und einigen besonders schmerzlich vermißten Gegenständen wie Eisen, Pulver und Medikamenten nach Ile de France: eine Hilfe, die den Insulanern nur den guten Willen der neuen Regierung, zu helfen, andeuten konnte, aber eine wirksame Erleichterung nicht schaffte. Eine Truppe von 200 Mann, die auf demselben Schiffe hinüberging, sollte den Garnisondienst übernehmen, dadurch die Einwohner entlasten und zugleich, wie Decrès hoffte, etwaigen noch separatistisch gesinnten Elementen imponieren und die Autorität der Regierung stärken (Januar 1802).

Unter dem alten Regime hatten die beiden Inseln und die indischen Komptoire lange Zeit unter gemeinsamer Verwaltung gestanden und waren erst nach dem Siege der Engländer in Indien getrennt worden. Napoleon beschloß, es dabei zu belassen und für jede Gruppe einen besonderen Generalkapitän zu ernennen. Nach den kriegerischen Unfällen waren in beiden Gebieten ohne Zweifel große Mühen und Kosten erforderlich, um sie wieder empor zu bringen und sie militärisch sicher zu stellen. Wie das erreicht werden sollte, darüber gingen im Rat der Konsuln die Meinungen auseinander. Schon der frühere Marineminister Forfait hatte energisch widerraten, auf die militärische Befestigung der indischen Besitzungen große Summen zu verwenden, und Decrès stimmte ihm ohne Rückhalt zu: man möge dort noch so starke Befestigungen anlegen, sagte er, bei der ungeheuren Übermacht der Engländer in jenen Ländern würden sie doch beim ersten Kanonenschuß in Europa verloren sein. Indien sei vorläufig für Frankreich keine militärische, sondern eine kommerzielle Niederlassung, darum solle man wohl den indischen Handel nach Kräften heben, aber nicht mehr als 560 europäische Soldaten dort unterhalten: diese genügten, mit einer eingeborenen Truppe vereint, die Komptoire vor räuberischen Überfällen von Indiern zu schützen. Desto höheren Wert legte Decrès auf den Schutz von Ile de France und Réunion. Diese Position, führte er wiederum im Anschluß an ältere Denkschriften aus, müsse Frankreich unbedingt halten, um von hier aus Madagaskar kolonisieren und zu gelegener Zeit Indien angreifen zu können. 1200 Mann Garnison und ausgedehnte Küstenbefestigungen würden diese Etappe auf dem Wege nach dem Gangeslande uneinnehmbar machen. Der zum indischen Generalkapitän bestimmte General Decaen war hiermit nicht zufrieden. Er hatte sich seit seiner frühesten Jugend an den Kämpfen der Franzosen in Indien im 18. Jahrhundert berauscht und wünschte nichts sehnlicher, als den Kampf gegen die verhaßten Engländer zu erneuern: er verlangte daher ungefähr das Doppelte an europäischen Mannschaften von dem was der Minister gewähren wollte, und forderte die Ausrüstung einer glänzenden Expedition, um damit den indischen Fürsten eine große Vorstellung von der Macht Frankreichs einzuflößen. Napoleon gab ihm Recht und bewilligte nach einigen weiteren Diskussionen fast die von Decaen beantragte Zahl, während Ile de France 200 Mann weniger, als der Minister empfohlen hatte, erhalten sollte. In einer Instruktion (vom 15. Januar 1803) schrieb er dem General Decaen vor, Beziehungen mit den indischen Fürsten anzuknüpfen, ihre Gesinnungen gegen die Engländer zu erforschen, die Streitkräfte der Engländer auszukundschaften und genau zu berichten, welche Mittel zu einem mehrjährigen Feldzuge in Indien gegen England erforderlich seien. Aber wie Decrès, hatte Napoleon die Überzeugung, einstweilen noch keinen Kampf gegen die Engländer in Indien bestehen zu können. Er schärfte dem Generalkapitän ein, in allen seinen Beziehungen zu den Indierhäuptlingen den Briten keinen Grund zur Beunruhigung und zur Eifersucht zu geben, und, falls ein Krieg etwa vor dem Herbst 1804 ausbreche, erteilte er ihm die Ermächtigung, sich nach Ile de France zu retten, um einer Gefangennahme durch die Engländer, die Frankreichs Ansehen untergraben müsse, zu entgehen. Eine Eroberung Indiens nahm der Konsul also in absehbarer Zeit nicht in Aussicht, wohl aber traf er die ersten Vorbereitungen, um ein derartiges Unternehmen in späterer Zeit zu ermöglichen. Ile de France spielte in diesen Berechnungen dieselbe Rolle wie in denen seiner Minister, nur glaubte er seine Besatzung vorläufig schwächer bemessen zu können, als Decrès vorschlug.

Ursprünglich hatte die Expedition nach Indien schon im Herbst des ersten Friedensjahres aufbrechen sollen, aber der leidige Mangel an Schiffen hielt den General Decaen bis zum Beginn des neuen Jahres fest. Fast ein Jahr nach der Unterzeichnung des Friedens erst verließ er Brest (5. März 1803). Die Sendung für Ile de France war auch dann noch nicht bereit. In einer Hinsicht war die lange Verzögerung der indischen Expedition ein Vorteil. Ehe Decaen hatte aufbrechen können, waren die von Richepanse aus Guadeloupe deportierten Schwarzen in Frankreich eingetroffen. Da es gute Soldaten waren, wählte sich Decaen 600 von ihnen aus, um sie in Indien zu verwenden: er erwartete von ihnen bessere Dienste als von den Sipoyhs, von denen er nur eine geringe Anzahl anzuwerben gedachte. Bevor indessen Decaen in seinem Gouvernement anlangte, hatten sich die Dinge in Europa verändert und ihn vor eine neue Aufgabe gestellt.

Siebentes Kapitel.

Der Bruch des Friedens von Amiens.

Mit der Absendung der Expeditionen und ihrer Instruierung hörte Napoleons Sorge um die Kolonien nicht auf. Sorgfältig ließ er sich vom Marineminister über die politischen und militärischen Leistungen der Generalkapitäne berichten, und un=

aufhörlich trieb er ihn an, die erforderlichen Transporte zu beschleunigen. Am meisten nahm, wie natürlich, St. Domingue seine Aufmerksamkeit in Anspruch. In den Briefen an seinen Schwager kam er immer wieder auf die Forderung, die schwarzen Generale festzunehmen, zurück, in der Meinung, daß damit die Ruhe in der Kolonie für immer hergestellt sein werde. Obwohl er die Schwierigkeiten und Kämpfe, die der Truppen in St. Domingue und Guadeloupe harrten, unterschätzte, war er doch von Anfang an darauf bedacht gewesen, die Lücken, die durch den Krieg und das Klima voraussichtlich entstehen würden, auszufüllen, und hatte in mehreren Häfen Mannschaften bereit stellen lassen, um sie allmählich den Kolonialarmeen als Rekruten zuzuführen. Als dann die Verluste eine nie geahnte Höhe annahmen, ging er noch weiter. Er ließ in der Armee umfragen nach Freiwilligen, die in der Kolonie Dienste nehmen wollten, und errichtete in sechs Küstenstädten ständige Kolonialdepots, um hier die für den Kolonialdienst bestimmten Truppen auszubilden (Dezember 1802). Außer den Freiwilligen und Kommandierten ließ er die Deserteure einstellen und alle waffenfähigen Männer, die sich ohne festen Wohnsitz und Beschäftigung umhertrieben. Die Einstellung dieser Elemente entsprach einer alten Praxis, die bereits die Handels-Kompagnien geübt hatten, und auch Napoleon selbst hatte schon mehrere Versuche damit gemacht. Trotzdem sie nach Leclercs Urteil schlecht ausgefallen waren, mußte der Konsul wieder darauf zurückkommen, da ihm offenbar die Mannschaften fehlten, um die Ausfälle zu ersetzen. Freiwillige werden sich bei der bekannten Abneigung der Franzosen, außer Landes zu dienen, wenig gefunden haben, und direkte Aushebungen in großem Maßstabe zu veranstalten, war nicht unbedenklich. Um die Franzosen zu schonen, und seine Herrschaft populär zu machen, nahm ja Napoleon selbst für den europäischen Dienst nur einen geringen Teil der französischen Wehrkraft in Anspruch, und auch dieser wurde vielfach nur mit Widerstreben gestellt. Noch weniger beliebt wird der Kolonialdienst gewesen sein, der nach den jüngsten Erfahrungen nur wenig Hoffnung auf glückliche Heimkehr zuließ: kurz, Napoleon mußte die Rekruten nehmen, wo er sie fand. Aus diesem Grunde gewiß schickte er auch die Polen und Deutschen, die noch in französischen Diensten standen, nach St. Domingue; ebenfalls nicht zur Freude Leclercs, der sie für zu schwerfällig erklärte, um den Guerillakrieg gegen die Schwarzen zu führen.

Wie um die Rekrutierung, so bemühte sich Napoleon auch um die Ernährung der Armeen, freilich nur mit teilweisem Erfolge. Wir haben bereits gesehen, daß es ihm nicht gelang, die Korruption in der Armeeverwaltung, die ihm selbst in seinen Feldzügen so viel Schwierigkeiten gemacht hatte, zu überwinden. Auch seine Leitung der kommerziellen Thätigkeit der Generalkapitäne ist uns schon bekannt. Seinem ganzen Streben, den alten Zustand wieder herzustellen, entsprach es, daß er in der französischen Zollordnung die Waren aus fremden Kolonien mit weit höheren Sätzen belegte als die französischen und dieselben Gegenstände, die früher auf französischen Schiffen nicht eingeführt werden durften, — in der Hauptsache Liköre — auch jetzt den ausländischen vorbehielt (Juli 1802). Die Bemühungen der einzelnen Kolonialverwaltungen, die weißen Pflanzer zurückzurufen, unterstützte er durch generelle Maßregeln: er verordnete, daß alle Besitzer, die aus der Kolonie geflüchtet seien und deren Besitz beschlagnahmt sei, zurückkehren müßten, wenn sie die Aufhebung des Sequesters erlangen wollten. Ausnahmen wurden nur für Frauen, Kinder, Greise und aktive Beamten gestattet, doch mußten sich diese durch einen Weißen in der Verwaltung ihres Gutes vertreten lassen. Gegen die Emigranten zeigte er sich ebenso versöhnlich wie in Frankreich; er bestimmte, daß allen, denen die Rückkehr gestattet sei, die Aufhebung des Sequesters unter denselben Bedingungen wie die übrigen Franzosen erhalten könnten. Die in den Revolutionsjahren von den einzelnen Kolonien aufgestellten Emigrantenlisten wurden einfach unterdrückt (November 1802). Die in die Kolonien zurückgehenden Pflanzer waren zum großen Teil in den Jahren der Verbannung verarmt und verschuldet: ein Konsulatsbeschluß bestimmte, daß alle Schulden, die seit dem Jahre 1792 zur Ausführung wirtschaftlicher Unternehmungen in den Kolonien aufgenommen seien, vor dem Herbst 1804 nicht eingeklagt werden dürften (September 1802). Später (April 1803) wurde der Termin noch verlängert und festgesetzt, daß auch das Mobiliar und die Einkünfte der Schuldner nicht mit Beschlag belegt werden dürften. Ein weiterer Versuch, die kulturellen Unternehmungen zu fördern, war endlich die Einrichtung von Ackerbaukammern in Ile de France, Réunion und den amerikanischen Kolonien, womit ihm die ausgehende Königszeit ebenfalls vorangegangen war. Aus je fünf wohlhabenden Pflanzern bestehend, sollten sie der Regierung die Ursachen klarlegen, die das Fortschreiten des Ackerbaus hemmten und Mittel zur Abhilfe vorschlagen. Jede Kammer hatte einen Vertreter in Paris zu unterhalten, der in beständiger Verbindung mit dem Minister stehen sollte. Die Vorschriften über ihre Wahl sind charakteristisch für das Kolonialregiment Napoleons: der Generalkapitän und der Kolonialpräfekt hatten jeder eine Liste von zehn Kandidaten aufzustellen, aus denen dann der Marineminister die fünf Mitglieder auswählte. Deutlich zeigt sich die Tendenz, die Kolonialbehörden in ihrer ganzen Thätigkeit sich gegenseitig kontrollieren zu lassen und die Einwohner der Kolonien nicht ihnen, sondern der Zentralregierung zu verpflichten. Nicht minder bezeichnend ist, daß ausschließlich wohlhabende Pflanzer zu Mitgliedern bestellt werden sollten: in St. Domingue mußten sie wenigstens vierzig, in den übrigen Kolonien 25 Sklaven besitzen. Napoleon mochte die Begünstigung der großen Kapitalisten für geboten erachten, teils aus Abneigung gegen die „kleinen Weißen“, die mit den Mulatten und Schwarzen häufig gemeinsame Sache gemacht hatten, vor allem aber in der Überzeugung, daß die Wiederherstellung des Großgrundbesitzes zur Hebung der Produktion das beste Mittel sei. — Mit dieser Verordnung hatten die Maßregeln für die Kolonien einstweilen ihr Ende erreicht; als sie beschlossen wurde (März 1803), stand bereits ein neuer Krieg mit England vor der Thür. Wir müssen einen Augenblick bei der Entstehung dieses Konfliktes, der für die Fortführung der Napoleonischen Kolonialpolitik von der einschneidendsten Bedeutung war, verweilen.

Der Friede von Amiens war in Frankreich und England mit aufrichtigem Jubel begrüßt worden. Alles atmete nach den Anstrengungen des langen Krieges auf und erwartete von der Wiederherstellung des guten Verhältnisses zwischen beiden Ländern große wirtschaftliche Vorteile. In Frankreich widmete sich die Regierung mit großem Nachdruck der Hebung des materiellen Wohlstandes; Kanäle und Straßen wurden angelegt, für Industrie, Handel und Kolonien wurden viele Mittel aufgewendet: alles Unternehmungen, die eine lange Friedenszeit zur Vollendung erforderten. In England war man erfreut, daß die Kriegskosten erleichtert werden konnten, und die Kaufleute und Industriellen trugen sich mit großen Hoffnungen. Sie glaubten, in Frankreich, dessen Handel und Industrie in dem verlustreichen Seekriege ja erheblich reduziert waren, einen weiten Markt zu finden und ihre wirtschaftliche Überlegenheit durch einen vorteilhaften Handelsvertrag zu behaupten. Das lief aber Napoleons wirtschaftlichen Absichten durchaus zuwider: er schloß die französischen Häfen durch hohe Zölle ab und durchkreuzte so die Hoffnungen der Engländer aufs empfindlichste. Bald machte daher die Freude über den Frieden im englischen Handelsstande einer Verbitterung Platz, und viele Großkaufleute waren geneigt, einen neuen Krieg zu wünschen, der den Handel Frankreichs abermals ruinieren und den englischen Kaufleuten wiederum das Monopol, Europa mit Kolonialwaren zu versorgen, verschaffen sollte. Die Eifersucht auf die französische Handelswelt stieg, als Napoleons Bemühungen, die französischen Kolonien wieder emporzubringen, immer offenkundiger wurden. Die Getäuschten machten ihrem Groll in heftigen Angriffen auf Frankreich und die Person Napoleons Luft. Der erste Konsul vermerkte das übel und nicht minder das Treiben der Emigranten, die ihre Bestrebungen, den Zustand in Frankreich umzustürzen, nach wie vor offen aussprachen und trotz des Friedens von der englischen Regierung in London geduldet wurden. Besonderen Anstoß erregte die Duldung der bourbonischen Prinzen am Hofe und ihre Auszeichnung durch die englische Gesellschaft. Vergeblich forderte Napoleon bald nach dem definitiven Frieden Abhilfe dieser ihn und Frankreich beleidigenden Mißstände: die englische Regierung, wurde erwidert, habe kein gesetzliches Mittel zum Einschreiten (Herbst 1802). Napoleon erwiderte seitdem die Angriffe der englischen Zeitungen in den Pariser Blättern und sogar im Moniteur und machte dadurch, daß er sein offizielles Organ an der gehässigen Fehde teilnehmen ließ, seine Regierung für das Gezänk mitverantwortlich.

Auch an tieferen politischen Gegensätzen fehlte es nicht. Die Vereinigung Piemonts mit Frankreich (August 1802) war den Engländern höchst widerwärtig, da sie hierin eine Vergrößerung der französischen Macht erblickten, und vor allen Dingen erfüllte sie sein Vorgehen gegen die Schweiz mit Mißtrauen. Hier waren innere Zwistigkeiten zwischen Föderalisten und Zentralisten ausgebrochen, und beide Parteien wandten sich nach Frankreich um Hilfe. Napoleon war um so lieber zum Einschreiten bereit, als die aristokratischen Föderalisten zu England hinneigten: durch eine Proklamation kündigte er ihnen an, daß er diesen Hader beendigen wolle (30. September) und ließ sogleich 30000 Mann einrücken. Dagegen gab es kein Widerstreben; die Schweizer fügten sich den Anordnungen der französischen Gesandten und nahmen dann in Paris aus Napoleons Händen eine Verfassung entgegen, die sie unter französischen Schutz stellte und eng an Frankreich fesselte (12. Februar 1803). Napoleon hatte hierdurch mitten im Frieden seine Macht verstärkt und die strategisch wichtige Verbindung mit den italienischen Provinzen erlangt.

Die wichtigste Differenz war aber die Insel Malta. Im Frieden von Amiens war bestimmt, daß sie dem Johanniter-Orden zurückgegeben und ihre Unabhängigkeit von den europäischen Mächten garantiert werden solle. Die englische Garnison sollte die Insel räumen und England wie Frankreich jeden Einfluß auf ihre künftige Regierung verlieren. Trotz dieser Bestimmungen machten die Engländer keine Anstalten, das Felsennest zu verlassen. Noch seien nicht alle Vorbedingungen hierzu, die der Vertrag von Amiens aufgestellt habe, erfüllt, rechtfertigte sich die englische Regierung: weder sei ein neuer Großmeister gewählt, noch hätten alle Mächte die Garantie der Unabhängigkeit Maltas übernommen. Napoleon legte aber gerade auf die baldige Räumung der Insel hohes Gewicht. Sie bildete die wichtigste Etappe auf dem Seewege nach Egypten und der Balkanhalbinsel, und wenn auch der Konsul augenblicklich nicht eine neue egyptische Expedition plante, so lange noch im Westen maritime Pläne der Erledigung harrten, so war er doch keineswegs gewillt, auf die Erwerbung türkischer Provinzen für immer zu verzichten. Wie im Jahre 1797 hielt er den Zerfall des Osmanenreiches nicht für ausgeschlossen und wollte bei der etwaigen Teilung der türkischen Ländermasse nicht leer ausgehen. Von Malta aus konnte nun England alle seine Beziehungen zur Pforte überwachen und einer französischen Seemacht in der Levante die größten Schwierigkeiten in den Weg legen: eben deshalb konnte er die Insel nicht in der Gewalt Englands lassen.

Aus allen diesen Momenten erwuchsen gereizte diplomatische Verhandlungen. Die Einmischung Napoleons in der Schweiz hatte die öffentliche Meinung Englands heftig erregt; allgemein wurde sie als Vergewaltigung des kleinen Volkes aufgefaßt und die Regierung scharf angegriffen, daß sie dergleichen Ungerechtigkeiten dulde. Das Ministerium, das den Frieden mit Frankreich abgeschlossen hatte und eine Erneuerung des Krieges nicht wünschte, trug dieser Erregung dadurch Rechnung, daß es einen Agenten auf das Festland schickte, um die franzosenfeindliche Partei der Schweizer zu unterstützen. Zugleich liefen Gerüchte um in London von einer Annäherung Englands an die beiden Kaiserhöfe, und die Kriegspartei erhob immer kühner ihr Haupt. Der französische Gesandte Otto bat die Minister um Aufklärung über diese Dinge, erhielt aber eine Antwort, welche die Frage noch mehr verwickelte. Das englische Ministerium sei friedlich gesinnt, erwiderte ihm der Minister des Auswärtigen, Hawkesbury, und trage keine Neigung, sich in die Verhältnisse des Festlandes einzumischen, werde aber durch die Unzufriedenheit der öffentlichen Meinung mit Napoleons Übergriffen in Italien und der Schweiz dazu genötigt. Um sich für diesen Machtzuwachs Frankreichs ein Äquivalent zu schaffen, sei die englische Regierung entschlossen, glaubte der Gesandte behaupten zu können, Malta zu behalten, bis die Unabhängigkeit der Schweiz wiederhergestellt sei (Oktober 1802). Napoleon war weit entfernt, sich hierdurch zum Rückzuge bewegen zu lassen. In einem heftigen Ergusse, der die Chancen eines Krieges zwischen den beiden Mächten erwog, befahl er seinem Gesandten, den Engländern seine unerschütterliche Absicht, die Verhältnisse der Schweiz zu regeln, mitzuteilen und strikte Ausführung des Friedens von Amiens, d. h. Räumung Maltas, zu fordern (23. Oktober). Dies Verlangen war für die englische Regierung schon mit Rücksicht auf die Stimmung des Landes nicht annehmbar; sie setzte ihr vielmehr das Begehren entgegen: Wiederherstellung Europas auf den Zustand zur Zeit des Friedensschlusses. Ehe das nicht geschehen sei, könne von einer Ausführung der noch nicht ausgeführten Artikel nicht die Rede sein. Die französische Regierung wies diese Bedingung zurück: im Frieden von Amiens sei nichts über das Festland ausgemacht worden, er müsse also ohne Rücksicht auf etwaige kontinentale Veränderungen ausgeführt werden. Überdies habe Frankreich zu jener Zeit die benachbarten kleinen Länder, wie Holland, die Schweiz und einen großen Teil Italiens besetzt gehalten. Solle denn auch dieser Zustand erneuert werden? — In seiner Schweizer Politik ließ sich Napoleon durch den englischen Widerspruch um so weniger stören, als die Festlandsmächte ihm nicht entgegen waren. Kurz vor dem Einmarsche seiner Truppen hatte er sich mit Rußland über die Entschädigung der deutschen Fürsten für ihre Verluste auf dem linken Rheinufer geeinigt, und dieses Einverständnis über den Einzelfall wurde auch für die allgemeinen Beziehungen beider Länder von günstiger Wirkung: der Zar wandte nichts gegen die Vermittlung ein, sondern riet nur ganz allgemein zur Mäßigung. Preußen, durch den Wunsch nach größeren Erwerbungen auf Frankreichs Freundschaft angewiesen, billigte offen Napoleons Vorgehen, und Österreich allein hatte zu einem Protest weder Neigung noch Macht. Die nächste Folge aller dieser Differenzen war, daß das englische

Kabinett sich beim Zusammentritt des Parlaments (23. November) die Mittel zur Vermehrung der Streitkräfte zur See bewilligen ließ, und die kriegslustige Opposition die französische Politik in schärfster Weise angriff. Auch die englische Regierung mußte wegen ihrer angeblichen Nachgiebigkeit gegen Frankreich herben Tadel hinnehmen; gelobt wurde sie nur, daß sie Malta noch nicht ausgeliefert habe: damit müsse sich England für Frankreichs Machtzuwachs entschädigen.

Weder Napoleons Note an Otto, welcher der Gesandte bei der Mitteilung an Hawkesbury alles Verletzende zu nehmen wußte, noch die Parlamentsdebatten hatten weitere Folgen. Es kam sogar äußerlich eine Annäherung zustande, dadurch, daß die beiden ordentlichen Gesandten ihre Posten antraten und die bisherigen interimistischen Geschäftsträger ablösten. Beide, General Andréossy in London und Lord Whitworth in Paris, wurden mit großen Ehren empfangen. Verhandlungen, die tiefere Mißstimmung hervorrufen konnten, fanden zunächst nicht statt, nur daß hin und wieder resultatlose Besprechungen über ein Handelsabkommen und die Haltung der Presse in beiden Ländern gepflogen wurden. Aber die beiden Kabinette waren weit entfernt, einander Vertrauen entgegenzubringen. Der englische Gesandte berichtete seiner Regierung, Napoleon hege den bestimmten Vorsatz, eine zweite egyptische Expedition zu unternehmen, sobald die englische Besatzung Alexandria geräumt habe (27. November). England müsse deshalb alle Häfen im adriatischen und mittelländischen Meere beobachten und vor allem Malta besetzt halten, da es von hier aus einen solchen Versuch am besten verhindern könne. Napoleon kam in dieser Zeit auf seine früheren Beschwerden nicht zurück, da er vollauf mit der Regelung der deutschen Entschädigungsfrage beschäftigt war. Kaum war aber diese durch Österreichs Zustimmung zu den französischen Vorschlägen beendet (26. Dezember), so ließ er durch Talleyrand den englischen Gesandten wieder zur Unterdrückung der Emigrantenagitation auffordern (28. Dezember). Doch war das nur das Vorspiel zu der viel wichtigeren Frage, wann denn England Malta zu räumen gedenke (Anfang Januar).

Whitworth gab keine bestimmte Antwort; er wisse nicht, wie seine Regierung darüber denke, ließ dann aber durchblicken, daß England die Insel infolge der Veränderungen auf dem Festlande seit dem Frieden nicht räumen werde (27. Januar).

Es war deutlich genug, daß das englische Kabinett seine Ansicht nicht geändert hatte und an die Räumung Maltas noch dieselben Bedingungen knüpfte, die Napoleons Zorn schon so erregt hatten. Die Antwort ließ nicht lange auf sich warten. Soeben war Oberst Sebastiani von einer im Auftrage der französischen Regierung unternommenen Rundreise nach Nordafrika und Egypten zurückgekehrt und hatte über Vorgänge und Zustände in jenen Ländern, besonders in Egypten — über die Kämpfe zwischen Mameluken und Türken, den Zustand der Festungen und Straßen, die Stärke der mamelukischen und türkischen Truppen, die Stimmung des Volks und der Beamten — genau Bericht erstattet. Der Bericht schilderte die schroffen Gegensätze in dem Lande und setzte hinzu, bei diesen Zuständen genügten 6000 Franzosen zur Eroberung Egyptens. Einige schwere persönliche Beschuldigungen gegen den Kommandeur der englischen Truppen in Egypten verliehen dem Bericht einen gehässigen Anstrich gegen England. Diese Reisebeschreibung ließ Napoleon im Moniteur veröffentlichen (30. Januar). Ein Sturm der Entrüstung in England war die Folge dieser Publikation. Nicht nur die Regierung, hieß es in den antifranzösischen Schriften, die ganze Nation sei beleidigt durch die Angriffe auf den englischen General. Dem Verdachte, daß Napoleon eine neue egyptische Expedition plane, gab sie neue Nahrung; Whitworth sprach diesen Argwohn gegen Talleyrand offen aus und empfahl seiner Regierung wiederum dringend, Malta nicht eher zu räumen, als bis man hierüber im klaren sei (7. Februar). Hawkesbury erhielt durch diese Veröffentlichung einen vortrefflichen Vorwand, die Räumung Maltas abermals hinauszuschieben: ehe dem englischen Volke für die ihm in dem Berichte zugefügten Beleidigungen nicht Genugthuung geworden sei, befahl er dem Gesandten zu erklären, könne nicht über die Räumung Maltas diskutiert werden (9. Februar). Als sich Whitworth seines

Auftrages entledigte, suchte Talleyrand ihn wegen des gefürchteten Handstreiches auf Egypten zu beruhigen: er gab zu, daß England Indiens wegen vor einer neuen egyptischen Expedition auf seiner Hut sein müsse, aber, sagte er, die französische Regierung habe nichts gethan, um solche Besorgnisse zu rechtfertigen. Der Konsul selbst denke nicht an kriegerische Projekte, schon der schlechte Zustand der Finanzen erheische eine friedliche Politik. Auf Talleyrands Frage, welche Genugthuung denn England verlange, konnte Whitworth nichts Positives antworten, meinte aber, daß der englischen Regierung vor allem daran gelegen sei, den Frieden gesichert zu sehen, obwohl England den Krieg besser aushalten könne als Frankreich. Unmittelbar darnach (18. Februar) suchte Napoleon persönlich den Lord von seiner Friedensliebe, aber auch von seinem Vorsatze, Malta nicht im im Besitze der Engländer zu lassen, zu überzeugen: Malta, war der Sinn seiner langen Rede, sei nutzlos für die Briten; wenn sie etwa von hier eine neue egyptische Expedition hintertreiben wollten, so denke er gar nicht daran, einen Krieg um Egyptens willen zu führen, denn früher oder später müsse es ihm zufallen, entweder durch ein friedliches Abkommen mit der Pforte oder wenn die Türkei in Trümmer auseinanderbreche. Aber ehe er Malta den Engländern lasse, wolle er es lieber auf einen Krieg ankommen lassen, da Frankreichs Ehre die Ausführung des Vertrages von Amiens verlange. Er verhehle sich die Gefährlichkeit eines Krieges mit England nicht; eine Landung, die ihn allein beenden könne, biete die größten Schwierigkeiten, aber er werde sie dennoch versuchen. Übrigens seien auch die Chancen für England nicht günstig; Bundesgenossen auf dem Kontinent wie zur Revolutionszeit werde es jetzt gegen Frankreich nicht finden. Denselben Gedanken führte er zwei Tage später in einer öffentlichen Darlegung der politischen Lage Frankreichs und Europas aus: es beständen wohl einige Schwierigkeiten zwischen Frankreich und England, sagte er, und eine starke Partei in England treibe zum Kriege, aber wenn sie auch Erfolg damit habe, so habe Frankreich keine Ursache, diesen Krieg zu fürchten; denn England werde keinen Bundesgenossen gegen Frankreich finden und allein sei es Frankreich nicht gewachsen. Das war die Entgegnung auf Lord Whitworths Äußerung, daß Englands Mittel den Krieg besser als die Frankreichs aushalten würden.

Wenn alle diese Versicherungen die Engländer überzeugen sollten, daß Frankreich nichts Gewaltsames gegen Egypten unternehmen werde, so hatten sie ihren Zweck gründlich verfehlt; die englische Regierung schloß aus den Erklärungen Talleyrands und Napoleons, daß der Konsul nicht aufgehört habe, an Egypten zu denken und sich bei Gelegenheit seiner bemächtigen werde; die öffentliche Meinung aber war empört über die Geringschätzung der britischen Macht, und die Kriegspartei gewann immer mehr an Boden. In den Verhandlungen, die in Paris und London weitergeführt wurden, sprach die englische Regierung immer offener aus, daß sie Malta vor allem zur Verhinderung einer neuen egyptischen Expedition zu behalten gedenke; die übrigen Vorwände traten mehr und mehr in den Hintergrund, zumal seit Anfang des Jahres die Erfüllung der Vorbedingungen zur Räumung nicht mehr fern war (Ende Februar, Anfang März). Um dieselbe Zeit ließ Napoleon, um einen Schritt weiter zu kommen, offiziell in England anfragen, warum die englische Garnison Malta, dem Frieden von Amiens zuwider, noch nicht verlassen habe.

Indessen, ehe diese Note in England überreicht wurde (10. März 1803), hatte sich das Ministerium zu einer außerordentlichen Maßregel entschlossen: in einer königlichen Botschaft an das Parlament hatte sie auf die maritimen Rüstungen Frankreichs in den holländischen Häfen, sowie auf die zwischen beiden Staaten schwebenden Differenzen hingewiesen und mit Rücksicht darauf unter lautem Beifall des Parlaments ihren Entschluß, die Kriegsmacht zu verstärken, ausgesprochen (8. März). Drei Tage darnach war die Botschaft in Paris bekannt und brachte einen vollständigen Umschwung in Napoleons Gedanken hervor. Bisher hatte er die Lage wohl für kritisch angesehen, aber keineswegs die Lösung der Schwierigkeiten für unmöglich gehalten, ja wahrscheinlich gar nicht an die Absicht des englischen Kabinetts, zum Kriege zu schreiten, geglaubt. Jetzt war er der Meinung, daß die englische Politik auf die Erneuerung des Krieges abziele, und eine Verständigung über Malta sich nicht mehr erreichen lasse.

Oft ist angenommen worden, Napoleon habe von langer Hand her den Bruch systematisch vorbereitet; jene Note an Otto, der Bericht Sebastianis, die Äußerungen über Egypten gegen Whitworth, endlich die Stelle des Exposé über die britische Macht seien nur darauf berechnet gewesen, England zu reizen, um es zur Kriegserklärung zu treiben. Positive Gründe lassen sich für eine solche Auffassung nicht anführen, sie wird nur aus Napoleons Handlungen und Reden und ihren Wirkungen erschlossen. Wir haben schon oben angedeutet, welche Momente gegen die Annahme, daß der Konsul dem Frieden von Amiens kurze Dauer gewünscht habe, sprechen. Verstärkt wird dieser Eindruck durch die Betrachtung seiner Kolonialpolitik in dieser Zeit.

Um dieselbe Zeit, da Napoleon jene Note an Otto diktierte (23. Oktober), waren ihm die ersten trüben Nachrichten aus St. Domingue zugekommen: daß die Entwaffnung langsam vorwärts gehe, die Zusammenrottungen bedenklicher würden und die Krankheit die Truppen mehr als je dezimiere. Sogleich traf er Anstalten, binnen der nächsten beiden Monate an 9000 Soldaten nach der Insel zu senden, und für später wurden noch weitere Verstärkungen in Aussicht genommen. Der zurückgegangene französische Handel war nicht imstande, die nötigen Schiffe zum Transport der Truppen zu stellen, sie mußten infolgedessen fast sämtlich, wie schon die Truppen Leclercs, auf Kriegsschiffen, darunter 11 Linienschiffen, übergesetzt werden, die zu diesem Zwecke desarmiert werden mußten. Da drängt sich doch die Frage auf: Würde wohl Napoleon seine Marine in dieser Weise desorganisiert haben, wenn er darauf ausging, England in den Krieg zu treiben? Alle diese Schiffe — und nicht nur die nach St. Domingue, sondern auch die nach den anderen Kolonien versandten — wären ja bei einem baldigen Bruche mit England den größten Gefahren ausgesetzt gewesen. Ein Teil der Truppen sollte in italienischen Häfen verladen werden; da dort nicht genug Schiffe vorhanden waren, mußten fünf Linienschiffe von Brest nach dem Mittelmeere gesendet werden. Um nun alle Besorgnisse der Engländer, die sie aus der Versammlung eines starken Geschwaders im Mittelmeere für Egypten schöpfen konnten, zu beseitigen, erhielt Talleyrand den Auftrag (Oktober), die englische Regierung von dem Zweck dieser Operation zu unterrichten, bevor sie unternommen wurde: gewiß ein Zeichen, wie sehr dem Konsul daran lag, die Engländer über seine Mittelmeer-Projekte zu beruhigen und so eine friedliche Verständigung über Malta zu erleichtern.

Noch deutlicher aber wird Napoleons Vertrauen auf den Frieden durch seine ferneren Maßregeln. Ehe noch alle diese Truppen, die aus Mangel an Schiffen nicht auf einmal abgehen konnten, aufgebrochen waren, erfuhr man in Paris (Ende Dezember 1802) den Tod Leclercs, nachdem man schon vorher durch seine letzten Berichte die kritische Lage der Kolonie erkannt hatte (Anfang Dezember). Rochambeaus erste Berichte bestätigten Leclercs Anschauung, daß es wohl großer Anstrengung und eines langwierigen Feldzuges bedürfe, um die Insel zu retten, aber auch daß die Lage keineswegs verzweifelt sei: hatte doch Rochambeau selbst schon mit den geringen, nach Leclercs Tode angekommenen Verstärkungen nicht unwesentliche Vorteile erfochten. Napoleon ging fast ganz auf die Wünsche der Generalkapitäne ein und befahl fürs erste die schon abgegangenen und in den nächsten Wochen noch abzusendenden Unterstützungen auf 15000 Mann zu erhöhen, mit denen sich Rochambeau einstweilen halten sollte; im Herbst, der klimatisch besten Jahreszeit, sollten dann weitere 15000, in einer Expedition vereinigt, wie es Leclerc und Rochambeau so dringend wünschten, folgen. Rochambeau erhielt sogleich Nachricht von diesen Anordnungen, um für die Aufnahme der Mannschaften alles vorzubereiten und anzugeben, wo sie am besten landen sollten (Anfang Februar 1803). Zugleich gingen große Sendungen an Geld und Lebensmitteln, wie Biskuit, Gemüse, Mehl und Wein nach Le Cap, und einen Monat später beschloß Napoleon auf neue flehentliche

Geldforderungen des Kolonialpräfekten, allmonatlich regelmäßig zwei Millionen Francs hinüberzusenden, davon eine in Piastern, die andere in Zahlungsanweisungen. Für die große Expedition des Herbstes suchte der Marineminister schon jetzt die Schiffe zusammenzubringen, um sie pünktlich abgehen zu lassen.

Alles das beweist aufs deutlichste, daß Napoleon in dieser Zeit nicht, wie behauptet worden ist[1]), seine Kolonialpolitik aufgegeben, sondern sie mit gesteigerter Energie betrieben hat. Die Aussichten zur Unterwerfung Domingues waren ja auch nicht ungünstig, denn Rochambeaus offizielle wie private Berichte, die Napoleon um diese Zeit erhielt, waren weit entfernt von Hoffnungslosigkeit. Aber zum Gelingen gehörte unbedingt der Friede mit England; im Kriege mit dieser Macht, das hatten die Revolutionsjahre schmerzlich gelehrt, war ein großer überseeischer Feldzug nicht zu führen; es war vorauszusehen, daß ein beträchtlicher Teil der Transporte an Geld, Truppen und Lebensmitteln abgefangen werden würde. Nun ist wohl gesagt worden[2]), diese beschleunigten Truppensendungen beweisen eben, daß Napoleon auf einen baldigen Krieg mit England abzielte und er die kurze Friedenszeit noch benutzen wollte, um seine Armee in der Kolonie gegen Schwarze und Engländer widerstandsfähig zu machen. Das ist aber unrichtig, wie wir Napoleons Feldzugsplan jetzt kennen: er warf nicht eine Masse nach der andern hinüber, sondern nur so viel, als ihm zur einstweiligen Behauptung nötig schien, die entscheidende Aktion sollte erst viel später, nach mehr als einem halben Jahre, folgen. Als er diesen Entschluß faßte, konnte er nach den Gutachten der beiden Generalkapitäne und den bisherigen Erfahrungen annehmen, daß es wohl noch mindestens ein Jahr dauern würde, bis die Insel sich wieder in völliger Abhängigkeit befand. Und solange mußte er auch unbedingt Frieden haben.

Aber nicht bloß die Rücksicht auf die rebellische Insel erforderte Erhaltung des Seefriedens; es gab noch ein anderes

---

[1]) Fournier, Bd. 2. S. 25.

[2]) Lanfrey.

Land, wo seine kolonialpolitischen Ziele noch nicht erreicht, ja die Arbeit noch nicht einmal begonnen war: Louisiana. Dieses Territorium war, sahen wir, von Spanien an Frankreich abgetreten worden, aber Napoleon hatte es noch nicht in Besitz nehmen können, da ihm bei den gleichzeitigen Sendungen nach den Antillen die Schiffe fehlten, um die Besatzungsarmee hinüberzuführen. Seit dem Frieden von Amiens wurde im Marineministerium lebhaft über die Nutzbarmachung der Kolonie beraten und die Organisation festgestellt. Die Behörden wurden ernannt — General Viktor wurde Generalkapitän, Laussat Kolonialpräfekt (Sommer 1802) — aber ihre Absendung mußte immer wieder unterbleiben. Schließlich sah sich Napoleon gezwungen, holländische Schiffe zu verwenden, aber ehe diese ausgerüstet und die Truppen in den holländischen Häfen versammelt waren, war der Winter da und das Geschwader durch den Eisgang einstweilen am Auslaufen gehindert. Sobald aber Napoleon eine Möglichkeit des Aufbruchs sah, ließ er den General Viktor zur Abfahrt drängen, um die Besitznahme möglichst schnell zu vollziehen (Ende Januar 1803). Das waren die Rüstungen in den holländischen Häfen, die in der königlichen Botschaft an das englische Parlament erwähnt wurden. Der Kolonialpräfekt war schon vorausgegangen, um mit den spanischen Behörden die Formalitäten des Besitzwechsels zu erledigen. Wie zur Unterwerfung von St. Domingue, war auch zu dieser Expedition der Friede mit England notwendig; ohne Stützpunkt in der neuen Kolonie waren die wenigen Tausend Mann aufs höchste gefährdet, wenn während ihrer Überfahrt oder kurz nach ihrer Landung der Krieg mit England ausbrach, umsomehr, da sie voraussichtlich auch an den Amerikanern, wie wir noch sehen werden, Feinde oder wenigstens unfreundliche Nachbarn haben würden.

Auch aus der oben erwähnten Instruktion, die der nach Indien aufbrechende General Decaen erhielt, erhellt, daß man Napoleon eine Absicht, den Seefrieden binnen kurzem zu brechen, nicht unterschieben darf, denn dadurch hätte er ja die Aufgabe Decaens von vornherein unausführbar gemacht: zur Erwerbung indischer Bundesgenossen gehörte viel Zeit, selbst nach Verlauf von ein und einem halben Jahre war Napoleon noch nicht gewiß, ob Frankreich dort einem Kriege mit England gewachsen sei. Ein baldiger Friedensbruch mußte mit hoher Wahrscheinlichkeit das herbeiführen, was Napoleon auf alle Fälle vermieden sehen wollte: eine Gefangennahme des kleinen französischen Korps durch die übermächtigen Engländer während der Überfahrt oder kurz nach seiner Ankunft. Thatsächlich mußte auch später ein Teil der Truppen sich den Engländern ergeben.

Kurz nach dem Aufbruch Decaens (5. März), unmittelbar nach dem Bekanntwerden der englischen Botschaft, sagten wir, änderte Napoleon seine politische Anschauung vollkommen. Alle seine Maßnahmen deuten darauf hin. Das erste war, daß er die Bestimmung Decaens änderte: anstatt zum Gouverneur von Indien wurde er zum Generalkapitän von Ile de France ernannt und ihm der Befehl nachgesandt, sogleich nach dieser Insel zu segeln. Also am 5. März verließ der General Brest mit dem Auftrage nach Indien zu segeln, am 11. wurde ihm infolge der Nachrichten aus England, wie ausdrücklich bemerkt wird, dieser Befehl, seine Truppen in Sicherheit zu bringen, nachgesandt: würde man ihn wohl haben abgehen lassen, wenn Napoleon in der Zwischenzeit nicht vollständig seine Meinung über die Aussichten, den Frieden zu erhalten, geändert hätte? Die Expedition nach Louisiana, die zur Abfahrt bereit im Hafen von Helvoet Huges lag, wurde suspendiert, um sie nicht in die Hände der Engländer fallen zu lassen. Einige Wolken, die sich zwischen Frankreich und England erhoben hätten, schrieb Decrès im tiefsten Geheimnis an Viktor (11. März), zwängen die Regierung, die Abfahrt einstweilen aufzuschieben; es sei jedoch nicht ausgeschlossen, daß die Wolken wieder zerstreut würden, der General solle daher seine Truppen aufbruchsbereit halten und weitere Befehle erwarten. An demselben Tage wurden die ersten Anweisungen zur Bildung der Flotille von Flachbooten gegeben, und einen Tag später gingen Befehle in alle Kolonien, die dort zerstreuten Kriegsschiffe schleunigst heimzusenden. In St. Domingue, das ihrer zur Überwachung der Küsten und zur Kommunikation zwischen den verschiedenen

Häfen dringend bedurfte, sollten nicht mehr als zwei Linienschiffe und sechs Fregatten bleiben, und auch an kleineren Schiffen, wie Avisos, Briggs u. s. w., sollte der Generalkapitän nur das allernotwendigste behalten. Eine außerordentliche Rüstung Englands zwinge den Konsul zu dieser Anordnung, schrieb Decrès (12. März), und sie müsse unbedingt und ohne Rücksicht auf alle daraus entstehenden Nachteile ausgeführt werden.

Nach alledem darf man annehmen, daß Napoleon einen Krieg mit England für nahe gerückt hielt und daß er erst in diesem Augenblicke (am 11. März) diese Auffassung gewonnen hat. Das bestätigen auch die Sendungen Durocs nach Berlin und Colberts nach Petersburg, die an demselben Tage beschlossen wurden, um Preußen und Rußland von seiner Friedensliebe und Englands Untreue zu überzeugen, insbesondere Preußens Zustimmung zur Besetzung Hannovers durch französische Truppen im Kriegsfalle zu gewinnen. Daneben gingen die Verhandlungen zwischen den beiden Mächten weiter. Es ist ohne Interesse, die einzelnen Phasen zu verfolgen, im Grunde handelte es sich immer wieder um die Räumung Maltas, die Napoleon auf Grund des Vertrages von Amiens forderte, und die England unter Berufung auf Napoleons Pläne gegen Egypten und sein Ausgreifen auf dem Festlande im letzten Jahre verweigerte. Noch scheint Napoleon nicht sogleich alle Hoffnung auf eine Verständigung aufgegeben zu haben, aber einen Monat etwa nach der königlichen Botschaft trat England mit einer kategorischen Forderung hervor, Malta als Sicherheit gegen Unternehmungen auf Egypten behalten zu dürfen, und verlangte zugleich Genugthuung für die Beleidigung Englands in dem Berichte Sebastianis. Über den letzten Punkt ließ Talleyrand mit sich reden; er war sogar bereit, England eine Kompensation zu gewähren für den Machtzuwachs Frankreichs seit dem Frieden, aber die Konzedierung Maltas lehnte er rundweg ab. Unter keinen Umständen werde der Konsul sich darauf einlassen, da seine Ehre die Ausführung des Friedens von Amiens fordere (9. April). Napoleon ersah hieraus, daß die Maltafrage zum Kriege führen müsse, und beschloß die Konsequenzen für seine Kolonialpolitik zu ziehen: er entschloß sich zum Verzicht auf Louisiana.

Sobald bekannt geworden war, daß die Spanier Louisiana an Frankreich abgetreten hatten, hatten sich Schwierigkeiten zwischen Frankreich und den Vereinigten Staaten erhoben. Spanien besaß mit den Vereinigten Staaten gemeinschaftlich das Recht der Schiffahrt auf dem Grenzflusse Mississippi und hatte den Nordamerikanern einige Privilegien in der Hafenstadt Neu-Orleans für einige Jahre gewährt. Diese Vorrechte hob nun die spanische Verwaltung nach der Abtretung an Frankreich auf, um sie nicht dauernd werden zu lassen (Oktober 1802). Hiergegen erhoben die geschädigten amerikanischen Kaufleute lebhaft Beschwerde beim Kongreß, die öffentliche Meinung nahm leidenschaftlich gegen Frankreich Partei, und der Präsident sah sich veranlaßt, einen außerordentlichen Gesandten nach Frankreich zu schicken, um mit Napoleon hierüber zu verhandeln. Der Gesandte Monroe erhielt den Auftrag, zur Lösung aller Streitigkeiten den Ankauf der Stadt Neu-Orleans und des Grenzstriches auf dem linken Ufer des Mississippi durch die Vereinigten Staaten vorzuschlagen. Der Präsident legte dieser Frage hohe Wichtigkeit bei; falls Monroes Sendung erfolglos blieb, zog er die Möglichkeit eines Krieges zwischen Frankreich und Nordamerika in Erwägung und erteilte für diesen Fall dem Gesandten die Ermächtigung mit England anzuknüpfen (Anfang Januar 1803). Noch ehe der Gesandte Nordamerika verlassen hatte, hatte Livingstone, der ständige Gesandte der Vereinigten Staaten in Paris, aus eigenem Antriebe ähnliche Vorschläge gemacht: die Abtretung des linken Ufers und des Landes im Norden des Arkansas. Frankreich behalte auch nach dieser Abtretung, trug er wiederholt den französischen Ministern vor (Dezember 1802), ein reiches Gebiet, größer als das alte Frankreich. Es gewinne dadurch die Freundschaft der Amerikaner und erhöhe somit die Sicherheit der Besitzung; behalte es aber das ganze, so werde es die Kolonie weder gegen die Amerikaner noch gegen die von Kanada her andringenden Engländer verteidigen können. Napoleon kümmerte sich um diese Anträge nicht. Wie wir seine Anschauungen über die handelspolitischen Beziehungen zwischen Mutterland und Kolonien kennen, ist es nicht verwunderlich, daß er einer Begünstigung fremder Kaufleute in Neu-Orleans durchaus abgeneigt war, und auch für die Absicht einer Gebietsabtretung spricht nichts. Er drängte vielmehr fortwährend auf die schleunige Entsendung der Besatzungsarmee, um den Besitz der Kolonie zu sichern. Wie die Vereinigten Staaten nach Frankreich, so wollte auch er einen außerordentlichen Bevollmächtigten, den General Bernadotte, nach Amerika senden, jedoch nicht, um über Landabtretungen zu verhandeln, sondern, wie es in seiner Instruktion hieß, um die guten Beziehungen zwischen Frankreich und Nordamerika aufrecht zu erhalten. (Januar 1803).

Alles das änderte sich, als das Unwetter des englischen Krieges heraufzog. Wir sahen, wie Napoleon die Abfahrt der Expedition suspendierte, und jetzt nach der letzten Forderung Englands verzichtete er gänzlich auf sie. Solange hatte er die Anerbietungen Livingstones unberücksichtigt gelassen und nur einige dilatorische Antworten erteilt: jetzt befahl er nach einer Beratung mit zweien seiner Minister, mit ihm anzuknüpfen und nicht nur den verlangten nördlichen und östlichen Teil, sondern die ganze Kolonie zu verkaufen (10. und 11. April). Der Gedankengang Napoleons in dieser Angelegenheit ist klar. Solange er den Frieden mit England für gesichert hielt, fürchtete er den Widerspruch der Vereinigten Staaten gegen seine Kolonialpolitik auf dem amerikanischen Festlande nicht, daher die Nichtbeantwortung der Anträge Livingstones und der Wunsch, Louisiana schleunigst in Besitz zu nehmen. Sobald aber der Seefrieden gefährdet erschien, gab er diesen Plan auf und kam den Nordamerikanern entgegen. Der Suspension der Expedition Viktors folgte daher nach dem Schwinden der Friedensaussichten der Entschluß zur Abtretung der Kolonie, denn sie konnte nur im Frieden mit England erhalten werden, da sie, selbst wenn die Amerikaner mit Frankreich im Frieden blieben, den Angriffen Englands zu Lande und zur See schutzlos preisgegeben war.

Die Neigung Amerikas, sich mit England zu verbinden, über die ihm sein Gesandter aus New-York berichtete, konnte ihn in diesem Entschluß nur bestärken.

Unmittelbar nachdem Napoleon den Beginn der Unterhandlungen befohlen hatte, langte Monroe in Paris an (12. April). Wiewohl er nicht mit den Vollmachten für eine so weit gehende Unterhandlung versehen war, ging er dennoch darauf ein, und nach knapp zwei Wochen schloß er mit dem französischen Unterhändler Barbé-Marbois einen Vertrag, wonach die Vereinigten Staaten Louisiana für 80 Millionen Francs ankauften (30. April). Ein Viertel der Summe sollten die im letzten französisch-amerikanischen Kriege geschädigten amerikanischen Kaufleute als Entschädigung erhalten. So hatte Napoleon auf einen zukunftsreichen Teil seiner Kolonialpolitik verzichtet, aber dafür ein englisch-amerikanisches Bündnis vermieden und eine außerordentlich wertvolle Geldhilfe für den bevorstehenden kostspieligen Seekrieg erlangt.

Nachdem einmal dieses Opfer gebracht war, war jede Aussicht auf den Frieden verloren. Die Verhandlungen spannen sich zwar noch kurze Zeit fort; es wurden mehrere Vermittlungsvorschläge gemacht, aber alle führten zu keinem Resultat, da England nicht auf den dauernden oder mindestens langjährigen Besitz Maltas verzichten wollte und Napoleon auf der Ausführung des Friedens von Amiens bestand Etwa noch 2 Wochen nach der Abtretung Louisianas bemühten sich die Diplomaten um eine Verständigung, dann verließen sie ihre Posten, und der Krieg war erklärt (12. Mai). Fast scheint es, als habe Napoleon nur deshalb die Verhandlungen so hingezogen, um Zeit zu maritimen Vorbereitungen zu gewinnen, seinen Geschwadern die sichere Heimkehr aus den Kolonien zu ermöglichen und England vor Europa ins Unrecht zu setzen.

Der letzte Grund des Bruches zwischen England und Frankreich war also die Weigerung Englands, Malta herauszugeben. Es erscheint wunderbar, daß Napoleon, der den Frieden zu allen seinen Unternehmungen dieser Zeit so dringend bedurfte, in dieser Frage nicht nachgab, auch nachdem er erkannt hatte, daß sie große Gefahren in sich barg. Daß er wirklich, wie die Engländer annahmen, die baldige Eroberung Egyptens geplant und hiermit den englischen Besitz Maltas für unvereinbar gehalten haben soll, ist — abgesehen von seinen feierlichen Ableugnungen — nicht anzunehmen, da er ja mit überseeischen Projekten, mehr als seine Marine leisten konnte, auf Jahre hinaus beschäftigt war. Um seine Haltung zu verstehen, muß man seine Stellung in Frankreich und Europa ins Auge fassen.

Beim Abschluß des Friedens hatte es viele Mühe gekostet, um über Malta zu einer Einigung zu gelangen. Keine Macht gönnte der anderen diese starke Stellung, und so war man endlich übereingekommen, die Insel dem Orden zurückzugeben unter europäischer Garantie ihrer Unabhängigkeit. Sollte nun Napoleon die Umgehung dieser Bestimmung durch England dulden? Von Malta aus konnte die englische Flotte im Kriegsfalle den ganzen so wichtigen Levantehandel Frankreichs zerstören und, wie erwähnt, die Beziehungen zur Pforte überwachen. Ferner aber: konnte der Konsul zugeben, daß England den Friedensvertrag einseitig änderte, um sich im Widerspruch mit wichtigen französischen Interessen einen Vorteil zu verschaffen? Napoleon mußte fürchten, daß hierdurch sein Ansehen in Frankreich und das Frankreichs in Europa empfindlich geschädigt werden würde. Daß er zur selben Zeit Piemont einverleibte und die Schweiz unter französische Vormundschaft stellte, stand nicht auf einer Linie mit dem englischen Vorgehen, denn dadurch wurden weder direkte Interessen Englands noch eingegangene Verpflichtungen verletzt, und außerdem hatten diese kleinen Nachbarländer schon seit Jahren unter französischem Einflusse gestanden. Es ist also nicht zu verwundern, daß er Englands Verlangen, sich in Malta eine Kompensation für diese Neuerungen zu sichern, abwies. Ganz unmöglich aber wurde ihm ein Nachgeben, nachdem die englische Regierung die Okkupation Maltas mit ihrer Furcht vor einer neuen egyptischen Expedition motiviert und Napoleon persönlich und durch Talleyrand die Existenz eines solchen Planes öffentlich entschieden in Abrede gestellt hatte. Wenn er dennoch Malta in englischem Besitze ließ, hätte er seinen Gegnern ja gestattet, an der Aufrichtigkeit seiner feierlichen Erklärungen zu zweifeln, und insofern sagte er durchaus mit Recht, seine und Frankreichs Ehre erfordere, daß der Vertrag von Amiens ausgeführt werde.

Daß freilich die Mittel, durch die Napoleon die Engländer zum Nachgeben zu bringen suchte, glücklich gewählt waren, läßt sich nicht behaupten: anstatt zu überzeugen, verletzten sie und gaben Gelegenheit zu allerhand Vermutungen über seine heimlichen Pläne. Von der Note an Otto (23. Oktober) darf man dabei absehen, da sie der englischen Regierung nicht wörtlich zur Kenntnis kam und keine Rolle weiter in der Diskussion spielte, aber der Bericht Sebastianis, die Aussprache mit Whitworth und das politische Exposé brachten gerade das Gegenteil der Wirkung, die sie haben sollten, hervor. Eine solche Kampfesweise aber entsprach seinem ebenso rücksichtslosen wie empfindlichen Charakter: die Geringschätzung Frankreichs, die in der Nichtausführung des Vertrages von Amiens und in dem Bestreben, seine Beziehungen zu den angrenzenden Kleinstaaten zu kontrollieren, lag, brachten das Blut des stolzen Mannes so in Wallung, daß er diese Beleidigung sogleich mit Beleidigung erwidern mußte: daher der Abdruck des Sebastianischen Berichts im Moniteur und später der den englischen Stolz verletzende Vergleich zwischen Englands und Frankreichs Macht infolge der Behauptung Whitworths, daß England den Krieg besser als Frankreich durchfechten könne. Die Aussprache mit Whitworth war nur zur Darlegung seiner friedlichen Absichten und seines Willens, den Frieden von Amiens ausgeführt zu sehen, bestimmt, aber die Leidenschaft, mit der er seine Worte hervorsprudelte und die unter Diplomaten ungewohnte Offenheit, mit der er die Chancen eines Krieges gegen England erörterte, verursachten, daß man daraus viel weniger Friedensversicherungen als Drohungen und politische Hintergedanken heraushörte. Ob er — etwa durch die Versicherungen seines Londoner Gesandten, daß das englische Ministerium den Krieg scheue, bewogen — bei allen seinen Schritten zugleich die Absicht hatte, die englische Regierung einzuschüchtern und vor einem so gefährlichen

Kriege zurückzuschrecken, steht dahin: sicher ist, daß er den Krieg nicht herbeigesehnt haben kann; er war nicht darauf vorbereitet und mußte ihm sogleich einige viel versprechende und mit großem Aufwand an Blut und Geld begonnene kolonialpolitische Unternehmungen zum Opfer bringen. Die Erneuerung des Krieges unterbrach die Unterwerfung von St. Domingue, zerstörte Napoleons Hoffnung auf dem Kontinent Nordamerikas und in Indien festen Fuß zu fassen, und beraubte ihn schließlich aller Früchte seiner auf die überseeischen Besitzungen verwendeten Mühe.

Achtes Kapitel.

Landungspläne und koloniale Eroberungsversuche.

Mit dem Bruch des Friedens von Amiens war die Periode der großen kolonialen Unternehmungen Napoleons einstweilen zu Ende. Die Aufgabe der französischen Marine wurde jetzt, die Landung eines französischen Heeres in England zu ermöglichen, um den Erbfeind Frankreichs für immer niederzuwerfen. Große überseeische Expeditionen wurden zudem dadurch unmöglich, daß ein großer Teil der französischen Kriegsschiffe von neuem armiert werden mußte, also einen Kampf mit den Engländern, die sogleich nach dem Ausbruch des Krieges vor den französischen Häfen erschienen und eine aussegelnde Flotte voraussichtlich abgefangen hätten, nicht wagen durfte. Auf eine Unterstützung seiner Kolonien gedachte Napoleon aber keineswegs zu verzichten. An die Stelle der großen Geschwader wollte er jetzt kleine Abteilungen von Schnellseglern oder einzelne Fahrzeuge setzen, welche die feindlichen Blockade- und Kreuzergeschwader täuschen und den Kolonien an Mannschaften, Geld und Lebensmitteln so viel zuführen sollten, daß sie sich bis zum Friedensschlusse halten könnten. Die finanzielle

Unterstützung im besondern wurde grundsätzlich anders geregelt. Als die Kolonien nach dem Frieden von Amiens neu besetzt worden waren, hatten die Generalkapitäne teils Bargeld, teils Kredit für bestimmte Summen auf amerikanische und spanische Häuser erhalten, womit sie die vorläufigen Kosten zu bestreiten hatten; eigenmächtig Zahlungsanweisungen auf den Staatsschatz in Paris auszustellen, war ihnen untersagt. Dies Verbot wurde indessen nicht immer beachtet; der Kolonialpräfekt von St. Domingue z. B. stellte solche Wechsel im Betrage von über 40 Millionen Francs aus, da er sich bei den Kriegswirren nicht anders zu helfen wußte. Kurze Zeit nach der Erneuerung des Seekrieges befahl nun Napoleon, die Sendung von Bargeld in die Kolonien zu sistieren. Der Grund war die Unsicherheit des Verkehrs; wenn ein Schiff mit Bargeld an Bord den englischen Kreuzern in die Hände fiel, so wog der Verlust doppelt schwer. Das Metallgeld sollte ersetzt werden durch Zahlungsanweisungen auf den öffentlichen Schatz, die der Marineminister alljährlich für jede Kolonie in einer bestimmten Höhe ausstellte; wenn das sie transportierende Schiff gekapert wurde, konnten sie ins Meer geworfen werden. Wie wir schon wissen, waren die Kolonien sämtlich auf Subventionen aus dem Mutterlande angewiesen, die Summen, welche die Generalkapitäne forderten, erhielten sie jedoch keineswegs immer. Gewöhnlich verminderte der Minister auf höheren Befehl die verlangten Summen um einige Hunderttausend, da Napoleon der Meinung war, daß die Verwaltung nicht sparsam genug geführt werde und die kolonialen Einnahmequellen besser ausgenutzt werden könnten. Bei den ungeheuren Ausgaben, die der französischen Staatskasse gerade in dieser Zeit der Bau der Flottille und die Herstellung der Marine verursachten, und bei dem Bestreben Napoleons, die Auflagen aus politischen Gründen nicht zu steigern, sind seine fortgesetzten Mahnungen an die kolonialen Behörden zur Sparsamkeit begreiflich; ebenso verständlich ist auf der andern Seite, daß die Generalkapitäne und Kolonialpräfekten mitunter in Verzweiflung gerieten, wenn sie mit ihren Mitteln fertig waren, und den Truppen den Sold schuldig bleiben oder wichtige militärische und kulturelle Arbeiten aus Geldmangel unterlassen mußten.

Napoleon zweifelte nicht an der Ausführbarkeit seines neuen Systems. Selbst in St. Domingue, wo er unter den obwaltenden Umständen eine Unterdrückung des Aufstandes nicht erwarten durfte, hoffte er doch, auf diese Weise den augenblicklichen Besitzstand wahren zu können und war weit entfernt, eine Katastrophe als bevorstehend anzusehen. Er schickte nicht nur während des Sommers wiederholt Truppen und bedeutende Geldsummen — anfangs noch in bar — hinüber: auch ein Finanzbeamter wurde abgeordnet, um über Ausstellung und Verwendung jener ungesetzlichen Zahlungsanweisungen Rechenschaft zu fordern, und Decrès beschäftigte sich eingehend mit dem Projekt, eine neue Verwaltung für die Insel zu schaffen und beide Teile, den französischen und spanischen, miteinander zu vereinigen.

Die Berichte Rochambeaus, die in den ersten Monaten des Krieges in Paris eingingen, lauteten nicht ungünstiger als früher. Die Klagen des Generalkapitäns über das Klima und die Geldnot, die Beschwerden des Kolonialpräfekten und Oberrichters über den Despotismus des Generalkapitäns waren dieselben wie vorher und gaben nicht Anlaß zu außergewöhnlichen Besorgnissen. Von dem schlimmsten Feinde der Europäer, dem Fieber, hatte man sogar weniger zu leiden als je; ein großer Teil der Truppen war akklimatisiert und hatte von dem Klima nichts mehr zu fürchten; Rochambeau hatte also einen Stamm von einigen Tausend unbedingt verwendungsfähigen Soldaten zur Verfügung: ein großer Fortschritt gegen die Zeiten Leclercs. Die neu Ankommenden litten freilich nach wie vor unter den Wirkungen des Klimas. Nach einigen Monaten indessen machte sich der Einfluß des englischen Krieges bemerklich. Die Engländer traten in Verbindung mit den Rebellen, lieferten ihnen Waffen und gaben ihren Angriffen damit neue Kraft. Das Schlimmste war aber, daß sie die Küsten blockierten und so die einzelnen Provinzen voneinander abschnitten, da eine Kommunikation zu Lande durch das insurgierte Gebiet fast unmöglich war (August 1803). Rochambeau verzweifelte auch dann noch nicht, sondern blieb bei seiner Versicherung, daß durch eine große Machtentfaltung die Kolonie wiederzugewinnen sei. Allerdings erklärte er die Mittel, die ihm jetzt zur Verfügung standen, für gänzlich unzureichend, und in überaus bittern und heftigen Worten mahnte er den Minister, die Kolonie nicht in so sträflicher Weise zu vernachlässigen. Dessen Unfähigkeit oder gar bösen Willen machte er für den Ruin seines Heeres verantwortlich, während doch allein die Verflechtung der Ereignisse die Ursache seines Mißgeschicks war. Das Ende kam schneller als Rochambeau und Napoleon geahnt hatten. Dessalines konzentrierte durch Beseitigung einiger widerspenstiger Häuptlinge die Macht der Insurrektion in seiner Hand und griff nun mit großer Überlegenheit eine Position der Franzosen nach der andern an. Diese, durch die seebeherrschenden Engländer gehindert, konnten einander nicht zu Hilfe kommen. Schritt für Schritt wurden sie zurückgedrängt, und die Kämpfe und die Krankheit zehrten die Mannschaften schneller auf, als sie Napoleon durch seine partiellen Sendungen ersetzen konnte. Das Schauspiel vom vorigen Jahre wiederholte sich: die Ankommenden, die keine Zeit hatten sich zu akklimatisieren, erlagen dem Fieber oder bevölkerten die Hospitäler. Im Herbst besaß Rochambeau nur noch die drei Departementshauptstädte, einige kleinere Küstenstädte und ihre unmittelbare Umgebung. Der Mut der Schwarzen wuchs mit ihren Erfolgen, und von nun an war auf einen Sieg der Franzosen nicht mehr zu hoffen. Kurz nacheinander fielen Port au Prince und Les Cayes (Mitte Oktober), und einen Monat später behaupteten sich die Franzosen allein noch in Le Cap und St. Nikolas. Die Besatzungstruppen der aufgegebenen Plätze fielen teils in die Gewalt der Engländer, teils retteten sie sich nach den benachbarten französischen und spanischen Kolonien, für den Kampf auf der Insel waren sie aber verloren. Nach Unterwerfung dieser Städte führte Dessalines sein Heer gegen Le Cap. Rochambeau schlug einige Angriffe ab, sah aber bald die Unmöglichkeit eines dauernden Widerstandes ein und schloß mit den Belagerern ein Abkommen, um die Stadt nicht durch Sturm nehmen und die Armee vernichten zu lassen. Er hoffte, den blockierenden Engländern zu entgehen und sich nach Europa retten zu können, aber auch das gelang nicht: er mußte sich ihnen gefangen geben und wurde mit dem Rest seiner Truppen nach England geführt. Vergeblich hatte er verlangt, wie einst die egyptische Armee, nach Frankreich transportiert zu werden; die Briten, die wohl wußten, daß er nur die Wahl zwischen englischer Gefangenschaft und dem Dolche der Schwarzen hatte, bestanden auf bedingungsloser Ergebung (10. November). Mit der Herrschaft Frankreichs auf diesem Teile Haïtis war es damit definitiv zu Ende: die zweite große maritime Unternehmung Napoleons hatte mit einem noch schlimmeren Fehlschlag geendet als die erste. Ungeheuer waren die Opfer, die der Krieg auf der blutgetränkten Insel gekostet hatte: fast 50000 Soldaten allein hatte Napoleon während der beiden Jahre hinübergesandt. Die wenigsten von ihnen sahen ihr Vaterland wieder; Rochambeau selbst lebte acht Jahre in englischer Gefangenschaft, um dann ausgewechselt zu werden und in der Schlacht von Leipzig einen Soldatentod zu finden. Rechnet man zu den Verlusten der Truppen noch die Einbußen der Marinemannschaften und die sonstigen Opfer der Krankheit und des Krieges, so wird die Gesamtzahl der Verluste hinter 50000 gewiß nicht zurückbleiben: mehr als die Feldzüge von Marengo oder Austerlitz erfordert haben. Bitter rächte sich namentlich der Tod so vieler Seeleute; auf lange hinaus machte sich ein Mangel an gedienten Matrosen bemerkbar und durchkreuzte mehr als einmal Napoleons maritime und koloniale Pläne. Da Napoleon gerade in den nächsten Jahren mehr als je einer kräftigen Marine bedurfte, so mußte ihm dieser Verlust besonders schmerzlich sein.

Noch vor dem Falle Le Caps waren die kleinen Kolonien Tabago und St. Lucie verloren gegangen. Nur mit wenigen Hundert Mann besetzt, waren sie dem ersten englischen Angriffe erlegen (Juni 1803). Besser gerüstet waren die größeren Windinseln. In Guadeloupe hatte die Ankunft des neuen Generalkapitäns (Anfangs Mai) unzweifelhaft günstige Wirkungen. Ernouf zog sogleich einige unredliche und mißliebige Beamte zur Rechenschaft, sistierte die durch seinen Vorgänger befohlenen Verhaftungen und führte dadurch das bereits entschwindende Vertrauen zur Regierung zurück. Da infolge der Emigrantenamnestien viele Ausgewanderte auf ihre Besitzungen zurückkehrten und sich mit Eifer der Bewirtschaftung ihrer Güter widmeten, so konnte der Generalkapitän mit froher Zuversicht auf die gedeihliche Entwicklung seiner Kolonie in die Zukunft blicken. Auch als der Krieg ausbrach, verschlimmerte sich die Lage der Insel nicht. An Truppen hatte sie freilich keinen Überfluß. Das ungesunde Klima und die kleinen Kämpfe hatten die Armee auf etwa 2700 Mann einschließlich einiger Hundert Farbiger reduziert, mit denen nicht nur Guadeloupe, sondern auch das kleine Les Saintes seines vortrefflichen Hafens wegen verteidigt werden mußte, aber trotzdem hoffte Ernouf sich gegen jeden Angriff lange genug halten zu können, bis Hilfe aus Europa komme. Die Ruhe im Innern hatte er durch eine den vagabundierenden Schwarzen gewährte Amnestie fast gänzlich wieder hergestellt, und auf die thatkräftige Unterstützung der Nationalgarde durfte er mit Sicherheit rechnen. Er beschränkte sich nicht auf die Sicherung seiner Kolonie allein; wie einst Viktor Hugues rüstete er Kaper aus, die feindliche Handelsschiffe in großer Zahl aufbrachten. Seine geringe Streitmacht zwang aber den Generalkapitän, sogleich das offizielle Kolonialsystem in einem Fundamentalpunkt zu verlassen: es war ihm unmöglich, sämtliche Häfen zu überwachen; um daher dem Schleichhandel nicht Thor und Thür zu öffnen, entschloß er sich kurz, neutrale und französische Händler nach gleichem Maßstabe zu behandeln (Juni). Für die Kolonie war diese Bestimmung zunächst von großem Segen. Der Handelsverkehr vermehrte sich bedeutend, und mit dem steigenden Wettbewerb stiegen die Kolonialprodukte im Preise, während die Waren, deren die Insel bedurfte, billiger wurden. Durch die vielen Sklaven, die auf den gekaperten Schiffen gefangen genommen wurden, erhielten die Pflanzer billige Arbeitskräfte, und der Ackerbau nahm einen neuen Aufschwung. Ohne schlimme Wirkung waren freilich die Korsarenzüge nicht: durch die Kaperei strömten allerlei arbeitsscheue und liederliche Elemente in der Kolonie zusammen, die nicht selten Unruhen anstifteten und beständiger Überwachung bedurften.

Der Krieg löste die Harmonie zwischen den obersten Verwaltungsstellen wieder auf. Ernouf und Lescallier konnten sich über die Art der Prisenverkäufe nicht einigen; dieser wollte sie den Marinebehörden übertragen, um keine weiteren Kosten entstehen zu lassen, jener wollte sie gegen den Anteil von einigen Prozenten durch Unternehmer besorgen lassen. Ferner erhob Lescallier Einspruch gegen die Errichtung und Verpachtung von Spielhäusern, als einer unmoralischen Einrichtung, Ernouf wiederum war der Meinung, daß Lescallier die dem Staate gehörigen Sklaven zu billig verkaufe. Natürlich siegte das Schwert über die Toga: Ernouf erklärte die Kolonie in Belagerungszustand und übertrug seinen Offizieren die Finanzverwaltung, also den wesentlichsten Teil der Funktionen Lescalliers. Der Präfekt protestierte vergeblich und entschloß sich endlich, ohne vom Minister vorher seine Entlassung erhalten zu haben, zum Rücktritt und zur sofortigen Abreise nach Europa, um seine Beschwerden persönlich in Paris vorzutragen (Oktober 1803). Wie bei allen solchen Vorgängen in den Kolonien war die Zentralregierung machtlos; sie konnte das Geschehene wohl tadeln, mußte es aber anerkennen. Sie war nicht überzeugt, daß das Recht in allen Stücken auf Seite Ernoufs sei; aber da seine Verwaltung im allgemeinen gute Resultate geliefert hatte, so unterließ sie eine genaue Untersuchung des Vorgefallenen und bestätigte sogar den von Ernouf eigenmächtig ernannten Nachfolger Lescalliers. Erst nach Jahresfrist wurde dieser, der Napoleons Zufriedenheit nicht erlangen konnte, durch General Kerverseau, der in Santo Domingo Proben seines Verwaltungstalentes abgelegt hatte, ersetzt (Februar 1805).

In der Nachbarkolonie Martinique hatte die französische Regierung bei Erneuerung des Krieges kaum festen Fuß gefaßt, sie war denn auch weniger vorbereitet als in Guadeloupe. Wie in den übrigen Antillen hatte auch hier das Fieber viele Europäer dahingerafft und die Ersatzmannschaften waren noch nicht akklimatisiert. Die Milizen, die einige Tausend Mann stark sein mochten, waren nur zum Teil einigermaßen geübt und sämtlich mit schlechten Gewehren bewaffnet. Die Festungswerke, die von den vorsorglichen Engländern beim Abzug gründlich ruiniert worden waren, hatte Villaret zwar einigermaßen wieder herstellen lassen, und er hoffte sie zu halten, aber an schwerer Artillerie mangelte es bedenklich, und die Küstenforts konnten somit den flüchtenden französischen Handelsschiffen gegen die englischen Linienschiffe nur schwachen Schutz gewähren. Ein Mißgeschick traf die Kolonie dann gleich zu Beginn des Krieges, indem mehrere für Martinique bestimmte Fregatten mit einigen Hundert Mann und Kriegsvorrat von englischen Kreuzern abgefangen wurden. Wenn auch andere Fahrzeuge ihr Ziel glücklich erreichten, so sah doch der Generalkapitän mit seinen 1200 weißen Soldaten sehr trübe in die Zukunft und erklärte eine Verstärkung von 1000—1200 Mann und 3—4000 Gewehren für unbedingt notwendig. Der Handel wurde wie in Guadeloupe zunächst nicht ernstlich gestört. Eine so ergebnisreiche Kaperei wie Guadeloupe veranstaltete Martinique nicht. Die Bewohner von Guadeloupe hatten in den Revolutionsjahren hartnäckig gegen die Engländer gekämpft und erinnerten sich mit Wohlgefallen an die reichen Prisen, die sie damals gemacht hatten, sie waren daher sogleich zur Erneuerung des Kampfes bereit. Ganz anders stand es in Martinique. Diese Insel hatte bis vor kurzem unter englischer Herrschaft gestanden und sich dabei wohl befunden; viele Einwohner hegten Sympathie für England und gaben dieser Gesinnung unverhohlen Ausdruck. Von einer Kampflust, wie in Guadeloupe, war daher nicht die Rede, und der pedantische Villaret war nicht der Mann, den Geist der Kolonisten so zu beleben, wie der frischere Ernouf; er war zufrieden, wenn er allzu laute englandfreundliche Kundgebungen hintanhalten konnte. Die ersten Kriegsjahre brachten also für die Antillen weder große wirtschaftliche noch militärische Nachteile. Die Engländer waren durch Napoleons Vorbereitungen zu einer Landung gezwungen, ihre Flotten in Europa zu behalten und konnten in den Kolonien nichts ernstliches unternehmen. Was sie an Schiffen in Europa entbehren konnten, reichte wohl hin, den Franzosen auf St. Domingue den Rest zu geben und jene kleinen Eroberungen zu machen, aber nicht um die größeren Inseln anzugreifen. Der Krieg beschränkte sich also auf Scharmützel zwischen den beiderseitigen Korsaren, Kreuzern und Transportschiffen. Eine große Aktion Napoleons unterbrach dies kriegerische Stillleben. Sie stand in engster Verbindung mit seiner Absicht, eine Landung in England auszuführen. Seine Pläne liefen bekanntlich darauf hinaus, auf einer großen Flotille von Flachbooten mit etwa 100000 Mann den Kanal von Boulogne aus zu überschreiten. Zur Ausführung dieses Entschlusses war es notwendig, die englischen Kriegsschiffe, die den Hafen von Boulogne blockierten und der französischen Flotille die Überfahrt verwehrten, zu vertreiben oder hinwegzulocken und den Kanal für einige Tage vollständig zu beherrschen. Zu diesem Zwecke suchte Napoleon eine dem englischen Kanalgeschwader überlegene Flotte im Kanal zu vereinigen. Da die französischen Schiffe in mehreren Häfen — vornehmlich in Brest, Rochefort, Ferrol und Toulon — zerstreut waren und von den Engländern blockiert wurden, so mußten diese einzelnen Abteilungen erst untereinander vereinigt werden, um eine Flotte bilden zu können, die der englischen im Kanal überlegen war. Die Hauptschwierigkeit bei diesen Entwürfen lag darin, daß ihre Ausführung den Engländern verborgen bleiben mußte, denn es war vorauszusehen, daß sie, sobald sie die Absicht durchschauten, alles daransetzen würden, die Vereinigung und die Fahrt in den Kanal zu verhindern. Auf die Täuschung der Engländer legte daher Napoleon das größte Gewicht. Ursprünglich hatte er gehofft, seine Geschwader in Europa vereinigen zu können: das in Toulon liegende Geschwader sollte, die Wachsamkeit der Blockadeflotte hintergehend, auslaufen, ein französisches Schiff aus dem Hafen von Cadix an sich ziehen, die Rocheforter Flotte deblockieren und dann in den Kanal einfahren. Napoleon meinte, daß der vor Toulon stehende englische Admiral an eine neue egyptische Expedition glauben, und, wenn er den Aufbruch der Franzosen erfahren habe, sogleich nach Alexandrien segeln, also der Fahrt nach Norden nichts in den Weg legen werde. Auch von den englischen Schiffen bei Brest befürchtete er nichts, da diese voraussichtlich durch die französische Flotte in Brest vor dem Hafen festgehalten werden würden. Etwa anderthalb Jahr nach dem Ausbruch des Krieges sollte dieser Feldzugsplan ausgeführt werden, aber der plötzliche Tod des Admirals Latouche in Toulon, dem die Hauptrolle zugedacht war, vereitelte die Ausführung (August 1804). Der Admiral, der Latouche im Kommando nachfolgen sollte, Villeneuve, hatte bisher in Rochefort kommandiert, war in Napoleons Pläne nicht eingeweiht und mußte sein neues Geschwader erst kennen lernen, was einen unvermeidlichen Aufschub verursachte. Während dieser Verzögerung entwarf Napoleon einen ganz neuen Plan: er beschloß, die Flotten von Toulon und Rochefort außerhalb Europas zu vereinigen und die Vorbereitung der Landung mit einer großen kolonialen Unternehmung zu verbinden.

Seit dem Ausbruch des Krieges hatten die Engländer die schlecht verteidigten Kolonien von Surinam, Demerari, Essequibo und Bernice, die Frankreichs Bundesgenosse, Holland, auf dem Festlande von Südamerika besaß, erobert; Napoleon wollte sie ihnen jetzt zugleich mit einigen alten englischen Besitzungen wieder abnehmen. Auch an die Eroberung von St. Helena dachte er einen Augenblick, um einen Stützpunkt zur Beunruhigung des indischen Handels zu gewinnen, gab den Gedanken aber wieder auf, anscheinend infolge des Berichts eines Admirals, der das Felsennest für unangreifbar erklärte. Wie alle seine maritimen und kolonialen Projekte ließ er auch das neueste vor der Ausführung durch den Marineminister begutachten. Decrès modifizierte einige unwesentliche Punkte in dem kaiserlichen Entwurf, erklärte sich aber mit der Hauptsache, der Eroberung des holländischen Guyanas, einverstanden (18. September 1804). Napoleon hätte nun die Expeditionen am liebsten sogleich abgehen lassen, aber einige Zufälle und die Unfertigkeit des Touloner Geschwaders erzwangen eine neue

Verzögerung bis nach Schluß des Jahres. Seiner Gewohnheit entsprechend versah er die Führer der Expedition mit einer ausführlichen Instruktion. Von zwei Häfen aus, Toulon und Rochefort, wollte er die Kolonie angreifen. Das Hauptgeschwader, Toulon, elf Linienschiffe und einige leichte Fahrzeuge stark, sollte einige Tausend Mann Landungstruppen an Bord nehmen, über Cadix geraden Wegs nach Cayenne segeln und die festen Punkte Surinam und Demerari angreifen. Viktor Hugues, der Gouverneur des französischen Guyana, erhielt den Befehl, den Angriff mit Rat und That zu unterstützen. Binnen drei Wochen nach Eröffnung des Angriffs, glaubte der Kaiser, werde Guyana in den Händen der Franzosen sein. Villeneuve sollte hierauf seinen Kurs auf Martinique richten, um hier mit dem Rochefortor Geschwader unter Admiral Missiessy zusammenzutreffen. Beide sollten dann, vereinigt unter Villeneuves Oberbefehl, durch Kaperei und Angriffe auf die englischen Kolonien dem Feinde nach Kräften Schaden thun, Landungstruppen und Vorräte in den französischen Besitzungen ausschiffen und endlich — spätestens zwei Monate nach Villeneuves Ankunft in Cayenne — über Santo Domingo die Rückfahrt nach Rochefort antreten. Missiessy erhielt die Weisung, mit fünf Linienschiffen direkt von Rochefort nach Martinique zu steuern, von hier aus zuerst die Insel Dominique, die, mitten zwischen Guadeloupe und Martinique gelegen, die Verbindung zwischen beiden erschwerte, wegzunehmen und hierauf mit den beiden Generalkapitänen Villaret und Ernouf weiteres gegen die englischen Besitzungen zu unternehmen, sich aber stets zur Vereinigung mit Villeneuve bereit zu halten. Für den Fall, daß sich die Geschwader verfehlten, sollte er sechs Wochen nach seiner Ankunft in Martinique einige Landungsmannschaften nach Santo Domingo werfen und nach Rochefort heimkehren.

Der Kaiser hoffte, daß die Engländer auf die Nachricht von dem Erscheinen der französischen Geschwader in den Antillen sogleich ihren bedrohten Inseln Hilfe zuschicken und dazu mindestens dreißig Linienschiffe verwenden würden. In dieser Erwartung hatte er seinen Admiralen befohlen, nicht über eine bestimmte Frist hinaus in Mittelamerika zu bleiben, um ein Zusammentreffen mit der englischen Übermacht zu vermeiden. Die Schwächung der europäischen Streitkräfte Englands wollte er nun benutzen, um von Brest aus 40000 Mann nach Irland oder von Boulogne aus 120000 Mann nach England zu werfen. Diese Kombination schien ihm den Erfolg sicherer zu verbürgen als die erste; jene konnte zwar schneller zum Ziele führen, aber auch leichter gestört werden, da aus der direkten Fahrt von Toulon nach Rochefort die Engländer naturgemäß die Absichten Napoleons besser erschließen konnten als aus der Expedition in die Antillen. Aber wenn auch der letzte wichtigste Teil des Unternehmens nicht zur Ausführung kam, so hatte Frankreich doch, sofern nur die Heerfahrt nach Amerika glückte, einen bedeutenden Vorteil über seine Rivalen erfochten: die Eroberung des holländischen Guyana und einiger englischer Inseln hätte den französischen Kolonialbesitz trefflich abgerundet und den Verlust von St. Domingue einigermaßen ausgeglichen; die Ausschiffung von Mannschaften und Munition hätte die französischen Kolonien vor jedem feindlichen Angriff auf Jahre hinaus gesichert, und Napoleon konnte einer Verlängerung des Seekrieges mit Ruhe entgegensehen: eine Vernichtung des überseeischen Besitzes wie in den Revolutionsjahren war einstweilen nicht zu befürchten.

Das alte Erbstück aus der französischen Revolution, die schlechte Beschaffenheit der Marine, ließ den Plan nur teilweise zur Ausführung kommen. Missiessy lichtete bald nach Empfang jener Instruktion die Anker (11. Januar 1805) und schlich sich glücklich durch die englische Blockade, Villeneuve konnte seine Aufgabe nicht ausführen. Er stach zwar eine Woche nach Missiessy in See (18. Januar), kehrte aber nach wenigen Tagen wieder nach Toulon zurück. Ein Sturm hatte sein Geschwader so beschädigt, daß er mit seinen ungeübten Mannschaften, die ja infolge der strengen Blockade das hohe Meer zum großen Teil noch nicht gesehen hatten, die Fahrt nicht fortzusetzen wagte, sondern seine Schiffe erst wieder ausbessern wollte. Durch dieses Mißgeschick wurde das ganze Projekt umgestoßen, denn nach dem hierdurch verursachten unvorhergesehenen Aufenthalt war es ausgeschlossen oder höchst unwahrscheinlich, daß Villeneuve noch vor der Umkehr Missiessys das Stelldichein Martinique erreichte. Es war ferner zu fürchten, daß die Engländer durch Missiessys Fahrt auf die Antillen aufmerksam gemacht, dem nachsegelnden Villeneuve eine starke Macht entgegenstellen würden. Napoleon beschloß daher, Villeneuve nicht sogleich wieder aufbrechen zu lassen und einen neuen Plan auszuarbeiten. Die Eroberung von Guyana war damit aufgegeben. Es ist nicht zu verwundern, daß der Kaiser — selten nachsichtig in der Beurteilung von Unfällen seiner Diener — über die Vereitelung seines aussichtsreichen Planes, den er seit mehreren Monaten erwogen hatte, zürnte und die Ursache weniger in der Unfertigkeit seiner Marine als in der Energielosigkeit Villeneuves sehen wollte.

Missiessys Debut war glücklicher. Er langte ohne Unfall in Martinique an (20. Februar) und wandte sich, Napoleons Vorschriften gehorchend, sogleich gegen Dominique. Die Insel wurde nach einigen Gefechten, die auch den siegreichen Franzosen an 100 Mann kosteten, schnell eingenommen, allein ein Fort hielt sich und konnte nicht bezwungen werden. Missiessy zog nach einigen Tagen wieder ab, nachdem er Kontribution eingetrieben und die Befestigungen soweit als möglich ruiniert hatte; die Insel blieb also, Napoleons Willen entgegen, in englischem Besitz. Unternehmungen gegen andere Inseln, wie Montserrat, Nieves und St. Christoph, endeten ähnlich. Da der Admiral stets auf der Hut sein mußte vor etwa nachsegelnden feindlichen Geschwadern und jeden Augenblick den Befehl zur Vereinigung mit Villeneuve erwartete, wollte er sich nicht in lange Belagerungen und Feldzüge zu Lande einlassen, um immer segelfertig zu sein. Er begnügte sich daher, das feindliche Gebiet zu brandschatzen und Prisen zu machen: fast zwei Millionen Francs trieb er auf den englischen Besitzungen ein, und seine Prisenverkäufe erzielten ungefähr die Hälfte. Fast vier Wochen hatte der Admiral auf diese Weise in den Antillen zugebracht, als ihm aus Paris die Nachricht von der Umkehr Villeneuves und der Befehl zuging, sogleich nach Europa zurückzukehren, da seine

Mission gegenstandslos geworden sei. Von allen den stolzen Projekten Napoleons war also nur ein bescheidener Teil erreicht: man hatte wohl die französischen Besitzungen verstärken und dem Feinde wirtschaftliche Nachteile zufügen, aber nichts erobern können. Nur an einer Stelle war Missiessys Expedition von entscheidender Bedeutung geworden: in Frankreichs jüngster Besitzung Santo Domingo, dem ehemals spanischen Teile von Haïti.

Diese Provinz war von den Unruhen, die den französischen Teil durchwühlten, im allgemeinen verschont geblieben. Ohne Widerstand nahm die Bevölkerung die neue Regierung an, da sie vom Mutterlande nie Wohlthaten empfangen hatte, und die Franzosen die alten Einrichtungen beibehielten, insbesondere die mächtige Geistlichkeit in ihrer Prärogative nicht beeinträchtigten. Die Verwaltung war, wie Napoleon befohlen hatte, von der des französischen Teiles völlig getrennt, allein in dem gemeinsamen Generalkapitän bestand eine Art Personalunion. Da die Generalkapitäne im französischen Teile vollauf zu thun hatten, so erfreute sich der Regierungskommissar in Santo Domingo einer größeren Selbständigkeit als der Kolonialpräfekt in Le Cap. Den Generalkapitänen mißfiel dies Verhältnis durchaus; wie im Westen suchten sie auch im Osten die Zivilbehörden unter ihre Vormundschaft zu bringen. So lange der Krieg dauere, erklärte Rochambeau (März 1803), sei es unbedingt notwendig, beide Provinzen zur besseren gegenseitigen Unterstützung in einer Verwaltung zu vereinigen und einen Kolonialpräfekten für beide zu ernennen. Obgleich der Vertreter des Generalkapitäns im östlichen Teile, General Kerverseau, heftig widersprach und ausführte, daß die Insel zu groß und die Verhältnisse in den beiden Ländern zu verschieden seien, um von einem Punkt aus nach denselben Grundsätzen geregelt werden zu können, neigte Decrès doch der Ansicht Rochambeaus zu. Die Neuorganisation kam aber nicht mehr zur Ausführung, da Rochambeau unerwartet schnell die Insel räumen mußte.

Der Seekrieg hatte keine üblen Folgen für Santo Domingo. So wenig wie Martinique oder Guadeloupe blockierten die Engländer die Küste, und die Kolonie konnte ihren Bedarf an Lebensmitteln und sonstigen Waren ungestört mit Hilfe der Amerikaner und anderer Neutraler decken. In anderer Weise aber strebten die Engländer, die Herrschaft der Franzosen auf der Insel zu untergraben: sie sprengten das Gerücht aus, daß Spanien an Frankreich den Krieg erklärt habe und England demnächst von der Kolonie Besitz ergreifen werde, um sie wieder an Spanien auszuliefern. Einige Verschwörungen von Priestern und Mönchen waren die Folge dieser Gerüchte, aber die Bevölkerung nahm wenig teil daran, und die Unruhen konnten gedämpft werden. Die Stellung der französischen Regierung wurde um diese Zeit sogar verbessert, dadurch, daß es einigen versprengten französischen Truppenteilen aus dem Westen gelang, nach Santo Domingo zu entkommen und so die schwache Garnison zu ergänzen. Für den General Kerverseau persönlich hatte diese Verstärkung üble Folgen: der Führer dieser neu ankommenden Mannschaften, General Ferrand, beanspruchte als rangälterer General das Regiment in der Kolonie und ließ die Frage, als sich Kerverseau unter Berufung auf seine Bestallung durch die Regierung nicht zum Rücktritt verstehen wollte, kurzerhand durch die Truppen entscheiden. Die Soldaten erklärten sich zum größten Teil für Ferrand, der sich sogleich zum Generalkapitän proklamierte; Kerverseau mußte sein Amt niederlegen und begab sich nach Europa (Ende 1803). Wiederum konnte Napoleon diesen gesetzwidrigen Vorgang nur tadeln, aber nicht rückgängig machen. Um die Beamten beständig unter Aufsicht zu halten, hätte es eines fortdauernden Verkehrs mit den Kolonien bedurft, und das war bei der maritimen Lage einstweilen unmöglich.

Ferrand zeigte sich der usurpierten Stellung gewachsen. Er ließ in allen benachbarten Kolonien verkünden, daß alle Flüchtlinge aus St. Domingue in Santo Domingo eine neue Heimat finden sollten, und hatte mit diesen Bemühungen Erfolg; mehrere Hunderte Versprengte fanden sich ein und bildeten militärisch wie kulturell ein vortreffliches Element. Ihrer Unterstützung bedurfte er bald. Mit den Schwarzen des westlichen Teils herrschte ein natürlicher Kriegszustand, und Grenzkämpfe und Wegführung von Sklaven waren an der Tagesordnung. Nach Rochambeaus Vertreibung hatte sich Dessalines zum Diktator des französischen Teils aufgeworfen, und als er seine Stellung durch blutige Verfolgung der Europäer und seiner Rivalen gesichert glaubte, beschloß er auch den spanischen Teil zu unterjochen und die Weißen auf der ganzen Insel zu vertilgen. (Anfang 1805.) Vor der Übermacht seiner zuchtlosen Scharen konnte Ferrand das Feld nicht halten, sondern schloß sich in der Hauptstadt ein. Die Neger waren ohne Artillerie und in der Belagerung wenig geübt, die ersten Stürme wurden daher abgeschlagen, trotzdem die Stadt nur mäßig besetzt war. Die Bevölkerung stand den Truppen dabei tapfer zur Seite, denn angesichts der Greuel in dem französischen Teile hatte sie das Schlimmste von dem Siege Dessalines' zu erwarten. Bei der geringen Stärke der Garnison — etwa 800 Europäer und 1500 schlecht bewaffnete, ungeübte, zum Teil schwarze Milizen — hing es von der Ausdauer der Neger ab, ob Ferrand das Schicksal Rochambeaus erleiden oder gar den Schwarzen in die Hände fallen werde. Zum Unglück stockte um diese Zeit auch der Handel mit Amerika, so daß es kein Mittel gab, die zur Neige gehenden Lebensmittel zu ergänzen. Schon sah Ferrand seinen Vorrat bis auf wenige Wochen zusammengeschmolzen, da brachte ihm Missiessy Rettung. Als der Admiral den Befehl zur Heimkehr in Martinique erhalten hatte, wandte er sich zunächst nach Santo Domingo, um, seiner Instruktion entsprechend, die für die Kolonie bestimmten Vorräte und Mannschaften auszuschiffen. Die unvermutete Ankunft des Geschwaders war von überraschender Wirkung. Kaum hatte sich die Nachricht im Negerlager verbreitet, als sie, des schwierigen Belagerungskriegs müde, den Kampf als aussichtslos aufgaben und in übereiltem Rückzuge der Grenze zueilten, wobei ihnen die durch ihre Plünderungen und Grausamkeiten erbitterten Einwohner noch herbe Verluste beibrachten (März). Santo Domingo war gerettet und durch die Zufuhr militärisch und wirtschaftlich bis auf weiteres gesichert. Schaden hatte der Einfall der Barbarenhorden freilich genug gebracht: der Handel hatte während des Feldzugs fast ganz aufgehört und keine Zolleinnahmen abgeworfen, die Ländereien waren durch die Schwarzen gründlich verwüstet worden.

Während Missiessy so in den Antillen kreuzte, hatte Villeneuve sein Geschwader wieder gesammelt und ausgebessert. Er hätte schon wenige Wochen nach seiner Rückkehr wieder aufbrechen können, aber Napoleon hielt ihn in Toulon zurück, weil das alte Projekt doch unausführbar geworden war und weil sich mittlerweile die politische Lage erheblich geändert hatte. Spanien hatte nämlich, veranlaßt durch Mißachtung seiner Neutralität durch England, dem Inselreiche den Krieg erklärt und Napoleon eine große Anzahl Schiffe gegen den gemeinsamen Feind zur Verfügung gestellt (Anfang Januar 1805). Diese Verstärkung seiner Streitmittel hatte Napoleon auf den Gedanken gebracht, durch einen Feldzug nach Indien die englischen Flotten aus Europa zu entfernen und so den Übergang zu ermöglichen, aber vor dem Widerspruch des Marineministers gab er den Plan, den wir noch näher zu betrachten haben werden, wieder auf. Er kehrte zu dem früheren Entwurf, in Mittelamerika eine große Flotte zu vereinigen, zurück. Das Projekt wurde indessen von Grund aus verändert. Das frühere hatte nur die Flotten von Villeneuve und Missiessy vereinigen wollen: jetzt sollten sich die Geschwader von Toulon, Cadix, Brest und Ferrol bei Martinique vereinigen und womöglich auch Missiessy, der noch unterwegs war, zu ihnen stoßen. In der imposanten Stärke von einigen 40 Linienschiffen sollte dann diese vereinigte Flotte vor Boulogne zur Deckung des Übergangs erscheinen, wo ihr aller Wahrscheinlichkeit nach eine ebenbürtige Macht nicht gegenüberstehen würde. So umfassende kolonialpolitische Pläne wie mit dem früheren Operationsentwurf verband der Kaiser mit diesem nicht. Einige Landungstruppen für die Kolonien ließ er einschiffen und gab den Admiralen die Ermächtigung, den englischen Handel und Kolonialbesitz zu belästigen, aber ihr erstes Ziel war die Herstellung der Vereinigung, die durch keine Unternehmung in Frage gestellt werden dürfe. Villeneuve, der zuerst, wie man annahm, in den Antillen eintreffen werde, erhielt den ausdrücklichen Befehl, alle Anstalten zu treffen, um binnen zehn Tagen, nachdem ihm ein vorauseilender Schnellsegler die bevorstehende Ankunft der Brester Flotte gemeldet habe, sein Geschwader mit dieser vereinigen zu können. Auf Nebenoperationen hatte der Kaiser also verzichtet und die Sorge für die Kolonien dem Endzweck, der Versammlung einer starken Flotte im Kanal, untergeordnet (März).

Auch dieser bis in alle Einzelheiten überlegte Plan sollte nicht in Erfüllung gehen. Villeneuve lief zwar diesmal glücklich aus dem Hafen aus (30. März), zog die in Cadix liegenden Schiffe an sich und langte ohne Unfall in Martinique an (13. Mai), aber Admiral Ganteaume konnte das von den Engländern eng umschlossene Brest nicht verlassen. In den Kolonien erregte die Ankunft des gewaltigen französisch-spanischen Geschwaders — 18 Linienschiffe, 12 Fregatten und Korvetten zählte es — großen Jubel; seit einem Menschenalter hatten die Franzosen eine derartige Flotte in Mittelamerika nicht gezeigt; sie bezeichnete augenfällig den Aufschwung, den Frankreich auch zur See, seitdem Napoleon regierte, genommen hatte. Die Kolonisten waren überzeugt, daß Villeneuve Missiessys Werk vollenden, die englischen Inseln plündern oder erobern, den englischen Handel vernichten werde. Davon geschah nun freilich wenig. Entsprechend seinen Befehlen hielt Villeneuve seine Schiffe im Hafen von Fort de France in Martinique vereinigt und unternahm nichts als die Eroberung der kleinen Felseninsel Diamant bei Martinique. Mit seiner Unthätigkeit waren weder Kolonisten noch Behörden zufrieden, da sie seine wahre Bestimmung nicht kannten, und drängten ihn unausgesetzt, etwas gegen die feindlichen Handelsschiffe oder Kolonien zu versuchen. Als dieser für beide Teile unerquickliche Zustand einige Wochen gedauert hatte, erhielt Villeneuve die Nachricht aus Frankreich, daß Ganteaume in den nächsten Wochen noch nicht zu erwarten sei. Sogleich beschloß er, diese Zeit zu einem Handstreiche gegen das englische Barbados zu benutzen. Aber während der Vorbereitung dieses Zuges erfuhr er, daß der englische Admiral

Nelson, der ihn in Toulon blockiert hatte, nach einigen Irrfahrten seinen Zug nach den Antillen erfahren habe und ihm gefolgt sei (Anfang Juni). Diese Mitteilung bewog den Admiral, den Zug gegen Barbados aufzugeben und ohne Ganteaume zu erwarten, die Rückfahrt nach Europa anzutreten, um Nelson nicht eine Seeschlacht liefern zu müssen und durch sie das französische Geschwader, wie man bei der wohlbekannten Überlegenheit der englischen Schiffe und Mannschaften fürchten mußte, für längere Zeit aktionsunfähig zu machen. Diesen Entschluß führte er sogleich aus.

Wie Missiessy die Erwartungen Napoleons, so hatte Villeneuve die Hoffnungen der Kolonisten nicht erfüllt, und beide Expeditionen hatten weder den Besitzstand in den Kolonien verändert, noch den englischen Handel dauernd lahmgelegt. Ohne nachhaltige Wirkung waren sie indessen nicht. Abgesehen von der materiellen Verstärkung, welche die Admirale den Kolonien brachten, war das Erscheinen der französischen Flagge von großer Bedeutung. Bisher hatten die englischen Kreuzer die Herrschaft über die See behauptet, jetzt hatten sie zum ersten Male flüchten müssen, und die Franzosen waren während einiger Monate unbestritten die Herren des Meeres gewesen. Die Anhänglichkeit und das Vertrauen zu Frankreich war dadurch unter den Kolonisten gestiegen, die Besorgnis vor einer abermaligen englischen Eroberung abgewendet. In Martinique, wo das Mißtrauen gegen das Mutterland am stärksten, ja eine gewisse Hinneigung zu England vorhanden war, war die Stimmung vollständig umgeschlagen: wenn die Kolonisten den Dienst in der Nationalgarde bisher nur widerwillig versehen hatten, so war die Kolonialverwaltung jetzt überzeugt, daß sie ihre Pflicht gegen einen englischen Angriff erfüllen und die Linientruppen willige Helfer an ihnen finden würden.

So kräftige Unterstützung wie den amerikanischen Kolonien ward den orientalischen nicht zu Teil. General Decaen, der unmittelbar vor dem Bruch Frankreich verlassen hatte, erreichte nach dreimonatlicher Fahrt sein Ziel Pondichéry (11. Juni), das noch von den Engländern besetzt gehalten war. Ehe noch die Verhandlungen über die Regelung der Übergabe beendet waren, erhielt er die Botschaft des Marineministers, die den Krieg als wahrscheinlich bezeichnete und ihm nach Ile de France zu gehen befahl, um sich nicht von den Engländern gefangen nehmen zu lassen. Dort sollte er einstweilen weitere Nachrichten und Befehle abwarten; falls der Krieg erklärt werde, sollte er die Verwaltung von Ile de France und Réunion als Generalkapitän übernehmen. Decaen führte den Auftrag ungesäumt aus. Um die Aufmerksamkeit der englischen Schiffe, die sein Geschwader umgaben, nicht zu erregen, gab er einen kleinen Teil seiner Truppen, die er bereits ausgeschifft hatte, preis und segelte mit den übrigen heimlich ab (Mitte Juli 1803). Mehrere Wochen später war die Kriegserklärung in Indien bekannt, und wie zu erwarten, besetzten die Engländer die französischen Besitzungen, so weit sie sie ausgeliefert hatten, von neuem. Die zurückgebliebenen Franzosen, etwa 200 Mann, mußten sich ergeben (11. September). Indien war, wie Decrès vorausgesagt hatte, das unmittelbare Opfer des Bruches geworden.

Es fragte sich nun, ob auch die andere Prophezeiung des Ministers, daß Ile de France ausreichend besetzt uneinnehmbar sein werde, eintreffen werde. Hier war Decaen nach mehrwöchiger Fahrt eingetroffen, und einen Monat später hatte er durch einen neuen Brief des Ministers den Ausbruch des Krieges erfahren (25. September). Sogleich übernahm er die Zügel der Regierung; der bisherige Gouverneur Magallon ging, einer Weisung aus Paris entsprechend, als Untergouverneur nach Réunion. Es galt nun vor allem, die neue Verwaltungsorganisation durchzuführen. Die Inseln hatten die Nachricht über den Sturz des Direktoriums und die Versicherungen Napoleons über die Beibehaltung der Sklaverei mit Jubel begrüßt und ihr Mißtrauen gegen die Metropole allmählich fallen lassen, in der Verwaltung aber ihre Selbständigkeit beibehalten. Neben dem Gouverneur bestand noch die in den Revolutionsjahren gegründete Kolonialversammlung fort und übte großen Einfluß auf die Geschäfte. Zwischen beiden Faktoren herrschte Rivalität; die Kolonialversammlung sah in dem Gouverneur nur den Vollstrecker ihres Willens und wollte namentlich seinen Verkehr mit dem Mutterlande überwachen: sie verlangte, daß alle Botschaften der Zentralregierung ihr vor dem Gouverneur mitgeteilt würden. Während des Krieges hatte Magallon ihren Ansprüchen nachgeben müssen, um durch innere Zwistigkeiten die Verteidigungsfähigkeit nicht zu schwächen, nach dem Frieden trat er ihnen energischer entgegen. Die Versammlung vermerkte diese Verminderung ihrer Rechte sehr übel und verklagte ihn in Paris, ohne freilich damit etwas auszurichten. Andererseits konnte auch Magallon ihren Einfluß nicht völlig paralysieren. Wie in allen solchen Vereinigungen, gab es auch in dieser Fraktionen und Koterien, die sich befehdeten und die Geschäfte nicht zum Wohle des Ganzen, sondern in ihrem eigenen Interesse zu leiten trachteten. Da die Versammlung keine Rechenschaft über ihr Thun ablegte, so war es natürlich, daß sich in vielen Verwaltungszweigen Mißbräuche eingeschlichen hatten, und die Insulaner über ungerechte Steuerverteilung und schlechte Justiz klagten. Dies gespannte Verhältnis bestand noch, als Decaen das Amt des Generalkapitäns übernahm. In den Rahmen der neuen Verfassung, die von Selbstverwaltung nichts wußte, paßte die Kolonialversammlung nicht hinein, und Decaen hatte deshalb von Anfang an ihre Aufhebung beschlossen. Er ignorierte sie geflissentlich und regelte allein mit Magallon die Formalitäten der Amtsübernahme; als die Versammlung darüber Beschwerde führte und Anteil am Regiment verlangte, erklärte er sie für aufgelöst. In früheren Jahren würde dies schroffe Vorgehen einen Sturm hervorgerufen haben, aber jetzt war der Respekt vor der Macht und das Vertrauen in den guten Willen des Mutterlandes so gestiegen, daß jede Erschütterung ausblieb. Leute, die mit dem neuen Regime unzufrieden waren, gab es allerdings genug, und der strenge, soldatische Decaen war ebensowenig wie der ernste Kolonialpräfekt Léger geeignet, die Gemüter schnell zu gewinnen; erst allmählich erkannten die Insulaner ihre vortrefflichen Eigenschaften und waren froh, den

Parteihader beseitigt zu sehen und eine feste, unparteiische Regierung zu besitzen.

Trotz anfänglichen passiven Widerstandes in der Bevölkerung wurde die neue Organisation ohne erhebliche Schwierigkeiten eingeführt, da die Spitzen der Behörden hier im großen und ganzen in Eintracht lebten und einander nicht behinderten. Neue Beamte wurden ernannt; ein Justizkommissar stellte die alten Gerichte wieder her und beseitigte die in der Rechtspflege eingerissenen Mißbräuche durch eine Reihe vorläufiger Verordnungen, bis das Werk durch die Verkündung des neuen Bürgerlichen Gesetzbuches abgeschlossen werden konnte (1805). Um die Inseln nach außen zu sichern, zog Decaen, wie sein Vorgänger, die Weißen und freien Farbigen zum Waffendienst heran, schuf aber auch hier eine neue Organisation. Beide Klassen hatten bisher einige Bataillone und Schwadronen gestellt, Decaen ließ jetzt sämtliche Waffenfähige enrollieren, quartierweise in Kompagnien einteilen und daneben einige Jäger und Dragonerkompagnien für besondere Dienste bilden. Auf diese Weise stellten die Weißen 2700 und die Farbigen 11—1200 Bewaffnete, die im Verein mit den Linientruppen, deren Zahl zwischen 1200 und 1800 Mann schwankte, die Inseln wohl schützen konnten. Eine tüchtige Polizei zur Überwachung der Küsten und für den inneren Sicherheitsdienst wurde ebenfalls gebildet. Sie war um so notwendiger, als während der schwachen Revolutionsregierung viele Sklaven ihre Herren verlassen hatten und sich ähnlich, wie auf Guadeloupe, arbeitslos umhertrieben. Nicht weniger als 18000 solcher „Marrons", etwa der sechste Teil des gesamten Sklavenbestandes, wurden im ersten Jahre von Decaens Amtsführung wieder eingefangen. Diese That wird ihm gewiß manchen Pflanzer, der über die Auflösung der Kolonialversammlung zürnte, versöhnt haben.

Schwere Sorge bereitete der Verwaltung die schlechte Finanzlage. Der Mangel an Bargeld, der in den letzten Kriegsjahren so drückend geworden war, hatte durch die erste geringe Geldsendung aus Paris nicht beseitigt werden können. Nach dem Friedensschlusse stieg die Not sogar noch. Der

Handel mit den eigenen Produkten der Inseln war in den letzten Jahren ziemlich unbedeutend gewesen, da die allgemeine Unsicherheit den Ackerbau beeinträchtigt hatte, die Neutralen waren daher vorzüglich durch den Verkauf der Prisen angelockt worden. Mit dem Frieden fiel dieser Anziehungspunkt weg, die Handelsschiffe verminderten sich und damit auch der Umlauf an Bargeld. Etwas besser wurde es erst, als Decaen im ersten Jahre seiner Verwaltung mehr als eine Million Francs aus der Heimat empfing und einen Teil des entwerteten Papiergeldes zurückziehen konnte. Die Steuern brachten bei der herrschenden Geldnot wenig ein. Decaen war sogar genötigt, die wichtigste, die Kopfsteuer auf die Sklaven, zu vermindern, weil es unmöglich war, sie gerecht zu verteilen, und den Ausfall durch eine Stempelsteuer nach dem Muster des Mutterlandes zu ersetzen. Eine wichtige Einnahmequelle gewährten ihm dann die Zölle. Der Handel war hier weniger gefesselt als in den amerikanischen Kolonien; wie vor der Revolutionszeit, hatten die fremden Schiffe ungehindert Zutritt und bezahlten nur etwas höheren Zoll als die Franzosen. Der Krieg war dem Handel wiederum günstig. Das kleine Geschwader, das Decaen herangeführt hatte, blieb in den indischen Gewässern und plünderte den reichen indischen Handel Englands und lieferte der Kolonie große Vorräte an Waren aus Indien und China, die sie an Amerikaner und vereinzelte Dänen und Schweden verkaufte. Mit dem Kriege stellten sich daher die neutralen Händler wieder ein, während die Zahl der französischen infolge der englischen Angriffe rasch zurückging. Der Zufluß der Händler brachte wieder Bargeld und spornte zu intensiverem Ackerbau an, wozu ja Decaen durch die Wiederherstellung der öffentlichen Sicherheit die Möglichkeit gegeben hatte. Die Kolonie nahm also trotz des Krieges unverkennbar einen materiellen Aufschwung. Ihren Bedürfnissen selbst zu genügen, war sie bei alledem nicht in der Lage: sie konnte kaum ein Drittel von den Kosten, die im ersten Jahre Decaens fast vier und eine halbe Million betrugen, aufbringen. Bei den ungünstigen kommerziellen und finanziellen Verhältnissen vor Decaens Ankunft ist es kein

Wunder, daß die Lebensmittel für die Weißen, die ja zum größten Teil importiert werden mußten, knapp waren. Nach dem Kriege schien sich dieser Übelstand noch zu verschlimmern, da der holländische Kommandant des Kaps der Guten Hoffnung, der bisher Getreide geliefert hatte, in der richtigen Voraussicht, demnächst von den Engländern angegriffen und belagert zu werden, die Ausfuhr von Getreide verbot. Decaen war in großer Sorge und bat schon den Minister, keinem Europäer mehr einen Paß für die Kolonie auszustellen, da er nicht wisse, wie er sie ernähren solle (Anfang 1804), aber die Unterstützung vom Mutterlande und der steigende Verkehr schufen allmählich Abhilfe. Diese Hilfsmittel setzten den Generalkapitän bereits im folgenden Jahre in die Lage, die Magazine mit europäischen Lebensmitteln für ein Jahr anzufüllen; Fleisch und Reis — die Hauptnahrung der Schwarzen — lieferte Madagaskar reichlich, und so lange die Engländer den Verkehr nach dieser Nachbarinsel nicht unterbanden, litt die Kolonie an diesen Dingen niemals Not. — Dauernder blieb der Mangel an Schiffsutensilien, deren Decaen sowohl für sein von der langen Indienfahrt mitgenommenes Geschwader wie für die Handelsschiffe dringend bedurfte. Die Beschaffung dieser Sachen verschlang einen großen Teil der Einnahmen, aber allen Anforderungen konnte doch nicht genügt werden, und die Klagen hierüber kehren in allen Berichten der Behörden wieder. Dieser Mangel war natürlich sowohl den Unternehmungen gegen den feindlichen Handel wie dem Handel der Neutralen hinderlich: so rächte sich bitter, daß die Metropole geflissentlich eine koloniale Industrie nicht hatte aufkommen lassen. Aus Frankreich konnte die Kolonie bei den schwierigen Verkehrsverhältnissen nur wenig erhalten, und was sie empfing, war so wenig wie in St. Domingue von bester Qualität, sondern zum Teil unbrauchbar. Auch in der Auswahl der Kolonialtruppe war die Kriegsverwaltung ihrer übeln Gewohnheit, sich der schlechten Elemente durch Versendung in die Kolonien zu entledigen, treu geblieben: manche Truppenteile waren von schlechter Disziplin und ergaben sich dem Alkoholgenusse; die Folge war, daß sie von

Krankheiten heimgesucht wurden, während die übrigen davon frei blieben.

Der Generalkapitän begnügte sich mit der Neuordnung der beiden Inseln nicht. Er richtete seinen Blick über die Grenzen seiner Kolonien hinaus und kam auf sein Jugendideal, die Eroberung Indiens, zurück. Er unterhielt Beziehungen mit indischen Fürsten und den französischen Abenteurern, die in ihren Diensten standen, ließ sich durch sie über die militärische und politische Lage der Engländer informieren und feuerte sie an, in ihrer Feindschaft gegen die Engländer nicht müde zu werden. Da die Briten in Indien einen schweren Krieg mit ihren alten Feinden, den Maratten, zu führen hatten, so schien ihm die Gelegenheit zu einer indischen Expedition günstig; mit sechs Linienschiffen, 3000 Mann, einigen Millionen Francs und reicher Kriegsmunition, schrieb er wenige Monate nach seiner Ankunft in Ile de France an Decrès, müsse man unfehlbar zum Ziele kommen (Oktober 1803). Solche Vorschläge wiederholte er in fast allen seinen Berichten; von allen Seiten würden den landenden Franzosen Bundesgenossen zuströmen und die 17000 weit zerstreuten Engländer würden der allgemeinen Insurrektion nicht gewachsen sein. Selbst als die Engländer Frieden mit den Maratten geschlossen hatten (Ende 1803), gab er seine Zuversicht nicht auf; die Expedition schien ihm nur desto notwendiger, um Indien nicht definitiv in die Gewalt Englands fallen zu lassen.

In Paris fielen diese Mahnungen zuerst auf unfruchtbaren Boden. Napoleon, mit seinen Landungsplänen beschäftigt, hatte keine Schiffe für diesen weit aussehenden und unsicheren Versuch übrig; er studierte wohl die Berichte des Generalkapitäns und hieß ihn in seiner Auskundschaftung Indiens fortfahren, aber zur Verwirklichung seiner Projekte that er nichts. Erst als die Kriegserklärung Spaniens seine Macht bedeutend verstärkt hatte, zog er Decaens Vorschläge in Erwägung, wiederum die Landungspläne mit kolonialen Eroberungsversuchen verbindend. Er entwarf einen Plan, wonach die Flotten von Brest und Ferrol, vereinigt mit einigen anderen französischen und spanischen Schiffen, 25—30000 Mann nach Indien werfen und der englischen Herrschaft mit einem Schlage ein Ende machen sollten (Mitte Januar 1805). Kurz nach Villeneuve und Missiessy, die sich ja um diese Zeit zum Aufbruch nach Amerika anschickten, sollte diese Expedition die europäischen Häfen verlassen; es war anzunehmen, daß die englische Flotte ihr eiligst in den fernen Orient folgte: wenn dann Villeneuve und Missiessy von ihrer amerikanischen Exkursion heimkehrten, fanden sie keinen Feind mehr, der ihnen die Herrschaft über den Kanal streitig machen konnte, und dem Übergang stand nichts mehr im Wege. Also ein gleichzeitiger Angriff auf das Herz Englands und auf seine ost- und westindischen Kolonien; glückten alle diese Kombinationen, dann lag England am Boden, und seine schönsten Besitzungen gehörten den Franzosen: was Napoleon einst über Alexandrien zu erreichen versucht hatte, wäre herrlicher, als er je geträumt, in Erfüllung gegangen; Frankreich wäre wieder die erste Kolonialmacht geworden, und der Welthandel nach Osten wie nach Westen lag in seinen Händen.

Wir wissen bereits, daß die amerikanischen Projekte fehlschlugen, die indischen konnten gar nicht in Angriff genommen werden. Napoleons Ratgeber in maritimen Dingen — wie immer skeptischer als sein Herr — erklärte die verfügbaren Mittel Frankreichs und Spaniens für unfähig, eine solche Armee nach Indien zu tragen; nicht mehr als 16000 Soldaten glaubte er transportieren zu können und in der Beschaffung der Lebensmittel sah er ebenfalls viele Schwierigkeiten. Der Entwurf wurde in dieser Gestalt unmöglich, als Villeneuve nach seiner ersten Ausfahrt nach Toulon zurückkehrte. So unzufrieden der Kaiser damit war, so suchte er doch sogleich aus diesem unerwarteten Unfall für seine neueste Idee Vorteil zu ziehen. Da die Vereinigung Villeneuves mit Missiessy unmöglich geworden war, so wollte er ihn nicht mehr nach den Antillen, sondern nach Indien schicken und die dorthin zu entsendende Flotte auf 39 Linienschiffe und 19 Fregatten vermehren: 48000 Mann an Soldaten und Seeleuten sollten sie hinüberführen und 29000 ausschiffen. Der Rest sollte dann auf den besten 19 Linienschiffen und 15 Fregatten nach Europa zurückkehren und den Übergang bei Boulogne beschützen. Decrès erklärte sich außer stande, für diese ungeheure Masse die Verpflegung auf so lange Zeit — die für Indien bestimmten Truppen bedurften für mindestens fünf, die zurückkehrenden für acht Monate Lebensmittel — herstellen zu können: zwei Monate brauche er, um die Vorräte zu beschaffen, und dann sei es noch fraglich, ob man auch die Transportschiffe werde aufbringen können. Bei den notorischen Mängeln der französischen Flotte und der ungenügenden Übung ihrer Mannschaften biete die Expedition überdies die größten Gefahren, und man müsse mit der Möglichkeit eines ungeheuren Verlustes an Menschen und Mitteln rechnen. Napoleon hatte sich viel zu sehr in seine orientalischen Pläne vertieft, um sie darauf hin sogleich aufzugeben. Er reduzierte die Expeditionsarmee auf 39 000 Mann, wovon 12 700 nach Europa zur Deckung des Überganges heimkehren sollten. Diese Verminderung schien ihm alle Schwierigkeiten der Verpflegung zu heben, und das indische Landungsheer noch stark genug, den Engländern die Spitze zu bieten (Februar 1805). Der Minister ließ in seinem Widerspruch nicht nach. Über zwei Monate, versicherte er, bis Mitte oder Ende April würde die Ausrüstung dauern, und in dieser Jahreszeit würde die Hafenblockade erfahrungsmäßig schwieriger als je zu brechen sein. Da die Flotten von Brest und Toulon, die zur Expedition bestimmt waren, nicht gemeinsam abgehen konnten, so lag die Gefahr nahe, daß die Engländer aus der Fahrtrichtung der zuerst aufbrechenden auch die Bestimmung der zweiten erraten und dieser auflauern würden. Zudem sei die Dauer der Fahrt unberechenbar, führte der Minister aus; die Armee werde vielleicht unterwegs ihre Lebensmittel aufgezehrt haben und bei der Landung in Indien dem Verhungern ausgesetzt sein, da hier für eine solche Masse nicht sogleich auf Lebensmittel zu rechnen sei. Angesichts dieser Hindernisse ließ Napoleon endlich von seiner Idee für jetzt ab und kehrte zu dem Antillenprojekt zurück (Ende Februar 1805).

Der Erfolg krönte seine Bemühungen nicht. Die Vereinigung der Brester und Toulouer Flotte in den Antillen kam nicht zustande, da Ganteaume in Brest eingeschlossen blieb; der Übergang nach England, den er zwei Jahre lang mit so gewaltigen Mitteln erstrebt hatte, wurde unmöglich, da Villeneuve den Widerstand, den ihm die Engländer auf seiner Fahrt von Mittelamerika nach Boulogne entgegensetzten, nicht überwinden konnte oder nicht zu überwinden wagte. Die Schlacht bei Trafalgar, die einige Monate später den größten Teil der französisch-spanischen Flotte vernichtete (21. Oktober), zerstörte dann für immer die Hoffnung, das Projekt noch einmal zu versuchen.

Neuntes Kapitel.

Kontinental- und Kolonialpolitik von Austerlitz bis Erfurt.

Nach der Vereitelung der englischen Landung wurde Napoleon durch den Krieg mit Österreich und Rußland so beschäftigt, daß die Sorge für die Kolonien zurücktreten mußte. In der Furcht vor den Invasionsplänen Napoleons hatte England kein Mittel unversucht gelassen, um die beiden östlichen Kaisermächte gegen Frankreich in den Krieg zu treiben und dadurch die Landung zu verhindern. In Rußland hatte Zar Alexander solchen Aufforderungen williges Ohr geliehen, da er eine neue egyptische Expedition oder andere orientalische Eroberungspläne Napoleons fürchtete und ein Eingreifen Frankreichs in die türkischen Verhältnisse nicht dulden wollte. Die Pforte sollte allein unter russischer Vormundschaft stehen. Österreich, das bei einem Kriege dem ersten Stoß des französischen Schwertes ausgesetzt war, war weniger geneigt, etwas gegen Frankreich zu unternehmen, aber als Napoleon nach der Kaiserkrönung seine Herrschaft in Italien durch die Gründung des Königreichs Italien und einige territoriale Veränderungen immer fester konsolidierte und die italienischen Dinge allein zu leiten trachtete, trat Kaiser Franz dem Gedanken eines französischen Krieges näher, da er nicht auf jeden Einfluß in Italien verzichten wollte und im stillen noch die Hoffnung auf die Eroberung einer vorwaltenden Stellung in Italien nährte. Während Napoleon seine Flotte nach den Antillen entsandte und in Boulogne seine Armee zur Einschiffung bereit stellte (Sommer 1805), rüsteten die beiden Ostmächte, um ihn im Rücken anzugreifen. Napoleon war von diesen Rüstungen wohl unterrichtet, kümmerte sich jedoch wenig darum, da er der Meinung war, daß weder Österreich noch Rußland einen Krieg wagen würde, sobald England niedergeschlagen sein werde, und dieses Ziel hoffte er damals binnen kurzem zu erreichen. Als aber der Übergang über den Kanal an Villeneuves Ausbleiben gescheitert war, entschloß er sich, den Krieg gegen die beiden Kaiserhöfe nunmehr selbst zu beginnen. Ihn leitete dabei die Doppelabsicht, einerseits dem drohenden Angriffe von Osten zuvorzukommen, andererseits die beiden Kontinentalmächte, vor allem Österreich, gründlich niederzuwerfen, um in einem späteren Landungsplan nicht abermals von ihnen gestört zu werden. Waren die Feinde auf dem Festlande unschädlich, so sollte im nächsten Frühjahre der Übergang von neuem versucht werden. Bis dahin mußte er aus nautischen Gründen und aus Rücksicht auf Österreich und Rußland vertagt werden.

Der Kontinentalkrieg, der Frankreichs militärische und finanzielle Mittel vollauf in Anspruch nahm, ließ keinen Raum für gleichzeitige große überseeische Unternehmungen. Einzelne Geschwader wurden wohl hinausgesandt, um den englischen Handel zu belästigen und den Kolonien Zufuhren zu bringen, worauf der Kaiser großen Wert legte, aber große Eroberungszüge waren ihre Aufgabe nicht. Nicht alle Expeditionen, die Napoleon plante, kamen zur Ausführung, und nicht alle, die ausgeführt wurden, waren erfolgreich, aber so viel wurde doch erzielt, daß die französische Flagge nicht vom Meere verschwand und die Kolonien mit Menschen, Lebensmitteln und unentbehrlichen industriellen Gegenständen versorgt wurden. Wichtiger für die Kolonien als dieser vorläufige Verzicht auf Erweiterung des Kolonialgebietes war der um dieselbe Zeit gefaßte Entschluß (30. August), die überseeischen Besitzungen nicht mehr finanziell zu unterstützen, sondern sie für ihre Bedürfnisse auf ihre eigenen Einkünfte anzuweisen. Wir haben schon gesehen, daß Napoleon die Beiträge des Mutterlandes zu vermindern bedacht war, nun, als der Seekrieg den zuerst gefürchteten Ruin des Kolonialhandels nicht zur Folge hatte, ihn vielmehr belebte und den Kolonien in den Prisen eine ergiebige Einnahmequelle eröffnete, hielt er ihre Finanzen für stark genug, die Kosten ihrer Verwaltung und Verteidigung selbst zu decken. Die Zölle auf die Neutralen, meinte er, müßten allein jeder fünf bis sechs Millionen jährlich einbringen. Auf das Monopol des französischen Handels hatte also auch Napoleon damit verzichtet; während des Krieges wollte er die Ausländer in den Kolonien dulden, aber dafür hohe finanzielle Leistungen von ihnen verlangen. Der Marineminister wies sogleich darauf hin, daß dieser Anschlag weit übertrieben sei: selbst Guadeloupe, das den besten Ackerbau besitze und die meisten Prisen mache, zöge aus den Zöllen nur wenig über zwei Millionen. Erhöhen könne man die Tarife nicht, da die Neutralen gerade durch die niedrigen Zollsätze bewogen würden, die französischen Kolonien trotz der zahlreichen englischen Kreuzer anzulaufen, und bei steigenden Lasten die Gefahr, von den Engländern, die ja die Grundsätze des Seerechts sehr willkürlich auslegten, gekapert zu werden, nicht mehr auf sich nehmen sondern wegbleiben würden. Auch der Meinung des Kaisers, daß die Kolonialverwaltungen verschwenderisch wirtschafteten, widersprach der Minister: so weit man es von der Metropole aus übersehen könne, herrsche überall die größte Sparsamkeit. „Ich fühle", rief er dem Kaiser in seiner Erwiderung zu, „daß es schmerzlich ist, Aufwendungen für Kolonien zu machen, die Frankreich nichts zurückgeben, und die der fremde Handel ausbeutet: aber sie sind ein kostbares Kapital, das für den Frieden bewahrt werden muß, und ich wage zu sagen, daß ihr Heil in Frage gestellt wird, wenn sie auf ihre eigenen Mittel angewiesen werden". Der Appell war vergeblich. Napoleon blieb bei seinem Entschluß und verbot jede weitere Geldsendung in die

Kolonien, Eßwaren und unentbehrliche Gegenstände sollten dagegen nach wie vor geliefert werden. Allein mit Santo Domingo machte er eine Ausnahme und gestattete hier auch ferner eine Subvention durch die Regierung. Hierzu mag ihn ebenso wohl der unentwickelte Handel der Kolonie wie das Bestreben, die französische Herrschaft der spanischen Bevölkerung durch drückende Steuerlast nicht verhaßt zu machen, bewogen haben.

Der Sieg bei Austerlitz und der rasche Friedensschluß Österreichs (26. Dezember 1805) erlaubten Napoleon, sich den maritimen Projekten nach mehrmonatlicher Unterbrechung wieder zuzuwenden. Er fand jetzt Gelegenheit, an seine ältesten überseeischen Pläne wieder anzuknüpfen. Wir erinnern uns, daß er in seinem ersten Feldzuge die Mittelmeerstellung Frankreichs durch die Erwerbung der Ionischen Inseln verstärkt hatte, eine Position, die das Direktorium dann später wieder verloren hatte. Jetzt ließ er sich von Österreich Venedig, Istrien, Dalmatien und Cattaro abtreten, wodurch er nicht nur eine herrschende Stellung im Adriatischen Meere, sondern auch eine Ausfallspforte nach der Balkanhalbinsel gewann. Sein alter Wunsch, die Balkanhalbinsel zu überwachen und jederzeit, sei es für, sei es gegen die Pforte, dort eingreifen zu können, hatte sich wenn nicht erfüllt, so doch der Erfüllung genähert. Seine Stellung im Osten suchte er nun durch einen Friedensschluß mit England und Rußland, den beiden Mächten, mit denen er noch im Kriege lag, zu befestigen. Die Aussichten für einen allgemeinen Frieden schienen günstig.

In England empfand man die materiellen Lasten des Krieges drückend, die Schädigung des französischen Handels konnte doch die Belästigung des eigenen durch die feindlichen Korsaren und die Absperrung von den französischen, holländischen, italienischen und spanischen Häfen nicht aufwiegen. Als Pitt, der Hauptgegner Frankreichs, starb (Januar 1806), gewann in der Regierung die Friedenspartei die Oberhand. Es wurden Verhandlungen mit Frankreich angesponnen, in denen sich Napoleon sehr versöhnlich zeigte (Frühjahr 1806). Eine Fortsetzung des Krieges war auch für ihn höchst nachteilig, da nach der Vernichtung seiner Flotte bei Trafalgar ein Übergang über den Kanal in absehbarer Zeit kaum möglich war, und Handel wie Kolonien durch die überlegene englische Marine je länger je mehr gefährdet wurden. Die erste Bedingung, die die Engländer stellten, war die Rückgabe Hannovers, das Napoleon seit dem Bruche des Friedens von Amiens besetzt und seit kurzem (Februar) an Preußen als Preis eines Bündnisses gegen England abgetreten hatte. Napoleon gestand diese Forderung ohne weiteres zu. Die gegen Preußen eingegangene Verpflichtung machte ihm keine Skrupel; Preußen hatte in den letzten Jahren so wenig Entschlossenheit gezeigt, daß er sicher darauf rechnete, es werde Hannover angesichts der englisch-französischen Verständigung herausgeben und sich mit einer Entschädigung begnügen. In den maritimen Fragen kam er den Briten ebenfalls weit entgegen. Er war bereit, den Engländern Malta, an dem sich der Krieg entzündet hatte, zu lassen; auch einen Teil ihrer kolonialen Eroberungen, das Kap der Guten Hoffnung, Tabago, St. Lucie wollte er ihnen ausliefern und selbst an Pondichéry wollte er eine Verständigung nicht scheitern lassen. Infolge der ungeheuren Machtsteigerung Frankreichs auf dem Kontinent konnte er diese Opfer bringen, ohne wie früher fürchten zu müssen, sein Ansehen in Frankreich durch Aufopferung Maltas zu untergraben. Schwieriger war schon die Frage, was mit den holländischen Kolonien Südamerikas, mit Surinam und Demerari, werden sollte, die die Engländer ebenfalls begehrten, während sie Napoleon aus politisch-kommerziellen wie dynastischen Rücksichten dem für seinen Bruder Ludwig neu geschaffenen Königreiche Holland erhalten wollte. Die größten Schwierigkeiten betrafen aber Sizilien. An dem Kriege von 1805 hatte auch der König von Neapel teilgenommen und war deshalb vertrieben worden. Seinen Thron hatte Napoleons ältester Bruder Josef bestiegen, jedoch besaß er nur die festländischen Besitzungen des Königreichs, in Sizilien hielten sich die Bourbonen noch mit englischer Unterstützung. Napoleon forderte nun diese Insel für seinen Bruder und bot den Bourbonen die Balearen als Entschädigung an, die Engländer verweigerten die Herausgabe unbedingt. Erinnert man sich der alten Mittelmeerprojekte Napoleons, so ist die Forderung Siziliens verständlich: wenn er diese große Insel durch Vermittlung eines Vasallenkönigs zur Verfügung hatte, besaß er eine wertvolle Etappe nach dem Morgenlande und konnte den Engländern Malta zugestehen, das dann bedeutend an Gefährlichkeit verloren hatte.

Die Besprechungen hierüber zogen sich hin und hörten eine Weile (im Mai) ganz auf, da die englischen Unterhändler erst in London Bericht erstatten und gehörige Vollmachten empfangen mußten. Napoleon hatte keinen Grund, den Abschluß zu beeilen; er hoffte während dieser Pause mit Rußland Frieden zu schließen und dadurch auf England, das sich dann ohne Bundesgenossen gesehen hätte, einen Druck zu üben. Der Plan schien zu gelingen. Rußland, das nach der Schlacht von Austerlitz nicht Friede gemacht hatte, näherte sich Frankreich auf die Nachricht von den englisch-französischen Verhandlungen, um bei einer Verständigung nicht isoliert zu werden. In den Verhandlungen mit Rußland handelte es sich ebenfalls um orientalische Interessen Frankreichs. Rußland hatte nach dem Frieden zwischen Österreich und Frankreich den Eingang zum Meerbusen von Cattaro, das Kaiser Franz an Napoleon abgetreten hatte, besetzen lassen, noch ehe eine französische Besatzung dort hatte einziehen können. Napoleon verlangte nun die Räumung dieses für ihn hochwichtigen Punktes und versprach dafür die Integrität der Pforte zu garantieren und die Republik Ragusa in Dalmatien, die er als Ersatz in Besitz genommen hatte, freizugeben. Der russische Unterhändler ging sowohl hierauf, wie auf den Austausch Siziliens gegen die Balearen ein (20. Juli). Wenn Alexander den Vertrag genehmigte, so hatte Napoleons orientalische Politik einen neuen Erfolg errungen. Die Bereitwilligkeit, mit welcher der russische Unterhändler abgeschlossen hatte, ließ ihn die Ratifikation durch den Zaren als sicher annehmen und auf England die beste Wirkung davon erwarten.

Die amerikanischen Kolonialpläne Napoleons in dieser Zeit zeigen den Einfluß der Friedenshoffnung: wie einst vor dem

Präliminarfrieden von London beschäftigte er sich mit dem Gedanken der Wiedereroberung von St. Domingue. Nie hatte er auf diese Besitzung verzichtet und nie den geltenden Zustand anerkannt, sondern die Schwarzen stets als Rebellen betrachtet. An Plänen und Vorschlägen zu einem neuen Feldzuge fehlte es nicht. So schlug, kurz nach der Kapitulation Rochambeaus, ein Farbiger vor, mit Hilfe seiner Stammesgenossen die Herrschaft der Schwarzen zu stürzen; wenn man ihnen dieselben Rechte wie den Weißen garantiere, werde man sie gewinnen und im Verein mit nur 10000 Franzosen würden sie dem Regimente Dessalines' ein Ende machen können. Das Gutachten, das Napoleon darüber einforderte, schloß mit der bezeichnenden Bemerkung, im Falle des Gelingens werde man die Farbigen an die Stelle der Weißen setzen, für die Franzosen sei also nichts gewonnen (Februar 1804). Es war seitdem nicht weiter die Rede davon. Ein Jahr später erstattete Kerverseau, der ehemalige Gouverneur von Santo Domingo, genau Bericht über die Vorgänge auf der Insel und erörterte die Mittel zur Wiedereroberung: während des Seekrieges, urteilte er, sei eine Expedition im großen Stile nicht möglich; man müsse sich begnügen, die Befestigung der schwarzen Herrschaft nach Kräften zu verhindern, indem man die Uneinigkeit unter den schwarzen Generalen befördere und die Fremden von ihren Küsten fernhalte, um hierdurch Unzufriedenheit unter dem Volke zu erregen. Alle diese Erörterungen zeigen, daß Napoleon die Insel nie aus den Augen verloren hat, und es ist natürlich, daß er sich jetzt der Absicht, die dort erlittene Scharte auszuwetzen, wieder zuwandte. Er verlangte vom Marineminister einen genauen Bericht über die Insel, fragte vor allem, welche Befestigungen drüben existierten, wie viel Truppen man zur Besetzung einer vorläufigen Position brauche, welchen Feldzugsplan der Minister vorschlage und endlich wie man die Insel dem Handel am besten nutzbar machen könne (Anfang August 1806). Decrès erwiderte, wenn man eine Eroberung wolle, könne man die Halbinsel im Süden von Port au Prince besetzen und von hier aus mit 40000 Mann die Schwarzen unterwerfen. Aber mit Rücksicht auf die Unfälle des letzten Krieges widerriet er ein so gewaltsames Vorgehen entschieden: die angreifende Armee, die keine Zeit habe, sich zu akklimatisieren, werde wiederum dem Klima zum Opfer fallen, die Kämpfe würden zahlreiche schwarze Arbeitskräfte vernichten, die Kolonisten würden aus Furcht vor neuen Aufständen nicht hinüberzugehen wagen und die Insel würde für lange Zeit nichts einbringen, aber große Kosten für die Garnison erfordern. Viel besser sei es, die Besatzung des spanischen Teiles zu verstärken, von hier aus mit den Generalen im französischen Teile zu verhandeln, sie einzeln zu gewinnen und so allmählich Schritt für Schritt die ganze verlorene Kolonie teils durch Güte, teils durch Gewalt wieder in Besitz zu nehmen. Das erste Ziel müsse sein, die Haupthafenstädte zu besetzen, um den Handel in ausschließlich französischem Interesse leiten zu können. Es ist augenscheinlich, daß sich diese Idee nicht ohne dauernden Frieden mit England verwirklichen ließ. Kam also der Friede mit England zustande, so bedeutete er den Beginn einer neuen Epoche der Napoleonischen Kolonialpolitik: im Osten beständige Bereitschaft gegen die Besitzungen der Pforte, im Westen Wiedergewinnung der besten Kolonie aus der Bourbonenzeit. Mit Tabago und Pondichéry wäre das gewiß nicht zu teuer bezahlt gewesen.

Weniger weit aussehende, aber im Kriege auch kaum durchzuführende Pläne hegte Napoleon für die übrigen Kolonien. Im spanischen Teile von St. Domingue wollte er den Hafen von Samana verbessern und ließ Ferrand anweisen, die notwendigen Vorarbeiten an Vermessungen zu beginnen. Für die Windinseln plante er eine ganz neue Organisation. Sie sollten nicht mehr jede für sich unter einer besonderen Behörde stehen, sondern sie sollten von dem Zentralpunkt Martinique aus von einem Generalkapitän regiert werden; Ernouf sollte dies Amt übernehmen, Villaret zur Übernahme eines Flottenkommandos nach Europa berufen werden. Durch die gemeinsame Verwaltung sollten einige Stellen in der Beamtenhierarchie erspart und die gegenseitige Unterstützung der Inseln gegen feindliche Angriffe oder Aufstände erleichtert werden. Ernouf und nicht Villaret war zum Generalkapitän ausersehen, weil Napoleon an Villarets

Verwaltung viel zu tadeln hatte; er war der englischen Umtriebe in seiner Kolonie nie ganz Herr geworden und hatte sogar zum großen Verdruß des Kaisers einigen Kolonisten, die englische Dienste während der Okkupationszeit genommen hatten, hervorragende Beamtenstellen gegeben.

Während der Kaiser diese Projekte erwog, waren die Verhandlungen mit England wieder aufgenommen worden (Anfang August), gingen aber nicht besser vorwärts, da Napoleon nach dem Abschluß mit Rußland fester als vorher auf der Einräumung Siziliens bestand. Es war noch ganz in der Schwebe, wie diese Verhandlungen enden würden, da kam — mitten in den Erwägungen über St. Domingue — eine neue Verwicklung hinzu: der Konflikt mit Preußen. Der Berliner Hof hatte durch eine Indiskretion des englischen Bevollmächtigten in Paris erfahren, daß Napoleon sich erboten hatte, das an Preußen ausgelieferte Hannover an England zurückzugeben, und andere Gerüchte über feindselige Absichten Napoleons gegen Preußen kamen hinzu. König Friedrich Wilhelm schloß daraus, daß Napoleon Preußen überfallen wolle, sobald er seinen Frieden mit England und Rußland gemacht haben werde, und ließ einen Teil seiner Armee, um sich dem nicht wehrlos auszusetzen, mobilisieren (9. August). Napoleon, weit entfernt vom Gedanken eines Angriffs auf Preußen, beobachtete die Rüstungen wohl, legte ihnen aber kein Gewicht bei, da er überzeugt war, Preußen werde Hannover ohne Kampf herausgeben, wenn der Friede mit England und Rußland perfekt geworden sei, und zu dieser Zeit rechnete er auf den Frieden zum mindesten mit Rußland noch mit Sicherheit. Mit England zum Ende zu kommen, hatte er ebenfalls noch nicht aufgegeben (Ende August). Er traf schon Anstalten, seine Truppen, die noch vom österreichischen Feldzug her zum größten Teil in Deutschland standen, nach Frankreich heimkehren zu lassen; zur Ausführung dieser Absicht sollte nur noch die Ratifikation des russischen Friedens abgewartet werden. Wenig später sah aber Napoleon, daß er sich getäuscht hatte: er erfuhr, daß Alexander den Friedensentwurf schroff ablehnte und wie England unbedingt Sizilien für die Bourbonen forderte (3. Sept.).

Diese Hiobspost beseitigte zugleich den letzten Hoffnungsschimmer, mit England Frieden machen zu können: Napoleon glaubte jetzt fest, daß Rußland und England im Einverständnis handelten, und daß Rußlands Absage auf britischen Einfluß zurückzuführen sei. Auch das Verhältnis zu Preußen wurde dadurch verändert. Vor dem isolierten Preußen hatte Napoleon keine Sorge gehabt und ihm keine ernstliche Absicht gegen Frankreich zugetraut; jetzt, wo Rußland im Kriegszustande beharrte, wurden die preußischen Rüstungen höchst bedrohlich und eine neue Koalition auf dem Festlande mit englischen Subsidien schien nicht ausgeschlossen. Hiergegen mußte er sich sichern, entweder dadurch, daß er Preußen zur Einstellung seiner Rüstungen vermochte oder dadurch, daß er es niederschlug, bevor die Russen ihm zu Hilfe kommen konnten. Dem Kaiser lag an einem neuen Festlandskriege nichts; er versuchte es zunächst mit dem ersten Mittel, aber bei dem gegenseitigen Mißtrauen konnte das keinen Erfolg mehr haben. Preußen verlangte, daß Napoleon seine Armee aus Deutschland zurückziehe, Napoleon wollte hierauf nicht eingehen, hielt vielmehr eine Verstärkung seiner Stellung in Deutschland für unerläßlich, um gegen jeden Versuch Rußlands, mit einer deutschen Großmacht anzuknüpfen, gesichert zu sein. Aus diesem Gegensatze erwuchs der Krieg mit Preußen. Napoleon wurde durch ihn wiederum für lange Zeit von kontinentalen Aufgaben gefesselt, und den Schaden hatten abermals die Kolonien zu tragen. Mit dem Entschwinden der Aussicht auf einen Seefrieden zerrannen die Pläne gegen St. Domingue, und selbst die Neuorganisation der Windinseln wurde nicht ausgeführt. Napoleon mochte meinen, daß eine solche Umwälzung der eingelebten Verwaltung und die damit verbundene Änderung in den Personalien mitten im Kriege zuerst Unordnungen hervorrufen und die Verteidigungskraft der Inseln schwächen anstatt sie verstärken werde.

Als Napoleon die Gewißheit erlangt hatte, daß der Seekrieg fortdauern werde, dachte er einen Augenblick daran, den

Landungsversuch zu erneuern: für den März künftigen Jahres sollte die Landungsarmee in Boulogne bereit stehen, die Aufmerksamkeit der Engländer durch gleichzeitige Angriffe auf die portugiesischen Kolonien Südamerikas, auf Sizilien und durch einen Marsch einer spanisch-französischen Armee auf Lissabon abgelenkt werden (8. September). Dieser Plan, der die Eroberung des schwach besetzten Brasilien mit der Landung in England kombinierte, wurde nach der Schilderhebung Preußens unmöglich, noch ehe seine Ausführbarkeit überhaupt ernstlich geprüft werden konnte. Nun kam er auf sein System der letzten Jahre, den englischen Handel durch kleine Kreuzergeschwader zu belästigen, zurück und entwarf mehrere Projekte, die englischen Kauffahrer an der Küste Afrikas und Amerikas abzufangen, das Kap zu blockieren und den indisch-chinesischen Handel zu zerstören, wobei die Franzosen in Batavia und Manila Stützpunkte finden sollten. Decrès machte gegen diese weit ausgedehnten Expeditionen wieder Schwierigkeiten der Verpflegung und die Unmöglichkeit, in den schlecht vorbereiteten Häfen Ostasiens einen sicheren Ruhepunkt zu finden, geltend, und sie unterblieben denn auch. Einen wirksameren Schlag gegen den englischen Handel, die Grundlage der britischen Weltstellung, glaubte Napoleon nach der Besiegung Preußens durch die Kontinentalsperre zu führen, die alles englische Gut im Bereiche der französischen Waffen mit Beschlag belegte und die Einfuhr englischer Waren in die Häfen Frankreichs und seiner Verbündeten verbot. Wie England zur See alles französische Eigentum konfiszierte, so sollte jetzt das englische zu Lande demselben Schicksal verfallen.

Da der Kaiser während des deutsch-russischen Krieges zur See im Orient nichts unternehmen konnte, so versuchte er es zu Lande. Mitten im polnischen Feldzuge (April 1807) empfing er einen Abgesandten des Schah von Persien, der, ein natürlicher Feind des Zarenreichs und bearbeitet durch französische Agenten, den Entschluß gefaßt hatte, mit dem großen Kaiser des Abendlandes, dessen Ruhm bis nach Teheran gedrungen war, in Verbindung zu treten und seine Unterstützung gegen den gemeinsamen Gegner zu erbitten. Napoleon hatte schon seit Jahren eine Verbindung mit dem Schah erwogen, teils um den Russen in Asien eine Diversion zu machen, teils um sich der persischen Hilfe für eine indische Expedition zu versichern. Sorgfältig hatte er daher alle Nachrichten von seinen Siegen über die Russen nach Persien tragen lassen, um die Sympathie mit Frankreich und die Achtung vor seiner Macht zu erhöhen. Das Entgegenkommen Persiens war ihm hochwillkommen; sogleich beschloß er, einen Spezialgesandten, seinen Adjutanten Gardanne, nach Teheran abzuordnen. Offiziere und Ingenieure sollten ihn begleiten, um die geographischen und militärischen Verhältnisse des Landes zu erforschen; für den Herbst plante er gar die Entsendung einiger Tausend Mann mit reichen Waffen- und Munitionsvorräten zur See nach Persien. Decrès erhielt sofort den Auftrag, alles vorzubereiten und die besten Landungsplätze im persischen Meerbusen auszusuchen. Das erste Ziel der diplomatisch-militärischen Mission Gardannes war, das Land kennen zu lernen, die miliärische Macht Persiens durch einen Stamm europäischer Offiziere zu verstärken und den Russen im Rücken einen gefährlichen Feind zu erwecken, der ihre Aktionsfähigkeit in Europa schwächte. Aus demselben Grunde pflegte Napoleon um diese Zeit seine Beziehungen zur Türkei: ein Dreibund zwischen Frankreich, Pforte und Persien sollte den Russen entgegengestellt werden. Ein weiterer Zweck war die Gewinnung Persiens zum Bundesgenossen gegen England: Gardanne sollte einerseits den Schah bewegen, den Fortschritten Englands in Indien durch Unterstützung der indischen Fürsten entgegenzuwirken, den englischen Kurieren den Durchgang durch sein Land zu verwehren und den britischen Handel zu belästigen; andererseits sollte er erkunden, welche Förderung der Schah einer indischen Expedition angedeihen lassen könne, mochte sie nun zu Wasser um das Kap herum oder zu Lande durch türkisches oder persisches Gebiet unternommen werden. Daß der Gesandte endlich den Auftrag erhielt, sich über die indischen Verhältnisse genau zu informieren, ist bei der ganzen Tendenz seiner Aufgabe selbstverständlich. Gardanne brach noch während des Krieges über Konstantinopel nach Persien auf, aber ehe er sein

Reiseziel erreichte, war zwischen Rußland und Frankreich in Tilsit Friede und Bündnis geschlossen. Damit war seine ganze Mission verändert: Persien konnte nicht mehr gegen den neuen Bundesgenossen Frankreichs in den Krieg getrieben werden, es mußte vielmehr mit ihm versöhnt, und seine Macht ausschließlich gegen England gekehrt werden.

Das Tilsiter Bündnis veränderte von Grund aus Napoleons politische Stellung. Bisher hatte Frankreich außer seinen Vasallenstaaten einen Bundesgenossen von Bedeutung nicht gehabt, jetzt trat es in enge Beziehungen zu der zweitgrößten Macht des Festlandes; so lange dies gute Verhältnis dauerte, konnte es in Europa keinen anderen Willen als den der Tilsiter Verbündeten geben. Der einzige noch unbesiegte Gegner Frankreichs, England, hatte damit den ganzen Kontinent zum Widersacher. Alexander ging vollständig auf Napoleons anti-englische Politik ein. Er versprach eine Vermittlung zwischen England und Frankreich zu versuchen: das Inselreich sollte aufgefordert werden, alle seine kolonialen Eroberungen seit dem Jahre 1805 herauszugeben und dafür Hannover zurückerhalten; lehne es ab, so wollte Rußland ihm den Krieg erklären, die Handelssperre acceptieren und die übrigen Staaten Europas gemeinsam mit Frankreich zum Beitritt zur anti-englischen Koalition auffordern. Die weiteren Bedingungen waren Napoleon nicht minder günstig. Sie verstärkten seine Stellung in der Levante, erfüllten also einen alten Lieblingswunsch seiner überseeischen Politik. Rußland mußte nicht nur Cattaro herausgeben: auch die jonischen Inseln mußte der Zar dem Sieger von Friedland abtreten, so daß Napoleon Dalmatien jetzt ganz im Besitze hatte und in Korfu eine vorzügliche Flottenstation für orientalische Unternehmungen, mochten sie nun für oder gegen die Türkei gerichtet sein, erhielt. Noch mehr: der Zar verpflichtete sich, Josef Bonaparte als König von Sizilien anzuerkennen, sobald die Bourbonen eine Entschädigung, etwa in Kreta oder den Balearen, erhalten hätten. Napoleon hatte also mehr erreicht, als er im Vorjahre gefordert hatte. Als Gegendienst für diese Konzessionen hatte Napoleon zwischen Rußland und der Pforte, die seit Jahresfrist im Kriege lagen, zu vermitteln; lehnte die Türkei die Vermittlung ab, so sollte sie gemeinsam angegriffen und ihr Gebiet bis auf einen kleinen Rest unter die Tilsiter Verbündeten verteilt werden.

Trotz der Verbesserung seiner orientalischen Position und trotz dieses Abkommens war Napoleon von einem gewaltsamen Vorgehen gegen die Pforte in absehbarer Zeit weit entfernt. Wenn einmal die Pforte das Schicksal Polens erleiden sollte, so wollte er dabei das entscheidende Wort sprechen und die Austeilung der Provinzen leiten: dazu war er aber erst in der Lage, wenn er seine militärische Stellung in den neu erworbenen adriatischen Provinzen so befestigt hatte, um den Russen und den Österreichern, die bei einer Teilung nicht übergangen werden konnten, auf der Balkanhalbinsel gewachsen zu sein. Vor allem aber wollte er seine Hand nach osmanischen Provinzen nicht ausstrecken, so lange England das mittelländische Meer beherrschte: er fürchtete, sobald die Ostmächte sich auf die Türkei stürzten, werde England Egypten besetzen und so den besten Teil der türkischen Erbschaft, den sich Napoleon ausersehen hatte, an sich bringen. Bis England Friede geschlossen habe, oder bis es aus der Levante verjagt sei, wollte er daher im Osten die Ruhe und den gegenwärtigen Zustand erhalten. Aus diesem Grunde konnte er auch Alexanders dringenden Wunsch, die Moldau und Walachei als Preis seines letzten Türkenkrieges zu behalten, nicht gutheißen. Er benutzte die ihm übertragene Vermittlung zwischen beiden Staaten dazu, einen Waffenstillstand abzuschließen, der beide Teile verpflichtete, die umkämpften Gebiete zu räumen, die Dinge also vorläufig in der Schwebe zu lassen. Alexander ratifizierte zwar den Vertrag nicht und ließ seine Truppen in den Donauprovinzen stehen, erneuerte aber den Krieg nicht, und die Pforte blieb nominell im Besitze der beiden Fürstentümer. Dem wiederholten Verlangen Alexanders, seine Zustimmung zur Erwerbung der Donauprovinzen zu geben, verstand Napoleon ebenfalls auszuweichen, indem er für diese Vergrößerung Rußlands für Frankreich eine Kompensation in Deutschland auf Kosten Preußens forderte, was Alexander wiederum nicht zugestehen wollte. Auf diese Weise wurde Napoleons Wunsch, fürs erste keine Umwälzung auf der Balkanhalbinsel hervorzurufen, erfüllt.

Die russische Vermittlung in England blieb resultatlos. England ließ sich durch die Allianz der beiden Kaisermächte nicht einschüchtern, sondern beantwortete sie mit der Wegführung der neutralen dänischen Flotte aus Kopenhagen, um sie nicht in die Gewalt der Tilsiter Alliierten fallen und deren Seemacht verstärken zu lassen. Infolge dieser Gewaltthat erklärten Dänemark und Rußland sogleich den Krieg (Herbst 1807), und die übrigen Mächte, die noch im Frieden mit dem Inselreiche lebten, Österreich, Schweden und Portugal, wurden aufgefordert, unverzüglich dasselbe zu thun. Österreich mußte sich dem französisch-russischen Verlangen fügen und seinen traditionellen Verbündeten verlassen, die beiden anderen lehnten die Kriegserklärung ab und sollten nun mit Gewalt dazu gezwungen werden: Schweden wollte der Zar durch Eroberung Finnlands, Portugal Napoleon im Verein mit Spanien zur Unterwerfung bringen. Hatten sich diese Kleinstaaten erst dem Willen der Verbündeten unterworfen, so war ganz Europa gegen England geeinigt: das Ziel einer allgemeinen Blockade Englands, das seit der französischen Revolution wiederholt erstrebt worden war, war erreicht.

Der Vorsatz Napoleons, in der orientalischen Politik strenge Defensive zu beobachten, war nicht von langer Dauer. Sein Bundesgenosse wurde in seinem Begehren nach den Donaufürstentümern immer dringender, die öffentliche Meinung in Rußland erklärte sich mit Enthusiasmus dafür und zürnte über das französische Bündnis, das durch die Kontinentalsperre schwere Lasten auferlege und Rußland um die Früchte seiner Türkensiege betrüge. Napoleon durfte diese Äußerungen nicht übersehen. Die russische Aristokratie erlitt durch den Ausschluß des englischen Handels, der ihr die Produkte ihrer Güter und Wälder abkaufte, in der That schwere materielle Verluste und war somit von vornherein gegen das Bündnis mit Frankreich eingenommen. Wenn es nicht gelang, sie durch Befriedigung nationaler Wünsche zu gewinnen, konnte ihre Feindschaft der französischen Allianz höchst gefährlich werden, denn wie die Hofaristokratie einen Wechsel des politischen Systems zu erzwingen wußte, hatte das Ende des Kaiser Paul gelehrt. Napoleon fragte sich schon, ob es nicht besser sei, dem russischen Ehrgeiz auf der Balkanhalbinsel einen Schritt entgegenzukommen, um Alexanders Thron und Leben nicht in Gefahr zu bringen, als er eine Nachricht aus England erhielt, die ihm die Notwendigkeit, mit Rußland im besten Einvernehmen zu bleiben, vollends deutlich machte: in einer Thronrede erklärte die englische Regierung unter dem Beifall des Parlaments (31. Januar 1808), daß sie den von Napoleon geschaffenen Zustand auf dem Festlande nie anerkennen, sondern den Krieg gegen das französische Übergewicht bis aufs äußerste fortsetzen werde. Diese Nachricht gestaltete seine ganze Orientpolitik um. Wenn Napoleon bisher noch unsicher gewesen war, ob nicht die Handelssperre allein genügen werde, England zum Nachgeben zu zwingen, so war jetzt jeder Zweifel dahin; es war erwiesen, daß es eines großen Schlages bedürfe. Es fragte sich, wie dieser tödliche Streich geführt werden sollte. Eine Landung, das wirksamste Mittel, hatte er schon einmal vergeblich versucht, und sie war jetzt, nachdem seine Flotte bei Trafalgar und in einigen anderen Gefechten schwere Verluste erlitten hatte, schwieriger als vorher auszuführen. Leichter schien es ihm, die Grundlagen des englischen Reichtums, seine Kolonien, zu zerstören, und zwar richtete er da sein Augenmerk auf die beste englische Besitzung, auf Indien. Die Eroberung dieser Kolonie schien ihm mit einer vollständigen Besiegung Englands gleichbedeutend zu sein.

Wir kennen schon Napoleons frühere Pläne und Ansätze, dieses Land den Engländern streitig zu machen; sämtlich waren sie an ungenügenden Mitteln und an der allgemeinen politischen Lage gescheitert. Jetzt wollte er sie mit russischer Hilfe wieder aufnehmen und auch Österreich zur Unterstützung heranziehen: eine starke Armee von Franzosen, Russen und Österreichern sollte durch Zentralasien nach dem Ganges aufbrechen, wozu der neue Bundesgenosse, der Schah, den Durchzug durch sein Land zu gewähren hatte. Aber es war vorauszusehen, daß Rußland für seine Beihilfe bedeutende Gegenleistungen fordern werde, und diese konnten nur in der Einräumung türkischen Gebietes bestehen. Napoleon entschloß sich, deshalb die Pforte zu opfern: nicht nur die Moldau und Walachei sollte der Sultan verlieren, sein ganzes Reich sollte vielmehr unter die drei Mächte verteilt werden. Die Vernichtung der Pforte erschien dem Kaiser als unvermeidliche Vorbedingung der Expedition. Er meinte, Alexander ohne Einräumung weiterer türkischer Landstrecken zu dem weit aussehenden Unternehmen nicht gewinnen zu können, es war daher natürlich, daß auch er, sobald einmal das Signal zur Beraubung der Pforte gegeben werden mußte, an die Erwerbung des so lange ersehnten Egyptens und anderer Provinzen dachte, um sie nicht in die Hände Rußlands oder Englands fallen zu lassen. Die Gefahr, daß die Engländer beim Beginne der Expedition sogleich Egypten besetzen würden, war jetzt geringer als je seit dem Tilsiter Frieden; sie hatten einen Teil ihrer sizilischen Truppen eingeschifft, um dem von Rußland angegriffenen Schweden zu Hilfe zu kommen, ihre Mittelmeermacht war also vermindert. Umgekehrt hatte Napoleon seine Seemacht im Mittelländischen Meere verstärkt, da er soeben einen Teil seiner in den Ozeanhäfen liegenden Linienschiffe nach Toulon hatte kommen lassen, so daß der Admiral Ganteaume, der beste Kenner des Mittelmeeres unter den französischen Seeleuten, dort eine Flotte von zehn Linienschiffen und mehreren Fregatten und Transportschiffen befehligte. Der Kaiser konnte hoffen, wenn der Plan geheim bliebe, früher als die Engländer eine starke Armee nach dem Nillande zu werfen. Gegen überspannte Forderungen der Russen am Balkan endlich, sollte ihn die Beteiligung der Österreicher sichern; in ihrer nachbarlichen Rivalität, meinte er, würden sie sich gegenseitig überwachen. Daß Österreich etwa die Beteiligung verweigern sollte, war unmöglich, sobald Rußland und Frankreich einverstanden waren; es war ja sein Lebensinteresse bei der Zertrümmerung der Pforte nicht leer auszugehen. — Dem Zaren teilte Napoleon seine Idee sogleich mit und beauftragte seinen Petersburger Botschafter Caulaincourt, ungesäumt mit den Russen Verhandlungen über die Verteilung der türkischen Beute zu beginnen (2. Februar 1808).

Napoleons Anschauungen über die Einrichtung der Expedition waren noch keineswegs fixiert. Jene Mitteilungen an Alexander hatten zunächst den Zweck, die Meinung des Zaren über ein derartiges Unternehmen und seine Ansprüche kennen zu lernen; die endgiltige Verständigung über die Ausführung sollte auf einer Zusammenkunft beider Kaiser erfolgen. Einstweilen widmete er sich den militärischen Vorbereitungen zu der Expedition. Nach seinem ersten Entwurfe hätte der Feldzug mit einem Angriff auf die Pforte und der Besetzung des französischen Anteils beginnen müssen. Napoleon verstärkte dementsprechend seine Stellung im östlichen Mittelmeer, indem er Corfu mit Vorräten und einer starken Garnison versah, die in Dalmatien stehende Armee vergrößerte, in seinen Häfen den Bau von Kriegsschiffen aufs eifrigste betrieb und seinen Bruder Josef veranlaßte, in Süditalien Transportmittel und Mannschaften bereit zu stellen. Der Hauptschlag sollte von Toulon aus geführt werden, wo eine große Kriegs- und Transportflotte angesammelt wurde, um im Herbst in See zu stechen. Sein vornehmstes Ziel war die Besetzung Egyptens; glückte diese Erwerbung, dann hatten sich alle Mühen und Kosten des indischen Zuges bezahlt gemacht, mochten im übrigen die weiteren auf diese Expedition gegründeten Hoffnungen in Erfüllung gehen oder nicht. Sollte England wider Erwarten die egyptische Expedition vereiteln, so war er entschlossen, das Toulоner Geschwader zur Eroberung Algiers oder Siziliens zu verwenden, in jedem Falle also seine Mittelmeerposition zu verstärken. Ein Gutachten Ganteaumes, den Napoleon über Algier zu Rate zog, lautete günstig (20. Mai), und seitdem kehrt die Möglichkeit einer Landung an der nordafrikanischen Küste in seinen Berechnungen immer wieder. Auch durch diese Eroberung hätte er den Franzosen eine bequem gelegene und zukunftsreiche Kolonie erschlossen. Die Entwürfe über die

Gestaltung der Expedition und die Zahlen der zu verwendenden Schiffe und Mannschaften wechselten anfänglich je nach den Berichten, die Napoleon über den Fortgang der Rüstungen in seinen Häfen empfing, allmählich, als er den Umfang seiner Rüstungen übersehen konnte (Mai 1808), nahmen seine Projekte feste Formen an. Hiernach sollte im Herbst, etwa im September, die Toulouer Flotte in Egypten oder je nach den Umständen in Algier oder Sizilien, an 20000 Mann landen; reichlich mit Waffen und Vorräten versehen, sollte die Armee imstande sein, sich lange Zeit behaupten zu können, auch wenn die Verbindung mit dem Mutterlande unterbrochen sei. Doch war das nur ein Teil des großen kolonialen Eroberungsplanes. Zugleich mit dem Toulouer Geschwader oder kurz darnach hatte eine in Brest, Lorient und Nantes ausgerüstete Flotte mit einer ungefähr gleich starken Armee über Ile de France nach Indien aufzubrechen, um dort den Kampf mit den Engländern aufzunehmen. Der Kaiser war überzeugt, daß diese Macht genügen werde, um die Briten aus Indien zu verjagen, hatte ihm doch soeben Decaen geschrieben, daß der Erfolg einer indischen Expedition über allen Zweifel erhaben sei. Unterstützt sollte diese Operation durch die französisch-russisch-österreichische Landarmee werden; wenn sie nur bis zum Euphrat komme, sagte er sich, so würde ein Aufstand aller indischen Völkerschaften ausbrechen und die landenden Franzosen leichtes Spiel haben. Was er 1805 zu Wasser und 1798 allein zu Lande hatte versuchen wollen, sollte jetzt durch einen kombinierten Land- und Seeangriff ausgeführt werden.

Die Engländer glaubte Napoleon über die wahren Ziele seiner Rüstungen täuschen zu können. Viele einzelne Fahrzeuge sollten in die amerikanischen Kolonien gehen, teils um sie zu versorgen, teils um die Aufmerksamkeit der Engländer dorthin zu lenken, in allen Häfen Frankreichs und seiner Verbündeten sollten Schiffe ausgerüstet und aufbruchsbereit gehalten werden, sodaß England gezwungen sein werde, sie sämtlich zu blockieren; von Pommern und Dänemark aus sollten Landungsversuche in Schweden unternommen werden, um England zu zwingen, seinem bedrängten Bundesgenossen beizuspringen, endlich sollten in

Boulogne und an der holländischen Küste wieder wie vor einigen Jahren mehrere Armeekorps aufgestellt werden, um den Engländern Besorgnisse vor einer Landung in Irland oder gar in England einzuflößen: kurz überall sollten sie beschäftigt und verhindert werden, eine große Macht an einem Punkte zu versammeln. Mit Bestimmtheit hoffte er, daß die Engländer nicht in der Lage sein würden, alle die zahlreichen Häfen vom Baltischen Meere bis in die Levante zu blockieren und aus den unzähligen Drohungen den eigentlichen Angriffspunkt nicht erkennen würden; er rechnete aus, daß sie im Laufe des Sommers die Zahl ihrer Linienschiffe verdoppeln müßten, um ihm überall mit gleichen Kräften entgegentreten zu können, sofern nur die französischen Seeleute ihre Schuldigkeit thäten und die Feinde durch stete Bereitschaft in Alarm hielten. Der Marineminister, der so weit aussehende Pläne stets mit kritischen Blicken betrachtet hatte, erhob dies Mal keine grundsätzlichen Einwände, sei es, daß er den unerschütterlichen Willen seines Herrn, die egyptische und indische Heerfahrt unter allen Umständen zu versuchen, respektierte, sei es, daß er selbst von der Ausführbarkeit der Idee überzeugt war. Seine Berechnung der Transportmittel und Kosten, die er auf Napoleons Befehl aufstellte, wich nur wenig von den Vorschlägen Napoleons ab, und außerordentliche Schwierigkeiten sah er nirgends. — Wie der Angriff auf die Türkei und der Feldzug zu Wasser und zu Lande gegen Indien zu verbinden und im einzelnen zu gestalten seien, darüber hatte Napoleon noch keinen endgiltigen Entschluß gefaßt; nach gelegentlichen Äußerungen zu schließen, sollte der Angriff gegen die Pforte im Herbst nach dem Aufbruch der Flotten beginnen, und Napoleon selbst wollte anscheinend von Italien aus die ganze Unternehmung leiten. Wenn sie glückte, gestaltete sie den ganzen Orient um und erhob Frankreich zur ersten Handels- und Kolonialmacht der Welt.

Während Napoleon diese Vorbereitungen betrieb, wurde in Petersburg über die Verteilung der türkischen Ländermasse beraten. Alexander war mit Eifer auf die Zerstörung der Türkei eingegangen und hatte auch seine Hilfe zu dem zentralasiatischen

Unternehmen zugesagt, aber dafür große Erwerbungen am Balkan, insbesondere Konstantinopel und die Dardanellen, gefordert. Der französische Botschafter Caulaincourt glaubte, ihm nur Konstantinopel zugestehen zu dürfen und verlangte die Dardanellen für Frankreich als Verbindung zwischen seinem europäischen und außereuropäischen Anteile. Im übrigen einigte man sich ziemlich rasch über die Grundzüge der Teilung. Rußland und Frankreich sollten nirgends Nachbarn werden, um Grenzstreitigkeiten auszuschließen und Österreichs Los sollte geringer bemessen werden als das der beiden Alliierten; Alexander gestand den Franzosen Egypten, Syrien, einige Küstenstriche von Kleinasien, Griechenland, Albanien und Bosnien zu und erhielt dafür die Donaufürstentümer, Bulgarien, Rumelien, einen Teil Macedoniens und Konstantinopel zugesprochen, streitig blieb allein das Schicksal der Dardanellen. Keiner wollte dem andern diesen Schlüssel zum Bosporus ausliefern. Napoleon, der von Alexander wie Caulaincourt genauen Bericht über die Unterhandlungen erhielt, verzweifelte an einer Lösung der Streitfragen nicht. Er hatte solche Differenzen vorausgesehen und deshalb bei jener ersten Eröffnung eine Begegnung vorgeschlagen, um alle Schwierigkeiten persönlich aus dem Wege zu räumen, jetzt kam er von neuem auf den Vorschlag zurück. Der Zar hatte die Zusammenkunft allerdings angenommen, aber zur Bedingung die vorherige Genehmigung seines Teilungsplanes gemacht, der die Dardanellen den Russen zuwies (März). Napoleon, der den Dardanellen hohe kommerzielle und strategische Wichtigkeit beilegte, konnte diesem Begehren selbstverständlich nicht entsprechen; er forderte anstatt dessen eine bedingungslose Zusammenkunft: er hoffte zuversichtlich, den Zaren durch seinen persönlichen Einfluß umzustimmen oder auf irgend eine andere Weise eine Verständigung zu finden, um das Werk nicht scheitern zu lassen (18. April). Wie er erwartet hatte, erklärte sich Alexander hierauf zu einem solchen Zusammentreffen bereit (21. Mai).

Nach dieser Seite hin schienen sich also die Wege zu ebenen, aber auf einer anderen erhoben sich urplötzlich Hindernisse, die gänzlich außerhalb Napoleons Berechnungen lagen. Die Natur des durch die Waffengewalt gegründeten französischen Weltreiches brachte es mit sich, daß der Imperator an keiner Stelle eine Auflehnung oder nur eine selbständige Regung dulden konnte, ohne seine Herrschaft in Gefahr zu bringen. Wenn Napoleon seine Kraft gegen den Osten wenden wollte, so mußte er sicher sein, daß während dessen der Westen ruhig und seinem Einflusse unterworfen blieb. In Italien und Deutschland standen seine Armeen, hier war nichts zu befürchten, anders aber verhielt es sich mit Spanien. Dieser Staat, seit etwa einem Jahrzehnt mit Frankreich eng verbündet, hatte in den letzten Jahren, namentlich während des preußischen Krieges, mehrfach Neigung gezeigt, sich von der französischen Vormundschaft — das bedeutete das Bundesverhältnis thatsächlich — zu emanzipieren und der kostspieligen Feindschaft gegen England zu entsagen. Der Eindruck der Schlacht bei Jena verhinderte damals die Ausführung dieses Vorhabens, aber Napoleon wußte wohl, daß allein die Furcht die spanische Regierung an seiner Seite festhielt, und sein Mißtrauen schlummerte keinen Augenblick. Er mußte sich dagegen sichern, daß Spanien, während er seine Aufmerksamkeit auf die Türkei und Indien konzentrierte, unerwartet Frieden mit England schloß und dadurch nicht nur die Handelssperre durchbrach, sondern auch den Engländern eine Niederlassung auf dem Kontinent gewährte, von wo aus sie dem benachbarten Frankreich gefährlich werden konnten. Um dieselbe Zeit, da er sich dem türkisch-indischen Unternehmen zuwandte, reifte ihm darum der Entschluß, die Bourbonen zu entthronen und einem Mitgliede seiner Familie die spanische Krone zu verschaffen, um so die Pyrenäische Halbinsel für lange Zeit unauflöslich an sich zu ketten. Außer der festeren Begründung seiner Herrschaft hoffte er einen anderen Vorteil daraus zu ziehen: die korrupte Bourbonenregierung hatte für den gemeinsamen Krieg gegen England weniger geleistet als er erwartet hatte; er hoffte von einem energischen Regiment unter seiner Leitung größere militärische Leistungen, vor allem die Ausrüstung einer brauchbaren Flotte zu erlangen. Unter geschickter Benutzung der in der Königsfamilie ausgebrochenen Zwistigkeiten führte er seine Absicht aus und bewog sowohl den König wie den Kronprinzen zum Verzicht auf den Thron (2. Mai). Sein Bruder Josef wurde als Unterkönig von Neapel nach Madrid versetzt; eine starke französische Armee, die schon vorher in Spanien unter dem Vorwande, den Krieg gegen das mit England verbündete Portugal zu führen, festen Fuß gefaßt hatte, sollte seinen Thron stützen und jeden Widerstand der Spanier gegen den Dynastiewechsel unterdrücken.

Anfangs schien es, als ob die Nation diese Mißhandlung ohne Widerspruch hinnehmen wolle; einige Revolten, die ausbrachen, schienen nur von lokaler Bedeutung zu sein. Wenige Wochen später indessen griff die Bewegung um sich, mehrere große Städte und Provinzen erkannten den neuen Herrn nicht an, sondern riefen den Bourbonenprinzen Ferdinand als König aus. Napoleon würdigte die Gefährlichkeit der Insurrektion nicht sogleich richtig und hoffte, die Halbinsel binnen kurzem wieder beruhigt zu sehen, aber noch waren nicht zwei Monate seit dem Thronwechsel verstrichen, da erkannte er, daß ganz Spanien in Flammen stehe und voraussichtlich ein regelrechter Feldzug notwendig sein werde, um es zum Gehorsam zurückzuführen. Unter diesen Umständen schien es ihm bedenklich, große Streitkräfte vom Kontinent zu entfernen und zu maritimen Expeditionen zu verwenden: er verschob einstweilen die letzte Entscheidung über die Ausführung der überseeischen Projekte (Ende Juni). Nach einigen Wochen hatte er keine Wahl mehr. Die Insurgenten machten täglich Fortschritte; fünf französische Linienschiffe, die in Cadix lagen, wurden durch einen gleichzeitigen Angriff zu Wasser und zu Lande zur Ergebung gezwungen, ja starke Abteilungen der französischen Okkupationsarmee wurden mit Übermacht angegriffen und mußten die Waffen strecken, ein unerhörter Vorgang, seitdem Napoleon an der Spitze der französischen Armee stand. Napoleon sah jetzt, daß er selbst den Krieg in Spanien zu Ende führen müsse (Ende Juli); anstatt nach Osten mußte er sich nach Westen wenden. Die Absendung der Geschwader von Toulon und Brest mußte unterbleiben, da er jetzt die 40000 Mann, die sie transportieren sollten, nicht mehr in

Europa entbehren konnte. Selbstverständlich fiel auch der Plan der Teilung der Türkei zu Boden, denn dieser hatte seit dem Verzicht auf die egyptische und indische Expedition keinen Wert mehr. Aber was jetzt nicht geschehen konnte, ließ sich vielleicht später nachholen: Corfu, sein bester Stützpunkt im östlichen Mittelmeer, wurde trotz aller Unglücksnachrichten aus Spanien mit Mannschaften und Vorräten weiter versorgt, nicht nur, um gegen jeden englischen Angriff sicher zu sein, sondern auch, um einer späteren Levanteexpedition zum Ausgangspunkte zu dienen.

Noch schwieriger wurde die Situation Napoleons, als englische Truppen in Portugal landeten und Österreich, erschreckt durch die Absetzung der Bourbonen und ermutigt durch den Aufstand der Spanier, zu rüsten begann, um die Dynastie Habsburg vor einem ähnlichen Schicksal, das Napoleon allen alten Herrscherhäusern zugedacht zu haben schien, bewahren zu können. Gegen diese neue Gefahr, im Rücken angegriffen zu werden, während er in Spanien kämpfte, suchte der Kaiser bei Rußland Hilfe: die Begegnung mit Alexander, die ursprünglich bestimmt war, alle Hindernisse der indischen Heerfahrt zu beseitigen, mußte jetzt dazu dienen, Alexanders Beistand gegen einen etwaigen Überfall Österreichs zu erlangen. Zum Lohn für dies Versprechen mußte er dem Zaren in Erfurt die Donaufürstentümer einräumen, die er ihm so lange verweigert hatte. Seine Orientpolitik war also seit dem Frieden von Tilsit gründlich verändert: damals hatte er den bestehenden Zustand erhalten wollen, um England nicht Gelegenheit zur Besetzung Egyptens zu geben, dann hatte er selbst die Zerstörung der Türkei mit dem Löwenanteil für Frankreich geplant, und nun mußte er seinem Bundesgenossen eine Gebietserweiterung auf der Balkanhalbinsel zugestehen, ohne selbst eine Kompensation dafür zu erhalten. Die ausgreifenden Kolonialprojekte endeten mit einem Fiasko: gerade die Maßregel, die jede Störung der überseeischen Unternehmungen hatte verhindern sollen, die Beseitigung der Bourbonen, hatte sie zum Scheitern gebracht.

Zehntes Kapitel.

Der Verlust der amerikanischen Kolonien.

Während Napoleon die Siege von Austerlitz und Jena erfocht, stellte sich in den Antillen allmählich der Zustand, wie er vor der Ankunft Villeneuves und Missiessys gewesen war, wieder her. Der kleine Kaperkrieg nahm seinen Fortgang; die Engländer waren den Franzosen zur See zwar überlegen, aber zu einem Angriff auf die größeren Besitzungen und zur unbedingten Blockierung der französischen Häfen nicht stark genug.

Die materielle Lage der französischen Kolonie war keineswegs unbefriedigend, da, wie schon bemerkt, die Einfuhr billiger Sklaven dem Ackerbau zu gute kam, und es auch an Absatz nicht mangelte, seitdem den Neutralen die Häfen geöffnet worden waren. Der französische Handel hatte sich zwar infolge des Krieges erheblich vermindert, aber Hanseaten, Dänen, Schweden und vornehmlich Amerikaner führten den Kolonien die unentbehrlichen Lebensmittel zu, so daß die Kolonialverwaltungen um die Ernährung ihrer Truppen und der Weißen nie in Sorge waren. Selbst während des langen Aufenthaltes Villeneuves in Martinique, als die Magazine der Insel zum Unterhalt des Geschwaders beisteuern mußten, trat kein Mangel ein. Nur an Schiffsutensilien litten die Antillen eben solche bittere Not wie Ile de France, und diesem Übelstande war bei dem Mangel einer kräftigen Industrie in den Kolonien niemals abzuhelfen. Als daher Napoleon den Kolonien die pekuniäre Unterstützung entzog, konnten Martinique und Guadeloupe die einzuführenden Lebensmittel mit ihren Produkten bezahlen. Aber weiter reichten ihre Mittel nicht: von einer Bestreitung sämtlicher Verwaltungskosten konnte nicht die Rede sein, alljährlich blieb im Budget beider Inseln ein Defizit von mehr als einer Million, welche die Verwaltung den Lieferanten oder den Truppen, denen der Sold nicht mehr regelmäßig gezahlt werden konnte, schuldig blieb. Diese finanziellen Verlegenheiten, so ärgerlich sie waren, ließen sich ertragen, so lange die Nahrungsmittel für die Europäer nicht mangelten. Dieser relativ günstige Zustand war aber nicht von Dauer. Allmählich nämlich verstärkten die Engländer ihre Kreuzergeschwader, seitdem sie infolge der Schlacht von Trafalgar und der Festlandskriege eine Landung Napoleons nicht mehr zu fürchten hatten. Diese Verstärkung des Antillengeschwaders setzte sie in den Stand, die Schiffe der Neutralen schärfer als bisher zu überwachen und nach französischem Eigentum und „Kontrebande" zu durchsuchen. Da die Engländer den Begriff „Kontrebande" willkürlich auslegten, so befand sich jedes neutrale Schiff in Gefahr, wegen verbotener Ladung konfisziert zu werden. Die Folge war, daß allmählich viele neutralen Schiffe die französischen Kolonien mieden, um diesen Belästigungen zu entgehen. Der Handel der Kolonien ging also nach und nach zurück. Mit der geringer werdenden Nachfrage nach den Kolonialwaren sanken natürlich die Preise der kolonialen Produkte, während die einzuführenden Lebensmittel mit dem schwächer werdenden Angebot teurer wurden. Die Kolonien erlitten also durch die Verminderung der Ein- und Ausfuhrzölle einen Rückgang ihrer Einnahmen, waren aber gleichzeitig gezwungen, größere Aufwendungen für den Ankauf von Lebensmitteln zu machen. Um die Preise der Kolonialwaren zu drücken, trugen auch die Prisen bei. Die Beute, welche die Korsaren machten, bestanden naturgemäß zum größten Teil aus Produkten der englischen Kolonien; wenn diese nun in Guadeloupe oder Martinique verkauft wurden, so machten sie den eigenen Erzeugnissen empfindliche Konkurrenz. So lange der Außenhandel noch lebhaft gewesen war, hatte sich dieser Übelstand wenig geltend gemacht, er trat aber deutlich hervor, sobald sich die Käufer verminderten. Dieses Mißverhältnis zwischen dem Preise der Export- und Importgegenstände konnten die Sendungen, die das Mutterland an Mehl, Pökelfleisch und anderen Eßwaren lieferte, nicht beseitigen: wenn die französischen Lieferungen schon im Frieden hinter den Ansprüchen der Kolonien zurückgeblieben waren, so genügten sie ihnen noch weniger im Kriege, wo viele Schiffe dem Feinde in die Hände fielen. In der Heimat trug die Regierung den veränderten

Umständen Rechnung. Kaum hatten die Berichte der Generalkapitäne und Präfekten das Ausbleiben der Neutralen gemeldet, als Decrès beim Kaiser beantragte, den Grundsatz, die Kolonien mit Geld nicht mehr zu unterstützen, aufzugeben und zu dem früheren System der Subvention mit Zahlungsanweisungen zurückzukehren, da nunmehr die Unmöglichkeit, mit den lokalen Einkünften auszukommen, handgreiflich sei (Oktober 1806). Schon jetzt seien die Kolonialwaren schwer verkäuflich, führte er aus, und in Zukunft würde sich der Absatz noch mehr verringern, da die Engländer ohne Zweifel ihre Rache für die Kontinentalsperre an den Neutralen nehmen und ihnen den Verkehr mit den französischen Häfen gänzlich untersagen würden. Der Kaiser beugte sich dieser Beweisführung und gewährte in den folgenden Jahren den Kolonien wieder einen regelmäßigen Zuschuß, der verschieden hoch bemessen war, für die größeren aber bis zu einer Million alljährlich betrug. Bei den stetig ungünstiger werdenden wirtschaftlichen Konjunkturen konnte er freilich den Fehlbetrag in den kolonialen Budgets nicht decken.

Die Kolonialverwaltungen suchten die lokalen Einnahmen zu erhöhen und sich durchzuschlagen, so gut es gehen wollte. In Guadeloupe wurde eine neue Steuer, eine Ablösung des persönlichen Dienstes in der Nationalgarde durch Geldzahlung eingeführt (1805), dann wurden einige Ämter verpachtet und endlich der Zoll auf die Ausfuhr von Kolonialwaren erhöht (1806); in Martinique half man sich außer mit Zollerhöhungen durch die Ausschreibung einer außerordentlichen Kriegssteuer. Es gelang der Geschicklichkeit Laussats, die vornehmen Kolonisten von ihrer Notwendigkeit zu überzeugen und in zwei Jahren mehr als eine Million Francs dadurch einzunehmen (1807). So lange die Kolonialwaren noch leidlich im Preise standen und die neutralen Abnehmer nicht fehlten, waren diese Auflagen erträglich. Aber wie Decrès vorausgesagt hatte, umschlossen die Engländer seit der Handelssperre in Europa die Inseln enger, um überhaupt keinen Verkehr mehr zu dulden. Die Schiffe der kleinen Staaten verschwanden seitdem ganz und gar, und allein die Amerikaner, die die Selbständigkeit ihrer Flagge gegen die

Engländer besser zu wahren wußten, blieben übrig (1807). Da der Handel mit dem Mutterlande bedeutungslos war, so hatten die Amerikaner thatsächlich ein kommerzielles Monopol erlangt. Sie nutzten es rücksichtslos aus und verkauften den Kolonien Lebensmittel und industrielle Gegenstände zu teuren Preisen, deren Höhe sie bei dem Mangel an Konkurrenz allein bestimmten. Für die Kolonialprodukte waren sie höchst unzuverlässige Abnehmer. Da der Wiederverkauf in Europa seit der Verschärfung des Handelskrieges zwischen England und Frankreich (Anfang 1807) schwieriger geworden war, kehrten sie häufig mit leeren Schiffen nach Hause zurück und ließen sich die eingeführten Gegenstände mit Bargeld bezahlen. Die französischen Kolonien erlitten hierdurch einen neuen Ausfall in den Zolleinnahmen und ihr Bargeld floß allmählich nach dem Auslande ab. Der blühende Ackerbau war daher von geringem wirtschaftlichen Nutzen; die Inseln hatten Überfluß an Kolonialwaren, konnten sie aber nicht verwerten. Das Mutterland insbesondere konnte so gut wie gar keinen Vorteil daraus ziehen, da der französische Handel ja von den Engländern fast unmöglich gemacht wurde.

Noch drückender wurden alle diese Widerwärtigkeiten, als auch die Amerikaner ihren Handel mit den europäischen Kolonien einzuschränken begannen. Da die Engländer eine Neutralität im Seekriege nicht mehr gelten lassen und die französischen Häfen den Schiffen aller Nationen verschließen wollten, so verbot die nordamerikanische Republik ihren Unterthanen den Verkehr mit den europäischen Mächten und ihren Kolonien (Dezember 1807), um nicht in den Konflikt der beiden Mächte hineingezogen zu werden. Wenn dies Verbot streng durchgeführt worden wäre, wären die französischen Kolonien so gut wie abgeschnitten von der Außenwelt gewesen. Zum Glück für sie beachteten die amerikanischen Händler das Gesetz wenig und erschienen nach wie vor in den Häfen der Inseln, aber immerhin erlitt der Verkehr doch eine neue Störung, und die Generalkapitäne fühlten die daraus entspringenden Verluste wohl. Die Entthronung der spanischen Bourbonen brachte den Kolonien neues Mißgeschick. Der Aufstand der spanischen Nation gegen die neue Dynastie griff auch auf die spanischen Besitzungen in Amerika über, und wie das Mutterland machten sie sogleich mit Napoleons Todfeinde, mit England, gemeinsame Sache. In mehreren Kolonien, wie Cuba und Portorico, wurden französische Schiffe, die dort in den Häfen lagen, mit Beschlag belegt und Korsaren gegen die französischen Kauffahrer ausgerüstet. Dieser Umschwung war von großer Bedeutung. Bisher hatten die Franzosen in den zahlreichen Häfen der spanischen Kolonien Schutz gegen die Engländer gefunden: jetzt erhielten die schon übermächtigen Engländer einen wertvollen Bundesgenossen und die Franzosen einen neuen Feind. Der Verkehr mit dem Mutterlande und mit Amerika wurde abermals erschwert. Wie in Europa, so war der Dynastiewechsel auch für Amerika von ungeahnter Bedeutung.

Alle diese Unglücksfälle verminderten den Handel der Inseln rapide. Zur Zeit seiner höchsten Blüte (im Jahre 1806) hatte Guadeloupe auf 760 Schiffen Waren im Werte von 40 Millionen ausgeführt, zwei Jahre später waren es nur noch die Hälfte der Schiffe und 12½ Millionen und 1809 gar nur 244 Schiffe mit wenig über 7 Millionen. Das Bargeld hatte sich außerordentlich vermindert; so liefen nach Laussats Berechnung in Martinique 1808 kaum 3 Millionen Francs um, während in normalen Zeiten der Geldvorrat das Vierfache betragen hatte. Vergeblich baten die Kolonisten, ihre Abgaben in Naturalien bezahlen zu dürfen: da die Regierungen des Bargeldes zu ihren Lebensmitteleinkäufen von den Amerikanern dringend bedurften, mußten sie auf der Entrichtung in bar bestehen, so schwer es auch werden mochte. Die Erträge der Zölle seien fast null, klagten die Verwaltungen dem Marineminister immer wieder, und direkte wie indirekte Steuern blieben weit hinter den Anschlägen zurück, da die Hälfte der Steuerpflichtigen zahlungsunfähig sei. Zu verwundern ist es da nicht, daß zu den Verwaltungskosten, die in Martinique wie Guadeloupe gegen fünf Millionen betrugen, die lokalen Einnahmequellen weniger als die Hälfte beisteuern konnten.

Am eingreifendsten äußerten sich die Wirkungen des Bruches zwischen Spanien und Frankreich in der von Spaniern bewohnten Besitzung, in Santo Domingo. Diese Provinz war seit der Vertreibung Dessalines' vom Feinde nicht belästigt worden, da die Schwarzen des französischen Teils sich unter einander befehdeten und die Engländer eine Blockade wegen des geringen Handels nicht lohnend fanden. Auch im Innern wurde die Ruhe nicht wesentlich gestört. Wie erwähnt, hatte sich die Masse des Volkes der französischen Herrschaft willig gefügt; der gemeinsame Kampf gegen Dessalines hatte das Band zwischen beiden Nationen fester geknüpft, und die wenigen antifranzösisch Gesinnten hatten seit der Verstärkung der Garnison durch Missiessy keine Hoffnung mehr, die früheren Zustände zurückkehren zu sehen. Die Nachrichten von Napoleons Siegen in Europa endlich trugen dazu bei, seinen Namen zu popularisieren und das französische Prestige zu erhöhen: so kamen einmal Napoleons Kontinentalkriege auch den französischen Interessen jenseits des Weltmeeres zu statten, während sie ihnen sonst so unendlich geschadet haben. Der Gouverneur Ferrand konnte sich also ungestört dem innern Ausbau der Kolonie widmen. Namentlich der Ackerbau bedurfte seiner Fürsorge. Die spanische Indolenz hatte sich wenig um die Ausbeutung des fruchtbaren Bodens gekümmert; an Zucker, von dem die übrigen tropischen Kolonien so großen Nutzen zogen, wurde kaum so viel gewonnen, um den Bedarf der Einwohnerschaft zu decken. Der Hauptreichtum der Kolonisten bestand in Vieh, das sie in früheren Jahren vornehmlich nach dem französischen Teile ausgeführt und dafür französische Waren und Bargeld eingehandelt hatten. Mit den Unruhen in St. Domingue und der Vernichtung der dortigen Industrie, die einen großen Teil des eingeführten Viehs zur Betreibung der Zuckerfabriken verbraucht hatte, ging dieser Handel und damit auch die Viehzucht im spanischen Teile zurück. Ferrand drängte nun die Pflanzer zur Errichtung von Zuckerfabriken, einerseits, um einen gewinnbringenden Ausfuhrartikel zu erhalten, andererseits, um für die Viehzucht in den Fabriken einen Ersatz für das verlorene

Absatzgebiet im französischen Teile zu schaffen. Seine Mühe belohnte sich; einige Zuckerfabriken wurden gebaut, Tabak- und Kakaopflanzungen vermehrt, und die Viehzucht blieb immer auf einer solchen Höhe, um die Kolonie mit Fleisch versorgen zu können. Da sich Handel und Ackerbau, die so lange vernachlässigt waren, nur langsam heben konnten, so waren die Einkünfte der Regierung allerdings recht dürftig: wenig mehr als ein Sechstel der annähernd drei Millionen betragenden Verwaltungskosten konnte die Kolonie aufbringen. Die Steuerkraft konnte weniger als in den übrigen Besitzungen angespannt werden. Um die von Dessalines verwüstendem Einfall schwer heimgesuchten Pflanzer zu entlasten, hob Ferrand sogar zeitweilig die meisten auf dem Ackerbau ruhenden Abgaben auf (1805) und später suspendierte er alle Eingangszölle, um die fremden Schiffe nach Santo Domingo zu locken. Das schroffere Vorgehen Englands gegen die Neutralen und das amerikanische Gesetz gegen den Handel mit den Europäern machten sich auch in Santo Domingo fühlbar, aber da Napoleon dieser Kolonie durch reiche Geldsendungen zu Hilfe kam — 1806 erhielt sie z. B. eine Million in bar und Wechseln und später wurde der Betrag noch erhöht — so wurde der Mangel an Bargeld hier nicht so drückend wie in Martinique oder Guadeloupe. Diese Opfer, die Napoleon für die Kolonie brachte, beweisen deutlich genug, daß er auf die Wiedererwerbung des alten französischen Teils nicht verzichtet hatte, sondern, wie Decrès geraten hatte, auf der Osthälfte der Insel erst festen Fuß fassen wollte, um dann den Westen wieder einzunehmen.

Alle die Anfänge dieser aufstrebenden Kolonialwirtschaft zerstörte Napoleons Vorgehen gegen Spanien. Der Haß gegen Frankreich, der sich auf die Nachricht von den Bayonner Vorgängen in den spanischen Besitzungen erhoben hatte, verpflanzte sich auch nach Santo Domingo. Es konnte nicht fehlen, daß Ferrands Reformen die Freunde des alten Schlendrians verletzt hatten und Ungeschicklichkeiten einiger Beamter, die hier so wenig wie anderswo ausblieben, hatten manche Unzufriedene geschaffen. In normalen Zeiten waren sie ungefährlich, aber jetzt kamen

Emissäre aus Cuba mit englischer Hilfe herüber und ermunterten die Malkontenten zum Aufstande. Ferrand sah die Anfänge dieses revolutionären Geistes mit Sorge und bat schleunigst in Paris um 1200 Mann Verstärkungen, denn seine Garnison von 1600 Mann reichte nicht aus, um die große Provinz nach innen und außen zugleich zu überwachen. Bevor diese ankommen konnten, war der erste Schritt zum Aufruhr schon gethan: ein Spanier, dem der Gouverneur das Kommando eines Kastells nahe der Grenze des französischen Teils übertragen hatte, fiel von Frankreich ab und vereinigte sich mit einigen von Porto Rico herübergeführten spanischen Abteilungen. Sogleich strömten ihm von allen Seiten Aufständische zu. Ferrand marschierte selbst gegen ihn, um die Insurrektion im Keime zu ersticken, verlor aber Sieg und Leben im Kampfe mit der Übermacht (7. November 1808). Dieser Ausgang gab den Rebellen neuen Mut, und bald waren die Franzosen wie vor einigen Jahren, auf die Mauern Santo Domingos beschränkt. Die Lage war aber weit schlimmer als damals, denn jetzt hatten die Franzosen nicht die Bevölkerung auf ihrer Seite, und überdies nahmen die Engländer thatkräftig am Kriege teil. Wie einst Le Cap, so blockierten sie jetzt Santo Domingo und unterstützten die Aufständischen mit Waffen und Vorräten. Unter diesen Umständen konnte der endliche Ausgang nicht zweifelhaft sein: nach einigen Monaten zwang der Hunger den General Barquier, Ferrands Nachfolger, zur Kapitulation vor den Engländern, welche die bis auf ein Drittel ihrer ursprünglichen Stärke zusammengeschmolzene Garnison nach Jamaica in die Gefangenschaft führten (15. Juli 1809). Für immer verließen die Franzosen die Insel: der Traum Napoleons von der Gründung eines großen mittelamerikanischen Kolonialreiches, dessen Kern sie bilden sollte, war zu Ende.

Schon mehrere Monate vorher war die einzige Kolonie Frankreichs auf dem Festlande von Südamerika verloren gegangen. In Guyana hatte der unerwartete Bruch des Friedens von Amiens wichtige Kulturarbeiten unterbrochen. Der Gouverneur der Kolonie, Viktor Hugues, hatte den Bau einiger

Kanäle in Angriff genommen, um einige gute Verkehrsstraßen zu schaffen und beabsichtigte, die Arbeitskräfte durch einen rationellen Sklavenhandel zu vermehren, um den Ackerbau intensiver betreiben zu können. Er hoffte den besten Erfolg von diesen Maßregeln, als die Erneuerung des Seekrieges ihre Vollendung vereitelte. Er fürchtete für seine Kolonie zunächst nichts Schlimmes; der Krieg, meinte er zuversichtlich, könne ihre Entwicklung wohl hemmen, aber nicht verhindern. Für die ersten Jahre behielt er Recht. Dank seiner Thatkraft wurde die Ruhe bis auf einige unbedeutende Negerrevolten nicht gestört, der Ackerbau machte Fortschritte und der Handel war, wie in den anderen Besitzungen, lebhafter als je. Trotzdem Guyana drei Jahre lang (von 1805 bis 1807) keine finanzielle Unterstützung erhielt, konnte es seine Bedürfnisse in der Hauptsache durch lokale Einkünfte und Prisen selbst bestreiten. Erst seit der Verminderung des amerikanischen Handels trat Mangel an Lebensmitteln und Bargeld ein, und die Kolonie konnte nicht mehr als ein Drittel von dem etwa eine Million betragenden Budget decken. Die Kolonie fiel als erstes Opfer der Pyrenäischen Politik Napoleons. Als Frankreich Portugal den Krieg erklärt und so in die Arme Englands getrieben hatte, vereinigten sich englische Truppen mit Teilen der portugiesischen Armee in Brasilien und griffen Guyana zu Lande und zu Wasser an. Viktor Hugues suchte sich mit seinen 500 weißen und ebensoviel schwarzen Truppen zu verteidigen, aber als die Feinde die Sklaven durch allerlei Verheißungen insurgierten, sah er die Unmöglichkeit ferneren Widerstandes ein und entschloß sich zur Kapitulation. Glücklicher als Barquier, erhielt er mit seiner Garnison die freie Überfahrt nach Frankreich bewilligt (Januar 1809).

Während die Engländer so gemeinsam mit Spaniern und Portugiesen gegen Santo Domingo und Guyana vorgingen, hatten sie gleichzeitig Angriffe gegen die größten französischen Besitzungen, Martinique und Guadeloupe, vorbereitet. Deren Eroberung mußte voraussichtlich schwerere Opfer erfordern. Die beiden Inseln hatten wiederholt frische Mannschaften aus der Heimat empfangen. Als sich z. B. das Gerücht in Europa verbreitete, daß Martinique angegriffen werden sollte, ließ Napoleon sogleich bedeutende Truppenabteilungen hinüberwerfen, so daß die Garnison fast 5000 Mann betrug (Ende 1806), und die von Guadeloupe war nur wenig schwächer. Beide Generalkapitäne hatten daher keine Furcht vor einem etwaigen feindlichen Angriff. Ernouf beschränkte sich sogar nicht auf die Verteidigung seiner Kolonie. Auf den Befehl Napoleons sandte er eine kleine Abteilung der spanischen Kolonie Venezuela zu Hilfe, wo der Kreole Miranda, ein Abenteurer in englischen Diensten, einen Aufstand zu entfachen und die Kolonie vom Mutterlande loszureißen strebte. Die Expedition zu gunsten des bedrängten Bundesgenossen belohnte sich: Miranda wurde geschlagen, das Ansehen der französischen Waffen stieg, und Ernouf fand Gelegenheit, eine Anzahl Waffen und Kriegsvorräte, die seine Korsaren auf englischen Schiffen erbeutet hatten, an die spanischen Behörden zu verkaufen und reichlichen Gewinn für die Staatskasse daraus zu ziehen (Sommer 1806).

Aus denselben Gründen wie die günstige wirtschaftliche Lage hatte auch die militärische keinen Bestand. Seitdem die Engländer unbestritten die See beherrschten und ihre Kreuzergeschwader vermehrt hatten, liefen in den Häfen der Kolonien immer seltener Schiffe mit frischen Mannschaften ein, so daß die Lücken, die das Klima riß, nicht ersetzt werden konnten. Bereits im Jahre 1807 zählte Martinique nicht mehr als 3000 und Guadeloupe wenig über 2000 Mann, und die Generalkapitäne hatten von ihrer frohen Zuversicht viel verloren. Als Ernouf einen unmittelbaren Angriff der Engländer erwarten zu müssen glaubte, hielt er seine Linientruppen für zu schwach, um ihn allein abzuschlagen: er verstärkte sie sogleich durch das Aufgebot der Nationalgarden und durch Aushebung von etwa 1000 Sklaven, deren Stellung den Pflanzern auferlegt wurde (Anfang 1807). Monate lang blieben diese Milizen unter den Waffen, bis sich herausstellte, daß Guadeloupe nichts zu fürchten hatte. Selbst dann entließ Ernouf nur die Weißen, die Schwarzen behielt er unter der Fahne und verwandte sie zur Wiederherstellung der durch einen großen Sturm zerstörten Festungswerke und Straßen. Die Aufbringung dieser schwarzen Mannschaften war für die Pflanzer, denen ein Teil ihrer Arbeitskräfte dadurch entzogen wurde, wie für die Staatskasse eine schwere Last, aber für die Wehrkraft war sie von großer Bedeutung.

Trotz aller Energie und Umsicht konnte Ernouf nur die Hauptkolonie sichern, die Dependenzen Marie Galante, Petite Terre und Désirade fielen in die Gewalt der Engländer (Januar, März 1808). Damit war die direkte Verbindung mit Martinique unterbrochen, und die Feinde hatten vortreffliche Stützpunkte für ihre Geschwader und Korsaren in der Nähe Guadeloupes erhalten. Ein Versuch, Marie Galante wiederzuerobern, den Ernouf mit Unterstützung Villarets unternahm, scheiterte an der Überlegenheit der Feinde und verursachte nur neue Verluste (September 1808). Gegen Guadeloupe selbst versuchten die Engländer nur kleine Handstreiche und Landungen mit geringer Mannschaft, die zu keinem Resultat führten, aber in den Insulanern das Gefühl der Sicherheit nicht aufkommen ließen und Garnison wie Milizen durch den ewigen Wachtdienst ermüdeten und aufrieben.

Dasselbe System befolgten die Engländer gegen Martinique mit demselben Erfolge. Als sie aber hier Berichte Laussats an den Marineminister aufgefangen und daraus die Schwäche der Verteidigungsarmee erkannt hatten (Mai 1808), entschlossen sie sich zu einem großen Landungsversuche. Sie versammelten auf Barbados und Trinidad über 15000 Mann und landeten an mehreren Stellen der Insel, ohne daß es Villaret ernstlich hindern konnte (Januar 1809). Der Generalkapitän hatte wohl, sobald er von den englischen Rüstungen Nachricht erhalten hatte, in Frankreich um Hilfe gebeten, aber nur wenige Fregatten und Korvetten hatten sich durch die feindlichen Kreuzer hindurchstehlen können. Seine schwache Besatzung wurde trotz des Beistandes der Nationalgarde überall geschlagen und allmählich nach der Hauptstadt Fort de France zusammengetrieben. Hier bereitete sich Villaret zum hartnäckigsten Widerstande vor, aber in der Verteidigung versagte die Nationalgarde, die sich im Felde tapfer geschlagen hatte. Des langen Krieges müde, der so viele materiellen Verluste gebracht hatte, und erschreckt durch die Drohung der Engländer, die weißen Gardisten durch Vermögenseinziehung, die farbigen und schwarzen durch körperliche Züchtigung bestrafen zu wollen, verließen die Milizen ihre Posten und gingen nach Hause. Mit seinen Linientruppen zog sich Villaret in ein verschanztes Lager zurück und hielt sich noch einige Wochen, mußte aber dann, von allen Seiten eingeschlossen und ohne Hilfe auf Entsatz, kapitulieren (24. Februar 1809). Mit 2700 Mann hatte er den letzten Feldzug begonnen, 2200 waren noch übrig und gingen in englische Gefangenschaft.

Mit dem Falle Martiniques war auch das Urteil über Guadeloupe gesprochen, denn nichts hinderte die Engländer, ihr Heer von Martinique nach der Nachbarinsel zu führen und dieser dasselbe Schicksal zu bereiten. Der Angriff ließ denn auch nicht lange auf sich warten: wenige Wochen nach der Gefangennahme Villarets fiel die letzte Dependenz Guadeloupes von Bedeutung, Les Saintes, in die Gewalt des Feindes (April 1809), ein schlimmer Verlust, da Ernouf damit den besten Hafen für Linienschiffe verlor und die Feinde einen Beobachtungsposten vor den Thoren der Hauptstadt Basse Terre erhielten. Der unmittelbare materielle Schaden war überaus empfindlich: mehr als 1000 Mann fielen mit vielen Kriegsvorräten in Gefangenschaft. Schlimmer noch war die moralische Wirkung. Schon die ersten Verluste hatten, verbunden mit den steigenden Handelsschwierigkeiten, Niedergeschlagenheit erzeugt und das Vertrauen auf einen glücklichen Ausgang geschwächt: jetzt, nach dem Falle von Martinique und Les Saintes, brachen sich diese Anschauungen immer mehr Bahn. Die Pflanzer äußerten laut ihren Wunsch nach Wiederherstellung des Friedens, und die Desertion unter den Nationalgarden und Schwarzen nahm zu, ja sichere Anzeichen sprachen dafür, daß Kolonisten mit den Engländern verräterische Verbindungen unterhielten. Der gute Geist der Einwohnerschaft, den Ernouf früher so lebhaft gepriesen hatte, drohte zu verschwinden. Aber ohne den opferwilligen Beistand der Kolonisten war eine Sicherung der Kolonie nicht möglich. Die Besatzung sollte nach Napoleons Willen im Kriege über 5000 Mann betragen: thatsächlich betrug sie, als die Engländer sich zum Angriffe rüsteten, weniger als die Hälfte der Sollstärke; das Wenige, was aus Frankreich an Succurs kam, ersetzte nicht die Verluste, die der kleine Krieg mit den Engländern und das Klima brachten und war überdies schlecht ausgebildet und wenig brauchbar. Bewaffnung und Kleidung ließen viel zu wünschen übrig: die Soldaten seien ohne Hüte und Schuhe, klagen Ernouf und Kerversean, Mehl und schlechter Stockfisch seien mitunter ihre einzige Nahrung; aus Geldmangel könne man wenig für die Hospitäler thun, um die Wirkungen des Klimas zu mildern (Sommer 1809). Daß unter diesen Verhältnissen der Heeresdienst für die Milizen nichts Verlockendes hatte und sie massenweise davon gingen, ist nicht wunderbar.

Trotzdem verzweifelte Ernouf noch nicht. Er requirierte Lebensmittel und Kleidung auf der Insel für die Truppen und setzte strenge Strafen auf Desertionen und Konspirationen mit den Engländern; ganz Guadeloupe, schrieb er dem Minister etwas bombastisch, sei in ein Waffenlager, alle Weißen und ein Teil der Schwarzen in Soldaten verwandelt (März 1809). Da die Engländer für ihren Hauptangriff die günstigste Jahreszeit nach Ablauf der Regenzeit abwarteten, so gelang es noch einmal, einige Hundert Mann und etwas Geld und Lebensmittel in die Kolonie zu werfen (Ende 1809). Ernoufs Streitmacht stieg hierdurch wieder auf 4000 Mann, wovon die Hälfte weiße Liniensoldaten, der Rest Nationalgarden aller drei Farben waren, aber das konnte die Insel nicht mehr retten, da die Übermacht der Engländer nach wie vor erdrückend blieb. Wir wollen dem Todeskampfe der tapfern Garnison, die unter steten Kämpfen langsam verblutete, nicht im einzelnen nachgehen. Sie verlor Schritt für Schritt an Terrain und mußte zunächst die östliche Hälfte der Kolonie Grande Terre räumen und sich auf einige feste Punkte des westlichen Teiles beschränken (Dezember 1809); einige Wochen lang schlug sie die Stürme der Engländer ab, dann mußte sich Ernouf unter denselben Bedingungen wie Villaret ergeben (6. Februar 1810). Kurze Zeit darnach nahmen die Engländer die letzte Dependenz von Guadeloupe, das kleine

St. Martin, weg, und damit gehörten ihnen sämtliche französische Besitzungen in den Antillen.

Napoleon hatte die amerikanischen Besitzungen über seinen indischen Plänen und den spanischen Dingen nicht vergessen. Unaufhörlich drängte er während der Jahre, da die Engländer die Antillen enger umschnürten, den Marineminister zur Ausrüstung von Schiffen, um den Kolonien Mannschaften und Lebensmittel zuzuführen. Früher hatte er kleine Geschwader oder einzelne Fregatten hinausgesandt, jetzt, bei der strengeren Blockade, versuchte er es mit kleinen Fahrzeugen, die, weniger leicht bemerkbar, den Feind leichter täuschen konnten. So viele Korvetten, Bricks und „Fliegen" sollten in See stechen, sagte er (Juli 1808), daß die Kolonien gesichert seien, wenn auch nur zwei Drittel der Fahrzeuge ihr Ziel erreichten. Daß er damit teilweise Erfolg hatte, wissen wir bereits, aber auch, daß die Mittel nicht ausreichten, die Ansprüche der Generalkapitäne zu erfüllen. Den spanischen Besitzungen hatte er seit dem Vorgehen gegen die Bourbonen ebenfalls seine Aufmerksamkeit zugewendet und suchte ihren Besitz seinem Bruder zu sichern. Schon ehe die Absetzung der Bourbonen vollzogen war, ließ er Agenten in die spanischen Kolonien, nach Mexiko und Südamerika senden, um den Dynastiewechsel in günstigem Lichte darstellen zu lassen: er sei vorteilhaft für die Kolonien, da diese durch ihn in engere Verbindung mit Frankreich kämen und von diesem besser als bisher gegen England geschützt werden könnten. Seine Hoffnung, daß die Kolonien sich hierdurch bewegen lassen würden, die Veränderung ruhig hinzunehmen, trog ihn dann freilich ebenso, wie sein Glaube an die Gleichgültigkeit der spanischen Nation in Europa. Kaum hatte er aber seinen Irrtum erkannt, da änderte er auch seine Politik gegen die spanischen Kolonien. Er zweifelte nicht, daß die Insurrektion sich auch in Amerika ausbreiten werde und beschloß, die spanischen Kolonien als feindliche zu behandeln und einige für Frankreich in Besitz zu nehmen (Juni).

Als die Heerfahrt nach Indien unmöglich geworden war, wollte Napoleon die Ozeangeschwader nach den Antillen senden, um durch einen großen Schlag die verlorenen Besitzungen wieder zu erobern und die Kolonien mit allem Notwendigen für länger als ein Jahr auszurüsten (Herbst 1808). Die englischen Blockadegeschwader ließen damals den Aufbruch der Flotten nicht zu, aber weder dieses Hindernis noch die Hiobsposten aus Amerika raubten dem Kaiser die Zuversicht auf einen endlichen Erfolg in seiner Kolonialpolitik. Selbst während des spanischen und österreichischen Krieges entwarf er Pläne für große überseeische Expeditionen, um Cayenne und Martinique wiederzuerobern. Ähnlich wie in früheren Jahren schlug er dabei die Leistungsfähigkeit seiner Marine zu hoch an. Nach den Berichten des Marineministers und der Admirale mangelte es bedenklich an Matrosen für die Linienschiffe. Am schlimmsten sah es in Rochefort aus, wo im vorigen Jahre für die Indienfahrt nicht gerüstet worden war und eine Epidemie unter den Seeleuten geherrscht hatte. Man müsse die zur Küstenverteidigung dienenden Mannschaften, sowie alte, nur zur Küstenschiffahrt brauchbare Matrosen einstellen, schrieb Decrès, wenn man in Rochefort ein starkes Geschwader ausrüsten wolle, und selbst dann würde die Bemannung nur höchst unvollkommen sein (Oktober 1809). Von den geplanten großen Expeditionen kam keine einzige zustande, da die Engländer die Häfen schärfer als je bewachten. Napoleon war höchst unzufrieden mit der Unthätigkeit seiner Flotten und legte sie der Energielosigkeit seiner Admirale zur Last, aber es steht dahin, ob die Ursache nicht eben so sehr in den maritimen Mängeln zu suchen ist, die gewiß nicht dazu beitragen konnten, den Unternehmungsgeist der Seeleute zu erhöhen. Es blieb daher trotz aller Mühe wie früher nur bei kleineren Sendungen, die eine den Engländern gewachsene Macht in Guadeloupe, der allein noch übrigen Besitzung, nicht versammeln konnten. Die größte Expedition, die in dieser Zeit zustande kam, wurde mit drei Linienschiffen und zwei Fregatten von Lorient aus unternommen. Sie landete glücklich in Les Saintes (März 1809), konnte aber das Schicksal der Insel nicht wenden, und der Führer mußte froh sein, seine Linienschiffe unter Aufopferung der Fregatten retten zu können. Ein anderes, ebenfalls nach Amerika bestimmtes Geschwader, aus elf Rochefortem und Brester Schiffen bestehend, konnte zum Teil wegen ungenügender Besatzung den Hafen von Rochefort nicht rechtzeitig verlassen und wurde von den britischen Blockadegeschwadern angegriffen. Vier französische Linienschiffe gingen verloren, und die andern wurden so beschädigt, daß an ein Auslaufen in der nächsten Zeit nicht zu denken war (April 1809). Abermals war erwiesen, daß allein Zwergsendungen auf eine glückliche Überfahrt zu rechnen hatten, und sie nahmen denn auch ihren Fortgang. Es erscheint fast verwunderlich, daß Napoleon, trotz der übeln Erfahrungen mit Martinique, Guadeloupe mit Hilfe solcher kleiner Verstärkungen noch im Herbst 1809 zu retten meinte und nicht lieber die Insel sich selbst überließ, um den bei der evidenten Übermacht der Engländer unvermeidlichen Verlust nicht durch weitere Sendungen zu vergrößern. Ohne Zweifel hatte er trotz allen Unglücks zur See die Hoffnung nicht aufgegeben, daß es später doch gelingen werde, eine starke Flotte abzusenden, und bis dahin sollten die kleinen Expeditionen dazu dienen, den Widerstand bis zur Ankunft dieser entscheidenden Macht zu verlängern.

Elftes Kapitel.

Der Fall von Ile de France und Java. — Schluß.

Ähnlich wie in Amerika verlief der Kolonialkrieg im Westen und Osten Afrikas.

Das kleine Senegal, das Decrès mit Lebensmitteln, Geldsummen und Artikeln für den Handel mit den Schwarzen des Binnenlandes unterstützte, war zu Beginn des Krieges in ziemlich günstiger wirtschaftlicher Lage, da der Land- und Seehandel die Kolonie ernährte. Als freilich die Engländer die Insel Goré besetzt und einen lebhaften Schmuggelhandel nach St. Louis, dem Zentralsitz der Franzosen, eingerichtet hatten, floß das Bargeld allmählich nach Goré ab, und die Kolonie geriet in große Not. Lange dauerte dieser Zustand nicht, denn bei ihrer schwachen Besatzung — wenig über hundert Mann — fiel sie in die Gewalt der Engländer, sobald diese einmal einen ernstlichen Versuch, sich ihrer zu bemächtigen, machten (Juli 1809).

So leichtes Spiel hatte England mit Ile de France und Réunion nicht. Deren Situation war, wie wir uns erinnern, nach dem Kriege allmählich besser geworden als sie im Frieden gewesen war. Aber schon im dritten Kriegsjahre ging es wieder rückwärts. Während um diese Zeit der Handel von Martinique und Guadeloupe seine höchste Blüte erreichte, wurde er in Ile de France und Réunion lahmgelegt. Der Grund war, daß die Engländer die Küsten und die Verbindungen ihrer besten Kolonie, Indien, mit starken Kräften an Kriegsschiffen und Korsaren zu sichern bestrebt waren und demgemäß die beiden Inseln besser als die Antillen überwachen konnten. Unter den fortgesetzten Belästigungen verminderte sich der neutrale Handel schnell, so daß z. B. die Zolleinnahme des Jahres 1806 nur die Hälfte von der des Vorjahres betrug. Selbst die Amerikaner, die in den Antillen ihrer Flagge so lange Achtung zu verschaffen wußten, wurden der Plagen überdrüssig und mieden die Kolonie allmählich. Die Eroberung des Kaps der Guten Hoffnung verstärkte die Stellung der Engländer und machte die Position Decaens noch ungünstiger. Er fürchtete mit seinen 1700 europäischen Soldaten, trotz des guten Geistes der Nationalgarden, einem Angriffe nicht gewachsen zu sein und forderte 1000 bis 1500 Mann Verstärkungen (Anfang 1806), wodurch allerdings die Kosten der Kolonie um eine Million erhöht worden wären. Sechs Millionen hätte damit das Budget betragen, zu dem die Inseln nur 1700000 Francs beisteuern konnten. Daß Decaen darum die Zumutung, die Kolonie aus eigenen Mitteln zu erhalten, zurückwies, ist natürlich; er bat vielmehr dringend um Unterstützung in Bargeld, da Schatzanweisungen bei dem Mangel an großen Bankhäusern nur schwer unterzubringen seien. Verschlimmert wurden seine Verlegenheiten durch einige Stürme und Überschwemmungen, die den Pflanzungen großen Schaden zufügten und die Ausschreibung von Steuern auf die Landeserträge verboten. Die Prisen brachten je länger je weniger ein, da sie, wie in Amerika, meist aus Kolonialprodukten bestanden, für die der Absatz fehlte.

Die Metropole konnte seine Bitten nicht erfüllen. Baargeld zu schicken, wollte Napoleon jetzt wie früher wegen der Unsicherheit zur See nicht wagen, aber auch hinsichtlich der anderen Sendungen stand Ile de France ungünstiger als die amerikanischen Inseln. Da die Seefahrt doppelt so lange als nach den Antillen dauerte, so mußten die Schiffe mit einem entsprechend größeren Vorrat an Lebensmitteln und Wasser versehen werden, es blieb also weniger Raum für Menschen und Gegenstände, deren die Kolonie bedurfte, übrig. Der Transport der von Decaen beanspruchten Mannschaften hätte eine Flotte erfordert, die erst nach längerer Vorbereitung zusammengebracht werden konnte und der Gefahr eines Abfangens durch den Feind weit mehr ausgesetzt war, als die kleinen Sendungen nach den Antillen. Wenn Napoleon also nicht eine große Flotte, die einem feindlichen Angriffe Widerstand leisten konnte, ausrüsten wollte, mußte er hier ebenfalls zu dem System der Einzeltransporte greifen, obgleich seine Wirkung noch viel geringer sein mußte als in den Antillen. Er sandte daher dem Generalkapitän zwei Fregatten zu und ließ ihm auf Decrès' Vorschlag antworten, eine pekuniäre Unterstützung durch das Mutterland sei unmöglich; die Kolonie müsse sich durch Beraubung des englischen Handels die fehlenden Mittel beschaffen und die Kosten durch Sparsamkeit vermindern (Oktober 1807). Die beiden Fahrzeuge landeten in der That ein Halbjahr später glücklich in Ile de France. Aber obwohl sie dazu bestimmt waren, die Seemacht der Insel zu verstärken und die Prisen zu vermehren, so trugen sie zunächst nicht zur Erleichterung, sondern zur Erschwerung der Notlage bei: infolge der langen Fahrt bedurften sie mancher Ausbesserung und fielen vorläufig der Kolonie zur Last. Ähnlich stand es mit einigen Schiffen, die das Jahr darauf ankamen. Um sich Geld zu schaffen, blieb daher der Verwaltung kein Mittel als Anweisungen auf den öffentlichen Schatz auszustellen: fast sechs Millionen in den ersten beiden Jahren nach der Verschlechterung der wirtschaftlichen Lage (1806 und 1807), und in den folgenden Jahren waren es nie unter 1½ Millionen. Selbst diese reichten nicht für alle Bedürfnisse; Handwerkern, Arbeitern, Soldaten und Offizieren gegenüber war die Verwaltung durchschnittlich ein Jahr im Rückstande. Napoleon, der diese Belastung seines Säckels sehr ungern sah, nahm einige Formfehler in der Rechnungslegung der Kolonialverwaltung zum Anlaß, die Anweisungen nur zögernd anzuerkennen und fügte dadurch dem Kredit der Kolonie großen Schaden zu. Anleihen und Münzprägungen aus erbeutetem Metall, zu denen der Generalkapitän seine Zuflucht nahm, nutzten wenig; die Mittel, die sie gewährten, waren bald wieder aufgezehrt, da alle Preise der Lebensmittel und Schiffsutensilien, deren Beschaffung der Kolonie oblag, bedeutend gestiegen waren. Um die Zeit, da in Amerika die Leidenszeit der Kolonien begann, verschlimmerten sich in Ile de France und Réunion, das seit 1806 den Namen Bonaparte angenommen hatte, die Zustände aus denselben Gründen wie dort noch mehr. Die amerikanische Flagge verschwand ganz aus den Häfen, und, was das Schlimmste war, der Feind begann auch den Handel nach Madagaskar, der zur Ernährung unentbehrlich war, zu beunruhigen. Trotz aller Notschreie des Generalkapitäns und Präfekten, die eine Hungersnot befürchteten, war der Minister außer stande, ihnen durch größere Sendungen zu helfen. Er riet ihnen, die Anpflanzung von Zuckerrohr und anderen tropischen Gewächsen, die erst in den letzten Jahren der Königszeit auf den Inseln eingeführt worden waren, zu beschränken: bei der unsichern Überfahrt nach Europa, schrieb er, würden jene Produkte doch nur geringen Nutzen abwerfen. Das Wichtigste sei vorderhand die Sicherstellung der Ernährung, deshalb sollten sie lieber mehr Reis und Mais anbauen, wie es früher üblich gewesen sei (Dezember 1808).

Die immer strenger werdende Blockade verhinderte Decaen natürlich, seiner weiteren Aufgabe, in engen Beziehungen zu Persien und Indien zu bleiben, gerecht zu werden. Unermüdlich hatte er während der ersten Jahre Nachrichten über Indien gesammelt und nach Paris geschickt, auch mit Gardanne war er in Korrespondenz getreten. Den Verkehr mit dem asiatischen Festlande erleichterte er sich durch einen Handelsvertrag mit einem Häuptlinge von Mascate in Südarabien (Juni 1807). Da der Vertrag den von Napoleon aufgestellten Grundsätzen über die Schiffahrt der Neutralen während des Seekrieges widersprach, wurde er in Paris nicht bestätigt, aber während die Nachrichten darüber nach und von Paris hin- und hergingen, blieb der Vertrag doch lange genug in Kraft, daß der Häuptling die Korrespondenz mit Gardanne vermitteln konnte. Eine Unterstützung des Schah mit Gewehren und Kriegsmaterial, die Napoleon angeordnet hatte, war dem Generalkapitän freilich unmöglich, da er selbst an Waffen keinen Überfluß hatte, und bald litten auch die feindlichen Kreuzer dergleichen Sendungen nicht mehr. Gegen die Kolonie selbst unternahmen die Engländer längere Zeit nichts. Nur die Dependenzen, die kleinen Seychellen, besetzten sie (1806), Handstreiche gegen die beiden Hauptinseln begannen sie erst zwei Jahre später. Zunächst wandten sie sich gegen Réunion, das als die unbedeutendere von beiden Inseln nur durch wenige Hundert Mann besetzt war. Nachdem einige Landungsversuche mißglückt waren, gelang es ihnen, einen Hafen zu besetzen, wurden aber durch Verstärkungen, die Decaen rechtzeitig geschickt hatte, wieder verjagt (Oktober 1809). Dieser Fehlschlag belehrte die Engländer, daß zur Eroberung der Inseln eine große Truppenmacht erforderlich sei. Sie zogen auf der Nachbarinsel Rodriguez, die ebenfalls französisch war aber nicht hatte besetzt werden können, mehrere Tausend Mann zusammen, die sie aus den Garnisonen vom Kap, von Bengalen, Madras und Ceylon zusammensetzten. Sie konnten es wagen, ihre dortige Stellung zu schwächen, da in Indien Frieden herrschte und der spanische Krieg Napoleons Plan einer Landexpedition nach Indien, worüber ihnen das

Jahr zuvor unbestimmte Nachrichten zugegangen waren und Besorgnisse hervorgerufen hatten, völlig ausschloß. Mit großer Übermacht eröffneten sie dann den Feldzug gegen Réunion und nach wenigen Tagen hatten sie die Insel in Besitz und die schwache Garnison gefangen genommen (8. Juli 1810). Die Nationalgarde hatte, wie in Amerika, nicht bis zuletzt ausgehalten. Entmutigt durch den langen verlustreichen Krieg, war sie nach der Landung der Feinde abgefallen, wodurch der ohnehin aussichtslose Widerstand noch schneller zu Ende ging.

Decaen erwartete nun sogleich den Angriff auf Ile de France und suchte sich, so gut es gehen wollte, darauf vorzubereiten. Er bildete aus der Mannschaft einiger Fregatten ein Korps von 400 Mann und vereinigte es mit der Nationalgarde, um ihr, die wegen der geringen Truppenzahl wenig zuversichtlich war, Mut einzuflößen. Seine Linientruppen hatte er dadurch verstärkt, daß er Deserteure von englischen Schiffen und Kriegsgefangenen, namentlich die anti-englisch gesinnten Irländer, in seine Dienste nahm. Es war ein dürftiger Ersatz für die ausbleibenden französischen Rekruten, denn er glaubte nicht mit völliger Sicherheit in der Stunde der Gefahr auf sie rechnen zu können. Auf die Schiffahrt wollte er trotz der Reduktion seiner Flottenmannschaft nicht verzichten; unermüdlich suchte er mit seiner Flottille — sechs Fregatten und zwei Korvetten — die Blockade zu durchbrechen, um nicht durch eine Sperrung der Häfen dem Verhungern ausgesetzt zu werden. Es glückte ihm sogar, noch einen Erfolg zur See davon zu tragen (27. Juli), aber die 1500 Kriegsgefangenen, die er dabei machte, waren eine schwere Last für die Kolonie. Die Notwendigkeit, sie zu ernähren und zu bewachen, verminderte sowohl seine Vorräte wie seine Streitmacht, und die Engländer, die den Zustand der Insel wohl kannten, verweigerten die Auswechslung. Mittlerweile verstärkten sich die Engländer auf Rodriguez und Réunion und griffen nach einigen Monaten Ile de France nach Decaens Schätzung mit 15000 Mann europäischer und indischer Truppen an. Mit seinen 1300 geschulten Soldaten, 800 weißen und 900 farbigen Nationalgarden konnte der Generalkapitän der

Doppelaufgabe, die fünf Häfen der Insel zu schützen und die zahlreichen Gefangenen zu bewachen, nicht gerecht werden. Um sich durch eine völlige Niederlage nicht die Möglichkeit besserer Bedingungen zu verscherzen, und um die Insel nicht einem verwüstenden Kampfe auszusetzen, schloß deshalb Decaen, sobald die Landung einmal ausgeführt war, eine Kapitulation ab, die ihm und seinen Truppen freie Überfahrt nach Frankreich gewährte und die Insel den Engländern auslieferte (3. Dezember 1810).

In Paris hatte man die Vorgänge in der Kolonie aufmerksam verfolgt. Der Kontinentalfriede, den Napoleon seit dem Abschluß des österreichischen Krieges und der Heirat mit Marie Louise für absehbare Zeit für gesichert hielt, erlaubte ihm, sich den maritimen Aufgaben wieder nachdrücklicher zu widmen, wenn auch die Fortdauer des spanischen Krieges so umfassende Projekte, wie er sie 1805 und 1808 gehegt hatte, verbot. Als daher die Berichte Decaens immer trostloser lauteten, entschloß er sich noch einmal, einen Versuch mit einer größeren Expedition zu machen: 1500 bis 2000 Mann sollten hinübergeschafft werden, um die Gefahr einer Eroberung abzuwenden (Sommer 1810). Während an der Ausrüstung der Geschwader gearbeitet wurde, fand die Vereinigung Hollands mit Frankreich statt (Juli), und damit fielen auch die asiatischen Kolonien Hollands, die Sundainseln, an Frankreich. Die bedeutendste von ihnen, Java, war reicher und weit bevölkerter als alle Besitzungen, die Frankreich im letzten Jahre verloren hatte, aber es stand mit dieser Kolonie nicht viel anders als mit den französischen: wie diese hatte sie Überfluß an Kolonialwaren und Mangel an Bargeld, europäischen Waren und Soldaten. Ihre Verteidigungsmittel bestanden im wesentlichen aus eingeborenen Soldaten, die, an einen Kern Europäer angelehnt, gute Dienste leisten konnten, aber isoliert wenig brauchbar waren. Gegen einen englischen Angriff wäre die Insel ziemlich wehrlos gewesen. Napoleon war sogleich entschlossen, ihr Unterstützung zu teil werden zu lassen und befahl für den Herbst die Abfahrt mehrerer Geschwader, die

1000 Mann hinüberführen sollten. Aber bei dieser Vergrößerung des Kolonialbesitzes fragte es sich, ob die Mittel hinreichten, Java und Ile de France gleichzeitig wirksam zu unterstützen, oder ob man besser thue, sämtliche Mittel auf einen Punkt zu konzentrieren. Der Kaiser legte diese Frage einer Versammlung von höheren Seeoffizieren und Beamten, an der auch der Minister des Auswärtigen teilnahm, zur Begutachtung vor (17. September 1810). Die meisten Mitglieder des Rates unter Führung des Marineministers erklärten sich gegen eine Expedition nach Ile de France. Es sei bei der strengen Blockade der Insel außerordentlich schwer, dort zu landen; überdies sei der Wert der Kolonie durch den Fall von Réunion, das doch wahrscheinlich von den Engländern genommen sei, vermindert, und die Häfen von Madagaskar, deren man zur Versorgung der Kolonie bedürfe, würden vermutlich auch verloren sein. Beiden Punkten, Ile de France und Java, zugleich genügend zu helfen, sei man außer stande: man solle sich also begnügen, Java zu unterstützen, das noch nicht angegriffen sei und mit den zur Verfügung stehenden Kräften unbedingt gesichert werden könnte. So werde man eine Kolonie wenigstens mit Bestimmtheit retten. Ile de France müsse unter den obwaltenden Umständen sich selbst überlassen und General Decaen ermächtigt werden, mit seiner Garnison nach Java abzusegeln, wenn er die Unmöglichkeit einsehe, sich in seiner Kolonie zu halten. Der Minister des Auswärtigen war dagegen der Ansicht, daß die Wichtigkeit von Ile de France gestiegen sei, seitdem Java französisch geworden sei, da es die Verbindung mit der neuen Besitzung bilde. Er wollte deshalb zuerst das alte Eigentum sichern und meinte, wenn dadurch die Expedition nach Java verzögert werde, so sei dies nicht nachteilig, da die Engländer Java gewiß erst nach der Einnahme von Ile de France angreifen würden. Selbst der als wahrscheinlich angenommene Verlust von Réunion mache nichts aus, denn es sei doch nicht unmöglich, die Insel mit den ankommenden Verstärkungen wieder zu erobern. Dieser Meinung schloß sich der Staatsrat Malouet an, der noch hervorhob, daß die Nationalehre und die Möglichkeit, von Ile de France aus Indien zu bedrohen, die Sicherung dieser altfranzösischen Kolonie erfordere.

Napoleon stimmte der Anschauung der Minderheit zu und befahl die Ausrüstung je einer Expedition für beide Kolonien: Ile de France sollte 1700 und Java 1100 Mann mit reichlichem Zubehör erhalten. Ehe diese Transporte aufbrechen konnten, kam die Nachricht, daß Réunion genommen sei und ein Angriff auf Ile de France unmittelbar bevorstehe. Der Kaiser änderte deshalb seine Dispositionen insofern, daß er die nach Ile de France bestimmte Flotte anwies, auf der Fahrt zu erkunden, ob Ile de France noch im französischen Besitze sei und, falls es genommen sei, nach Java zu segeln. Da die Überfahrt dorthin mehr Zeit erforderte, mußte die einzuschiffende Mannschaft auf 1400 herabgesetzt werden, um Platz für das größere Quantum an Lebensmitteln zu gewinnen. Wenn sich die Insel noch hielte, worauf der Kaiser ziemlich sicher rechnete, sollten die Schiffe ihre Truppen an Land setzen, selbst aber nach Java weitersegeln, um die dort stationierte Flotte zu verstärken (1. November). Diese wertvolle Kolonie mochte ihm selbst dann noch nicht genügend geschützt erscheinen, er ordnete gleichzeitig die Ausrüstung weiterer Schiffe in Holland und Frankreich für Java an, um noch einige Hundert Mann mehr, als ursprünglich geplant, hinüberzuwerfen. Vor allem auf Artillerieoffiziere und Männer, welche die Pulverfabrikation verständen, richtete er sein Augenmerk, da nach den Berichten des Gouverneurs gerade diese der Kolonie fehlten. Er verhieß allen, die sich zur Auswanderung bereit erklärten, große Vorteile: verabschiedete, noch rüstige Offiziere sollten in Java mit einem höheren Grade wieder angestellt und tüchtige Unteroffiziere zu Offizieren befördert werden. Auch die Privatleute suchte er für die zukunftsreiche Besitzung zu interessieren. Die Handelskammern forderte er auf, Eisen, Feuersteine, Takelwerk, Kupfer, Papier, Tinte, Hüte und andere Waren nach Java zu befördern und versprach ihnen, die Kolonialprodukte, die sie nach Frankreich zurückbrächten, von jedem Zoll zu befreien.

Zwei Fregatten und eine Korvette waren zuerst segelfertig. Auf ihnen schiffte sich der holländische General Janssens, den

Napoleon zum Gouverneur ernannt hatte, mit einigen Hundert Mann nebst einem Stabe von Offizieren und Beamten ein. Glücklich landete die Expedition (Mai 1811), aber der Eindruck, den der Gouverneur von der Kolonie empfing, war wenig erfreulich. Zwar sei die Herrschaft des Kaisers überall anerkannt, schrieb er, aber mit der Wehrkraft und den Finanzen sei es übel bestellt; die Eingeborenen seien von den Holländern bedrückt und ersehnten die Landung der Engländer, um ihrer Bedränger ledig zu werden. — Weniger glücklich waren die nach Ile de France bestimmten drei Fregatten, die kurz nach Janssens Frankreich verließen (3. Februar 1812). Sie erfuhren rechtzeitig, daß die Kolonie verloren war und segelten nach Madagaskar, wo sie eine kleine englische Abteilung gefangen nahmen, dann aber von einem überlegenen Geschwader angegriffen und geschlagen wurden (Mai 1811). Der Kommandant fiel und zwei Fregatten wurden genommen; die dritte rettete sich, wagte aber ihre Fahrt nach Java allein nicht fortzusetzen, sondern kehrte nach Frankreich zurück. Es war der letzte Versuch, den Napoleon zur Rettung seiner Kolonie unternehmen konnte: wenige Monate später mußte sich auch Java den Engländern ergeben (September 1811). Einen so raschen Fall der Kolonie hatte der Kaiser nicht vermutet. Er hatte wohl erwartet, daß sie nach dem Falle von Ile de France angegriffen werden würde, aber das Gutachten eines mit der Kolonie bekannten holländischen Generals hatte in ihm die Hoffnung erweckt, daß der Gouverneur sich im Innern halten könne, selbst wenn der Haupthafen Batavia verloren gegangen sein werde. Die Möglichkeit zum Entsatz schien also auf lange hinaus gesichert. Er hatte schon eine neue Expedition von einigen Fregatten bereitstellen lassen, als die Kunde von der Einnahme Javas ihre Absendung vereitelte (Anfang 1812).

Der Fall Javas bedeutet das Ende der Napoleonischen Kolonialpolitik: sämtliche französische Kolonien waren jetzt in Feindeshand, und der heraufziehende Krieg mit Rußland verhinderte jeden ernsthaften Versuch zu ihrer Befreiung. Große Opfer an Geld und Menschen hatte Napoleon für die Kolonien gebracht, unaufhörlich hatte er die kühnsten Pläne entworfen, um ihnen zu helfen: es war alles vergeblich gewesen. Schon hierdurch wird der dem Kaiser gemachte Vorwurf, für die Kolonien kein Wohlwollen oder Verständnis besessen zu haben, widerlegt, und nicht besser begründet ist derselbe Tadel, der gegen seinen vornehmsten Berater, den Marineminister Decrès, erhoben worden ist. Daß einzelne Kolonialbehörden, wie Rochambeau und Decaen, den Minister mit Vorwürfen überschütteten und ihm persönlich die Schuld an ihrer verzweifelten Lage beimaßen, ist verständlich, da von ihnen, den Opfern der überseeischen Politik Napoleons, ein unbefangenes Urteil nicht erwartet werden darf, und sie überdies nicht in der Lage waren, von ihren Inseln aus die Thätigkeit des Ministers zu würdigen. Aber auch spätere französische Schriftsteller haben dieses Verdammungsurteil wiederholt. Decrès habe, heißt es, Napoleon nicht genügend über die schlechte Lage der überseeischen Besitzungen aufgeklärt, vielmehr aus Schmeichelei dessen Abneigung gegen die Kolonien verstärkt und sie ungeachtet aller Hilferufe der Gouverneure ihrem Schicksal überlassen. Unsere Darstellung hat wohl genügend die Ungerechtigkeit dieses Urteils gezeigt; weder hat er es unterlassen, dem Kaiser vom Zustande der Kolonien Nachricht zu geben, noch sich gescheut, Widerspruch zu erheben, wenn er dessen Anordnungen für unheilvoll hielt. Daß er nicht genügend für die Kolonien sorge, hat ihm allerdings auch gelegentlich der Kaiser vorgeworfen: aber es gibt wohl keinen unter den Ministern und Generalen Napoleons, der nicht derartige Vorwürfe über Mangel an Energie oder Geschicklichkeit hat hinnehmen müssen. Die abfälligen Urteile des Kaisers bezeichnen nicht sowohl einen wirklichen Mangel an gutem Willen oder Fähigkeiten bei dem Getadelten als die Unmöglichkeit den Ansprüchen des Herrn, der bei seinen Dienern die eigene unermüdliche Thatkraft und den eigenen unerschöpflichen Gedankenreichtum voraussetzte, zu genügen. Ein Mann von hervorragenden Eigenschaften und selbständigen Ideen war Decrès, wie Thiers richtig hervorhebt, zwar nicht, aber dazu war neben Napoleon weder Platz noch Bedürfnis, falls die französische Marine eine solche Persönlichkeit überhaupt aufzuweisen hatte. Ideen hatte Napoleon selbst genug, und ein Beamter von großer geistiger Selbständigkeit hätte es auf die Dauer unmöglich ertragen, allein die Anweisungen des Meisters gehorsam auszuführen und ihm die Informationen zu liefern, auf grund deren er seine Beschlüsse faßte. Mehr als solche — nur im Detail der Verwaltung selbständige — Informationsbehörden waren ja die Napoleonischen Minister im allgemeinen nicht. Aber aus den Napoleonischen Gedanken das herauszuschälen, was nach den vorhandenen Mitteln ausführbar war, dazu waren gewiß wenige besser geeignet als der fleißige Decrès, dessen scharfer kritischer Verstand jede schwache Seite in den Entwürfen Napoleons herauszufinden wußte, und dessen Phantasie doch kräftig genug war, um dem Adlerfluge der Napoleonischen Pläne zu folgen.

Auf persönliches Verschulden Napoleons und seines Ministers ist der Untergang der französischen Kolonien gewiß nicht zurückzuführen, und ebenso wenig auf die Fehler der einzelnen Kolonialbehörden, da diese mit unüberwindlichen Schwierigkeiten zu kämpfen hatten. Die unmittelbare Ursache des Verlustes ist ohne Zweifel die Schwäche der französischen Marine. Wir sahen, welche ungenügende Seestreitkräfte die Revolution hinterlassen hatte, wie unzureichend sie bei den ersten kolonialen Expeditionen im Frieden waren und wie wenig sie beim erneuten Ausbruch des Seekrieges ihren Aufgaben gerecht werden konnten. An Thätigkeit gebrach es nicht in den französischen Häfen, um die Sünden der Revolution zu sühnen; Schiffe wurden in großer Zahl ausgebessert und gebaut; aber damit war noch keine leistungsfähige Flotte geschaffen: es fehlte den neuen Fahrzeugen an einer geübten Bemannung. Diese war schwerer als das tote Material zu beschaffen. Der schwache Seehandel konnte wenig Matrosen liefern, die Krankheit in den Antillen verminderte die alte Mannschaft, und die Friedenszeit war zu kurz, um in Ruhe Rekruten in der notwendigen Anzahl auszubilden. Im Kriege war die Blockade der großen Kriegshäfen ein empfindliches Hindernis für die Ausbildung, da der Hafendienst den Seedienst nicht ersetzen konnte. Ob für die Wiederherstellung der Marine wie für die Versorgung der Kolonien im einzelnen mehr hätte geschehen können, haben wir nicht zu entscheiden: soviel ist wohl gewiß, daß unter den obwaltenden Umständen nicht genug geschehen konnte, um die französische Marine der englischen ebenbürtig zu machen und die Kolonien zu sichern.

Wenn die Friedenszeit zu kurz war, um die Schaffung einer kräftigen Marine zu ermöglichen, so haben wir damit den letzten Grund des Verderbens schon berührt: die Unmöglichkeit, mit England dauernd im Frieden zu leben. Was Napoleon nach so kurzer Zeit in den Krieg mit England getrieben hat, ist oben erörtert worden: nicht blinde Eroberungslust, sondern die Notwendigkeit, seine Stellung in Frankreich und Frankreichs Stellung in Europa zu behaupten, denn beide hätten durch die Erfüllung der englischen Forderungen empfindlich gelitten. Das ausschlaggebende Moment seiner Weltpolitik bildeten die Kolonien trotz ihrer Wichtigkeit eben doch nicht; sein nächstes Ziel mußte stets sein, die durch die Revolution eroberte europäische Machtstellung Frankreichs unversehrt zu erhalten: der Kontinent lag ihm näher als der überseeische Besitz. Die Verhältnisse auf dem Festland haben daher das Schicksal der Kolonien mitbestimmt. Das Interesse der Kolonien hätte Frieden mit England erfordert, aber da England die vorwaltende Stellung Frankreichs in Europa nicht anerkennen wollte, so mußte Napoleon Krieg mit ihm führen, um es zur Anerkennung zu zwingen, auf die Gefahr hin, dabei seine Inseln zu verlieren. Der Bruch des Friedens von Amiens entschied noch nicht das Schicksal sämtlicher französischer Kolonien, selbst die Schlacht bei Trafalgar lieferte sie den Engländern noch nicht aus, obwohl sich seitdem ihre Lage stetig verschlechterte. Den Todesstoß gab den Kolonien der spanische Aufstand. Er vereitelte den alten Plan, das Mittelmeer französisch zu machen; er verhinderte Napoleon, im Bunde mit Rußland die große Offensive gegen England zu beginnen, die, mochte sie nun ihren Endzweck erreichen oder nicht, die englische Marine doch so beschäftigt hätte, daß die französischen

Kolonien davon gewiß, wie in den Jahren 1803 bis 1805, Vorteil ziehen konnten. Die Insurrektion beraubte ferner Napoleon der Hilfe der spanischen Marine und der spanischen Häfen, die ihm vorher von Nutzen gewesen waren; in Europa kostete sie ihm mehrere Kriegsschiffe und in Amerika endlich entzog sie den Franzosen an den spanischen Besitzungen einen Rückhalt und verstärkte die bisherigen gemeinsamen Feinde, die Engländer. Seitdem Napoleon an den pyrenäischen Krieg und den daraus hervorgehenden österreichischen Krieg gefesselt war und keine große Expedition zur See mehr unternehmen konnte, war die Rettung der Kolonien nicht mehr möglich. Denselben Mächten, denen der Imperator schließlich selbst erliegen sollte, erlagen zuerst seine Kolonien: dem Gegensatze Englands gegen das aus der Revolution hervorgegangene verstärkte Frankreich in Verbindung mit dem nationalen Widerstande der Festlandsstaaten gegen das aus dem Kampfe mit England entstehende Napoleonische Weltreich.

Anmerkungen.

Zum ersten Kapitel.

Die Kolonien vor der Revolution vornehmlich nach den Werken von Boyer-Peyreleau, Histoire des Antilles, E. Reynault, Histoire des Antilles, Lacroix, Mémoires, Ardouin, Etudes sur l'histoire d'Haïti, Unienville, Statistique de l'île Maurice, Azéma, Histoire de l'île de Bourbon, Trouette, Lîle Bourbon pendant la période révolutionaire Sciout, Revue des quest. hist. 1898, Schoelcher, Toussaint Louverture, Poyen, la guerre aux Antilles u. a. Ferner sind in den Napoleon nach Antritt des Konsulats vorgelegten Denkschriften manche historischen Notizen enthalten.

Zu Seite 4 über die wirtschaftliche Bedeutung: Moniteur Jahr X 23 mess. (12. Juli 1802).

Zum zweiten Kapitel.

Über die egyptische Expedition Boulay de la Meurthe, Le directoire et l'expédition d'Egypte Paris 1885. Corresp. de Nap. Bd. 3. 1980. 2103, 6. 2195. 2391. 2419. 2426. 2492 ff. 2502. 2509, ferner: Constantin Stamoty, früher franz. Generalkonsul in der Walachei, Mémoire adressé au directoire executif sur les Isles du Levant. 10. Februar 1798. Poterat an das Direktorium 15. Januar 1798: Mémoire sur les intérêts respectifs de la République franç. et de l'ordre de Malte. Auszüge aus einer Depesche des franz. Konsuls Souriade in Kanea an das Direktorium 31. Mai 1797. Plädiert für Besetzung der jonischen Inseln. Eine Kopie der Depesche schickte das Direktorium an Napoleon am 9. Juni 1797. A. n.

Zu Seite 29. Berichte des Marineministers an die Konsuln vom 3., 8. und 22. Dezbr. 1799. Kolonialministerium.

Correspond. de Nap. Bd. VI Nr. 4455, 56.

Zu Seite 31 ff. Truguet an Napoleon 26. Jan. 1800. Lescallier an Napoleon 23. April 1800. A. n. — Corresp. VI Nr. 4610. 4701. 4726. 4744. — Forfait an Sahuguet und Lescallier 3. Mai 1800. — Kolonialministerium. — Forfait an Napoleon 11. Juni 1880. A. n.

Zu Seite 34. Forfait an Napoleon frim. 8 (22. Nov. bis 21. Dez. 1799). Lescallier an Napoleon 21. Febr. 1800. A. n. — Instruktion an die Agenten auf Guadeloupe 30. März 1800. Kolonialministerium.

Zu Seite 35 ff. Lescallier an Napoleon 16. Nov. 1799. Ganteaume an Napoleon 20. Dez. 1799. Forfait an Napoleon 18., 23. Jan. 1800. Opinions de diverses personnes sur les secours à envoyer aux colonies orientales (Forfait, Ganteaume, Truguet, Sektion Marine im Staatsrat). pluviose 8 (21. Jan. bis 19. Febr. 1800). Villaret an Napoleon 3. Dez. 1800. A. n. — Cossigny an Forfait, Ile de France 28. Okt. 1800. Kolonialministerium.

Zu Seite 37 ff. Talleyrand an Napoleon 30. Okt. 1800. Vincent an Forfait 15. April 1800. Toussaint an Napoleon 25. Juni 1800. Forfait an Napoleon messidor 8 (20. Juni bis 19. Juli 1800). A. n. — Roume an Forfait 6. Jan., 9., 18. Juni 1800. Kerversau an Forfait 28. Mai, 28. Juni 1800. Chanlatte an Forfait 20. Juni 1800. Kolonialministerium.

Zu Seite 41 ff. Vincent an Forfait 7. Sept. 1800. Kolonialministerium. — Forfait an Napoleon 29. Sept., 7. Okt. A. n. Ferner Ardouin, Lacroix. — Toussaint an Napoleon 24., 25. Aug. 1801. A. n.

Zum dritten Kapitel.

Zu Seite 49 ff. Forfait an Napoleon messidor 8 (20. Juni bis 19. Juli 1800). 30. Aug. 1800. 13. Okt. Talleyrand an Napoleon 20. Okt. A. n.

Chanlatte an Forfait 9., 20. Juni. Kerversau an Forfait 9. Juni 1800. Sahuguet an Napoleon 20. Sept. 1800. Forfait an Napoleon 30. Sept. Kolonialministerium. Corresp. Bd. 6 Nr. 5097. Kolonialministerium. — Thiers meint mit Unrecht, daß Ganteaume von vornherein für Egypten bestimmt gewesen sei.

Zu Seite 52 ff. Forfait an Napoleon 7., 23. Okt. 16. Nov. Michel an Forfait 26. Dez. 1800. Barbé-Marbois an Napoleon 4. April 1801. Forfait an Napoleon 10. April 1801. A. n.

Corresp. Bd. 6 Nr. 5140. 5292. 93. Bd. 7. 5439.

Instruktionen für Lequoy-Mongiraud. Von Forfait unterzeichnet. 17., 19. März 1801. Forfait an Lequoy, Desperoux, Combis 17., 19., 22., 28. März, 7., 19. April, 29. Mai, 8. Juni. Forfait an Roume 17. März. Forfait an Toussaint 29. Mai, 7. Aug., 27. Sept. Forfait an Don Garcia 21. März. Lequoy und Combis an Forfait 3., 9, April 1801. Talleyrand an Forfait 28. Dez. 1800. Kolonialministerium.

Zu Seite 56 ff. Forfait an Napoleon 23. Okt., 16., 25. Nov. 1800. A. n.

Zu Seite 58. Bases pour les instructions du général La Crosse et le général Bedout und Bases pour l'instruction du Général Lacrosse, Capitaine-Général de la Guadeloupe. A. n. Beide sind nicht datiert und nicht unterschrieben, aber da Lacrosse sein Vorgehen nach den darin entwickelten Grundsätzen regelte, so ist kein Zweifel, daß sie ausgefertigt sind. Ferner Forfait an Napoleon 16. Jan., 24. April 1801. Lacrosse an Napoleon 4. Juli, 19. Nov., 21. Dez. 1801, 5. Febr. 1802. A. n. Über den Aufruhr in Guadeloupe ferner Boyer-Peyrelau und Poyen, wo auch Berichte der früheren Agenten abgedruckt sind.

Zu Seite 61 ff. Du Casse, Histoire des négociations diplom., Lefebvre u. a. Forfait an die Kolonialverwaltungen 13. Okt. 1800. Kolonialministerium.

Zum vierten Kapitel.

Zu Seite 64 ff. Abtretung Louisianas: Lefebvre, Grandmaison, Baumgarten u. A. Berthier an Napoleon, Ildefonso 12. Sept., 6. Okt. 1800 über die Verweigerung Floridas. A. n.

Zu Seite 65 ff. Vorbereitung der Expedition: Ankunft Vincents, Moniteur. Villaret an Napoleon 7. Okt., 26. Nov. Decrès an Napoleon 23. Okt., 5., 12., 23. Nov., 1. Dez. Leclerc an Napoleon 26. Okt. Dugua an Napoleon 27. Nov. A. n. Talleyrand an Decrès 8. Okt., 8. Dez. 1801. Dubois an Decrès 12. Okt. Decrès an Napoleon 29. Okt. Kolonialministerium.

Corresp. Bd. 7, 5698, 7539, 5786, 87, 5803, 5822 ff.

Zu Seite 67 ff. Die Instruktion an Leclerc s. Anlage.

Zu Seite 70 ff. Über Sklaverei und Negerhandel. Denkschriften von Page, Lyonnet, Berthelot, Delamardelle, Malenfant u. A. Die Verfasser sind zum Teil nicht genannt. A. n. Ferner Corresp. Bd. 7, 5455.

Decrès an Napoleon 21. April 1802. A. n. Decrès an Leclerc und Richepanse 14. Juli 1800. Rev. Hist. Bd. 24.

Über die Stellung der Farbigen: Decrès an die Behörden von Guadeloupe 16. Juli 1802. Kolonialministerium. Gesetz vom 20. Mai

1802 (30. flor. X), 2. Juli (13. mess. X). Über den Handel: Decrès an die Behörden von Guadeloupe 6. Juli, an Leclerc 28. Juli 1802. Kolonialministerium.

Zur Behördenorganisation S. 155 ff.: Arrêtés vom 19. April 1801 (29. germinal IX), 4. Nov. (13. brum. X).

Corresp. Bd. 7. 5394 5502. Forfait an Napoleon 6. April 1801. pluviôse 9 (21. Jan. bis 19. Febr. 1801). Kolonialministerium.

Zur Schulfrage: Instruktion an Leclerc. Anlage. Milderung der Vorschrift S. 77 Decrès an Leclerc 10. Nov. 1801. Marineministerium. Über Ile de France: Decrès an Decaen und Leger 4. April 1808. Kolonialministerium.

Zur Gerichtsverfassung: Arrêté vom 18. Juni 1802 (29. prairial X).

Kultusangelegenheit: Destrem, Revue Histor. Bd. 9. Decrès an Portalis 9. Febr. 1803. Arrêtés vom 2. Juli (13. mess. X), 23. Juli 1802 (4. therm. X), 4. Dez. 1802 (13. frimaire XI).

Zum fünften Kapitel.

Zu Seite 79 ff. Über den Feldzug die Memoiren der Feldzugsteilnehmer Lacroix und Laujat, die Darstellungen von Handelmann, Geschichte der Insel Haïti; Laroche, Haïti; Laujon, Précis historique de la première expédition de Ste. Domingue; Métral, Histoire de l'expédition des Français à Ste. Domingue; Mosbach, der französische Feldzug auf Domingo; Schoelcher, Toussaint Louverture; Ardouin, Etudes sur l'histoire d'Haïti. Schoelcher hat die im Archiv des Kriegsministeriums liegenden Berichte Leclercs, Ardouin urkundliches Material der Archive in Port au Prince benutzt. Die jüngste zusammenhängende Darstellung: Castonnet des Fosses, La perte d'une Colonie, Paris 1893, hat kein urkundliches Material benutzt und beruht in der Hauptsache auf Schoelcher und Lacroix. Sie enthält wesentliche Irrtümer.

Meine Darstellung ruht außer auf den in obigen Werken enthaltenen Nachrichten vornehmlich auf den Berichten Leclercs an Napoleon in den Arch. nat. und den Berichten an Decrès im Kolonialministerium. Von den letzten ist ein kleiner Teil veröffentlicht von Adams in der Revue Historique Bd. 24. Ferner ist eine große Zahl von Berichten über den Feldzug und Anordnungen Leclercs im Moniteur veröffentlicht.

Einzelheiten: Über Rochambeaus Vorgehen, Leclercs Bericht bei Schoelcher. Seite 83 Stärke der Armee, Leclerc an Napoleon 20. Febr. 1802. A. n. Rückkehr der Schwarzen: Laujat. Über die Belagerung von Crête à Pierrot Seite 86: Lacroix, Memoiren. Zu Seite 87: Leclerc an Napoleon 9. April. A. n. Seite 88: Toussaint an Leclerc, Moniteur. Seite 89 ff.: Leclerc an Napoleon und Decrès 1., 4.

21. April. A. n. und Kolonialministerium. Seite 91, 92: P. de Lacroix, Mémoire secrête sur l'armée coloniale de Ste. Domingue. Es ist Napoleon im Jahre 1803 eingereicht. A. n. Seite 93. Krankheit: Leclerc an Napoleon 1. April, 11. Juni 1802. Navarrez an Decrès 21. Febr. 1803. Kolonialministerium. Leclerc an Decrès 22. Juli 1802. Kolonialministerium. Seite 96. Entwaffnung: Lacroix, Mem. sécrête. Leclerc an Napoleon 24. Juni, 6. Juli. A. n. an Decrès 6. Juli Kolonialministerium.

Seite 97 ff. Verwaltung: Leclercs Anordnungen im Moniteur, zum Teil bei Ardouin. Lequoy-Montgiraud an Decrès 6. Sept. 1802. Kolonialministerium. Seite 100: Leclerc an Decrès 9. Febr. 1802. Decrès an Leclerc 28. Febr. Kolonialministerium. Seite 102: Leclerc an Napoleon 1. April. A. n. an Decrès 21. April. Kolonialministerium. Seite 104: Leclerc an Decrès 25. Aug. Kolonialministerium. Die Klage über die schlechten Lebensmittel kehrt ferner in vielen Berichten an Napoleon wieder. Lequoy an Decrès 6. Sept. Kolonialministerium. Seite 105: Leclerc an Decrès 8. Juli. Kolonialministerium. Seite 106 ff. Entwaffnung und Aufstand: Leclerc an Decrès 12., 28. Juli, 9. Aug., Kolonialministerium an Napoleon 9. Aug. A. n. Über das Auftreten der Franzosen Seite 108: Lacroix, Mém. secrête.

Seite 108 ff. Leclerc über die Sklaverei: Leclerc an Decrès, Juli, bei Schoelcher, Toussaint Louverture. Über Richepanses Vorgehen: Leclerc an Napoleon 16. Sept. A. n. Seite 109: Über die Verwendung der Truppen, Leclerc an Decrès 25. Aug. Kolonialministerium. Lacroix, Mém. secrête. Seite 110: Über die Rolle der schwarzen Generale: Lacroix, Memoiren. Seite 111: Über die Unterwerfung der Kolonie: Leclerc an Napoleon 7. Okt. 1802. A. n. Seite 113: Napoleon über Leclerc: Mémoires de Ste. Hélène. Corresp. Bd. 7. 5997.

Seite 114 ff. Rochambeau an Decrès 10., 15. Jan., 2., 5., 6., 29., 30. März 1803. Kolonialministerium. Decrès an Napoleon 4. März 1803. Kolonialministerium.

Zum sechsten Kapitel.

Seite 117 ff. Boyen, La guerre aux Antilles, Boyer-Peyreleau, Reynault u. A.

Instruktionen Richepanses 8. April 1802. Kolonialministerium. Berichte Lescalliers, Richepanses, Goberts im Kolonialministerium, in den A. n. und im Moniteur, insbesondere Compte rendu par le Conseiller d'Etat Lescallier de la mission, qu'il a eue du premier consul en l'an IX comme préfet de la Guadeloupe et des motifs de son retour auprès du Gouvernement 1. Mai 1804. A. n.

Seite 124 ff. Die Berichte von Villaret und Bertin im Kolonialministerium und den A. n.

Seite 127 ff. Arrêtés vom 5. Juli 1802 (16. mess. X), 23. Juli (4. thermidor X).

Seite 127 ff. Madagaskar: Corresp. Bd. 6. 5284. 5316; Bd. 7. 5744. Forfait an Napoleon 16. Jan. 1801. Launay an Napoleon 25. Nov. 1801. A. n.

Seite 128. Geldsendung: Decrès an Napoleon 3. Jan. 1802. Decrès an Magallon, den Gouverneur von Ile de France, 11. Jan. 1802. Kolonialministerium. Organisation: Forfait an Napoleon 6 April 1801. Decrès an Napoleon 23. Juli 1802, 20. Januar 1803. Decaen an Napoleon 30. Juni 1802. A. n. Decrès an Magallon 9. Febr. 1803. Kolonialministerium Corresp. Bd. 7. 6037. 6189. 6208; Bd. 8. 6544. Tessier: Revue Historique Bd. 15. Arrêté 11. Sept. 1802 (24. fruct. X).

Zum siebenten Kapitel.

Seite 130 ff. Corresp. Bd. 7. 5913. 5997. 6088, 89; Bd 8. 6445. 6456 u. a.

Sendung von Ausländern Corresp. Bd. 8. 6447. Kolonialdepots: Arrêté 11. Dez. 1802 (20. frim. XI). Zollordnung vom 22. Juli 1802 (3. therm. X). Emigrantengesetze: 26. April 1802 (9. floréal X), 19. Nov. 1802 (28. brumaire XI), 3. Sept. (16. fruct. X). Schuldgesetze: 6. Sept. 1802 (19. fruct. X), 13. April 1803 (23. germinal X). Ackerbaukammern: 24. März 1803 (3. germinal XI).

Seite 134 ff. Thiers, Lefebvre, Lanfrey, Brosch, Fournier und Browning, England and Napoleon in 1803. London 1887.

Seite 137. Otto an Talleyrand 19. Okt. A. n.

Seite 142. Die irrige Auffassung vertreten u. A. Fournier und Lanfrey. Fournier zitiert eine Stelle aus Lucians Memoiren, die auf eine spätere Erzählung Sebastianis zurückgehend behauptet, Napoleon habe selbst geäußert, durch den Bericht Sebastianis England zum Kriege treiben zu wollen. Diese Quelle ist zu trübe, um daraus Argumente zu schöpfen.

Seite 142. Truppensendung: Corresp. Bd. 8, 6445. Decrès an Napoleon 11., 20. Nov. A. n. an Leclerc 5. Dez. 1802. Kolonialministerium. Decrès an Talleyrand 26. Okt. Kolonialministerium. Seite 290. Napoleon an Rochambeau und Decrès Corresp. Bd. 8. 6568. 6570. Decrès an Rochambeau 8. Febr., 14. Febr. Kolonialministerium und Marineministerium. Decrès an Napoleon 24., 28. Febr. A. n. Geldsendung: Arrêté vom 5. März 1803. Kolonialministerium. Seite 144:

Decrès an Napoleon 16. Febr. A. n. Er legt ihm da einen Brief Rochambeaus an seine Gemahlin in Paris vor. Seite 145 ff. Louisiana: Decrès an Napoleon 30. Aug., 7., 15., 21. Sept., 11. Nov., 13. Dez. 1802. A. n. Decrès an Viktor 24. Jan. 1803. Marineministerium. Seite 145 ff. Instruktion Decaens und Viktors: Decrès an Decaen 11. März 1803. Kolonialministerium. Decrès an Viktor 11. März 1803. Marineministerium. An Rochambeau 12. März 1803. Kolonialministerium.

Seite 148 ff. Barbé-Marbois, Histoire de la Louisiane. Livingstone an Talleyrand 11. Dez., bei Barbé-Marbois; an Decrès 20. Dez. 1802. A. n. Talleyrand an Bernadotte 10. Jan. 1803. Kolonialministerium. Napoleons Beratung mit Decrès und Barbé-Marbois bei Barbé-Marbois, Ankunft Monroes ebenda.

Zum achten Kapitel.

Seite 153 ff. Über die Geldsendungen während des Krieges Arrêté vom 8. Juli 1803 (19. mess. XI). Kolonialministerium Über die Verhältnisse auf St. Domingue: Decrès an Napoleon 22. April, 13. Mai. Kolonialministerium. 28. März, 9., 16. Mai. A. n. Corresp. Bd. 6704.

Seite 155 ff. Rochambeau an Decrès 29., 30., 31. März 1803, 29. April, 14., 15., 29., 30. Mai, 3., 4. Juni, 9. Juli, 21., 31. Aug., 21. Nov., 6. Dez. Kolonialministerium. An Napoleon 14. April, 15. Mai, 29. Juni, 9. Juli. An Decrès 17. Aug., 3. Nov. 1803. A. n.

Seite 157. Truppenstärke und Verluste: Nach einer Berechnung des Generalstabschefs Boyer waren von der Expedition Leclercs bis zum 24. Juni 1803 43830 Mann nach St. Domingue gesandt worden. — Die Zahl von 50000 berechnet bereits — aber auf unsicherer Grundlage — Dessosses Seite 348.

Über Guadeloupe: Boyer-Peyreleau. Poyen. Rechenschaftsbericht Lescalliers. Über den Handel Seite 158. Ernouf an Decrès 1. Juli 1803. Decrès an Napoleon 22. Nov. 1803. A. n. über Lescalliers Heimkehr: Decrès an Ernouf 6. Juli 1804. Kolonialministerium.

Über Martinique: Poyen. Über die schlechte militärische Lage ferner: Villaret an Napoleon 8. Mai, 9. Juli, 3. Okt. 1803. A. n. An Decrès 3. Juli. Kolonialministerium. Über den Geist auf Martinique und Guadeloupe: Decrès an Napoleon 24. Juni 1805. A. n.

Seite 161. Über Napoleons Landungspläne 1803—1805 meine Untersuchung in den „Preuß. Jahrbüchern" Bd. 93. Ferner Poyen.

Seite 166 ff. Über Sto. Domingo: Lemonnier-Delafosse, Seconde campagne de Ste. Domingue. Havre 1846. Über die Organisationsfrage: Decrès an Napoleon 13. Mai 1803. Kolonialministerium. Über die Einwohner und den Gouverneurwechsel: Kerverseau an Decrès 9. Febr. 1804. Decrès an Ferrand 22. Juli 1804. Ferrand an Decrès 9. Nov. 1804. Kolonialministerium. Ferrand an Decrès 17. Juli 1804. Kerverseau an Decrès 19. Febr. 1805. A. n.

Seite 168. Über die Belagerung Ferrand an Decrès 28. März, 9. April. Lagrange an Decrès 20. Mai 1805. Kolonialministerium.

Seite 170. Zur Aufgabe Villeneuves: Die meisten Darstellungen nehmen an, daß Villeneuve den Befehl gehabt habe, größere Truppenmassen in den Kolonien auszuschiffen und tadeln ihn, daß er es unterlassen habe. Aus seiner Korrespondenz mit Decrès (Jurien de la Gravière, Guerres maritimes II) geht aber evident hervor, daß er diese Instruktion nicht gehabt hat. Die Truppen an Bord seines Geschwaders sollten offenbar an der englischen Landung teilnehmen.

Seite 171. Über die moralische Wirkung der Geschwader: Laussat an Decrès 9. Juni 1805. Kolonialministerium. Über die Erwartungen der Kolonisten: Poyen, Boyer-Peyreleau.

Seite 172. Decaens Fahrt nach Indien und Ile de France: Tessier, Rev. Hist. Bd. 15. Verwaltungsorganisation; über die Kolonialversammlung: Berichte Magallons an Napoleon und die Marineminister 1800—1802. A. n. und Kolonialministerium, ferner Azéma und Unienville. Auflösung: Tessier.

Sklavenfrage und Milizordnung: Decrès an Napoleon 21. Nov. 1804. Finanzlage: ebenda. Ferner Decrès an Napol. 12. Juni 1805. A. n. Decaen an Decrès 30. Nov. 1803, 28. April 1806. Decrès an Decaen und Léger 9. Dez. 1803, 3. Febr., 25. Aug. 1804. Lebensmittel und Schiffsutensilien: Decaen an Decrès 17. Jan. 1804. Léger an Decrès 16. Jan. 1805. Kolonialministerium. Decrès an Napoleon 21. Nov. 1804, 30. April 1805. A. n. Über Indien: Decaen an Decrès 18. Okt. 1803, 15. Febr., 13. Mai 1804, 26. März 1805. Kolonialministerium. Barois, Adjutant Decaens, an Napoleon, Paris 4. April, 29. Juni 1804. A. n. Vgl. ferner meinen Aufsatz über die Landungspläne.

Zum neunten Kapitel.

Zur Entstehung des Krieges von 1805: mein Aufsatz über die Landungspläne. Seite 181. Über die Expeditionen: Chevalier, Poyen.

Seite 182 ff. Finanzfrage: Corresp. 11. Nr. 9011. Decrès an Napoleon 24. Juli, 30. Aug. 1805, 20. Okt. 1806. A. n.

Seite 183 ff. Unterhandlung mit England und Rußland: Thiers, Brosch, Lefebvre u. A. Seite 186. Über St. Domingue: Braquehais an Napoleon 21. Febr. 1804. Kerverseau an Clarke 19. Febr. 1805, der es

Napoleon vorgelegt hat. Decrès an Napoleon 9. Aug. 1806. A. n. Decrès an Ferrand 7. Okt. 1806. Ferrand an Decrès 1. Aug. 1808. Kolonialministerium. Corresp. Bd. 13. 10607. 10664

Über die Windinseln Corresp. 13. 10075. 10128. Decrès an Napoleon 28. Mai 1806. A. n.

Seite 188. Verhandlungen mit Preußen: Bailleu, Lefebvre, Thiers u. A. Lecestre Bd. I, 124. Über die Verhandlungen mit England im August: Clarke an Napoleon 31. Juli. Talleyrand an Napoleon 16., 17., 29. Aug. A. n. Talleyrand hegt in diesen Schreiben noch Hoffnung auf das Zustandekommen des Friedens. Über den Umschwung am 3. Sept. Talleyrand an Napoleon 3. Sept. 1806: „Es ist jetzt ganz offenbar, daß England den Frieden nicht schließen wird. Die Entschließungen Rußlands sind offenbar mit der Partei Grenville vereinbart." A. n.

Seite 190. Über den Zug nach Manila: Decrès an Napoleon 23. Okt. 1806. A. n.

Seite 190 ff. Verbindung mit Persien, Vandal, I. Corresp. 15. 12278. 12354. 12429. 12448. 12533. 12563. Decrès an Napoleon 26. Mai 1807. A. n. Tilsit und orientalische Pläne: Vandal, Tatistscheff, mein Aufsatz über Napoleons Plan eines Feldzuges nach Indien im Jahre 1808. Preuß. Jahrb. Bd. 68.

Napoleons maritime Rüstungen und Pläne im Anfang 1808 bei Vandal, Chevalier und Corresp. Über Algier: Corresp. 17. 13760. 13997. Ganteaume an Napoleon 20. Mai 1808. A. n. Decaen an Decrès 30. Aug. 14. Dez. 1807. Kolonialministerium Über die Beschäftigung und Täuschung der Engländer Seite 198 ff.: Corresp. und an Decrès 28. Mai. S. Anlage. Decrès an Napoleon 17., 23. Febr., 14. März, 11. Mai, 17., 19., 24., 26., 27. Mai, 3. Juni, 1., 4., 24. Juli. A. n.

Zu Decrès' Anschauung von Napoleons Plänen Seite 199: Vandal (I, S. 349) zitiert einen Brief Napoleons vom 22. Mai 1808, in dem er Decrès scharf zurechtweist und sich verbittet, von ihm mit Gott verglichen zu werden. Vandal meint, Decrès habe sich, von den ungeheuren, die ganze Welt umfassenden Plänen Napoleons geblendet und ergriffen, zu diesem Vergleiche hinreißen lassen. Das ist ein Irrtum, der Vergleich steht gar nicht im Zusammenhange mit den großen maritimen Entwürfen. Decrès wollte die in die spanischen Kolonien zu entsendenden kleinen Fahrzeuge von Cadix aus expedieren, der Kaiser wollte sie von Rochefort, Nantes, Bordeaux und Bayonne abgehen lassen. Decrès glaubte, daß sie bei der Abfahrt aus den französischen Häfen abgefangen werden würden und bat wiederholt dringend um die Erlaubnis, sie von Cadix aus absenden zu dürfen. Da er auf seine Eingabe keine Antwort erhielt, bat er ziemlich verzweifelt Napoleon um definitive Instruktionen (Paris, 19. Mai 1808), nachdem er noch einmal seine Einwände wiederholt hatte: „Wenn E. M. mir die Ehre erweisen würden, mir zu sagen, ich will, daß Sie

sie (die Schiffe) daraus (aus den französischen Häfen) abgehen lassen, dann würde ich darin den Willen Gottes sehen und sie auf der Stelle expedieren." (A. n. A. F. IV 1197.) Hierauf erfolgte jene Zurechtweisung.

Zum zehnten Kapitel.

Seite 204. Die materielle Lage der Kolonien: Boyer-Peyreleau u. a. Vor allem: Berichte Laussats und Villarets an Decrès Juni, Juli 1805. Kolonialministerium.

Seite 205 ff Über die Verschlechterung der Lage: Decrès an Napoleon 20. Okt. 1806, 29. Jan., 18. Juli, 11., 30. Okt. 1807, 30. April, 6. Mai, 18. Aug. 1808. A. n. Ferner Poyen und Boyer-Peyreleau. Seite 208. Der Handelsverkehr von Guadeloupe nach Boyer-Peyreleau; der Geldumlauf in Martinique nach einem Berichte Laussats. Decrès an Napoleon 6 Dez. 1808. A. n.

Seite 209. Über die Lage in Santo Domingo: Ferrands Berichte an Decrès 1805 und 1806. Kolonialministerium. Decrès an Napoleon 18. Febr. 1806. Kolonialministerium. 7. Juli 1807, 21. Juli, 26. Okt., 6., 13. Dez. 1808. Über Guyana: Decrès an Napoleon 21. Nov. 1803, 18. Jan. 1805, 14. Jan. 1806, 26., 31. Dez. 1806, 13. Aug. 1807, 22. Okt. 1808. Viktor Hugues an Decrès 7. Sept. 1808. Decrès an Napoleon Februar 1809.

Seite 213 ff. Expedition nach Venezuela, Poyen und Decrès an Napoleon 29 Jan. 1807. A. n. Über die Kämpfe um Guadeloupe und Martinique, Berichte der Generalkapitäne an Decrès im Kolonialministerium und von Decrès an Napoleon. A. n. Ferner Poyen und Chevalier.

Über Napoleons Sorge für die Kolonien: Chevalier, Corresp., Anlage. Decrès an Napoleon 6. Jan., 11., 19., 22., 30. Mai, 4., 6., 19. Juni, 4. Juli 1808. A. n. Über die Sendung in die spanischen Kolonien Corresp. Bd. 17. 13779. 14091 u. a. Speziell für Argentinien: Sassenay, Napoléon I et la fondation de la République Argentine. Paris 1892. Ein Kolonisationsversuch, wie Zimmermann (Kolonialpolit. Studien, S. 247) annimmt, war mit der Sendung Sassenays nicht verbunden; S. sollte allein die Kolonie für Josef gewinnen.

Seite 218. Die Pläne für den Herbst 1808. Corresp. Bd. 18. 14401 ff. 14763. Decrès an Napoleon 28. Okt. A. n.

Zu den Plänen im Jahre 1809 Corresp. Bd. 19. 15617. 15674. 15868. Decrès an Napoleon 6., 7., 10. März, 15., 27. April, 3. Okt. 1809. A. n. Ferner Chevalier.

Zum elften Kapitel.

Seite 220 ff. Materielle Lage von Ile de France und Réunion: Decrès an Napoleon 11. Mai, 19. Aug. 1807, 25. März 1808. A. n. Berichte Decaens und Légers aus den Jahren 1806—1810. Kolonialministerium. Ferner Unienville und Azéma. Decrès an Decaen 3. Okt. 1807. Kolonialministerium.

Decrès an Napoleon 15. Juni 1808. 22. Febr., 6., 12., 13. Sept., 19. Okt., 6., 29. Nov., 27. Dez. 1809. A. n. Decrès an Decaen 4. April, 21. Juli, 16. Dez. 1808, 26. Juli, 3. Okt., 8. Dez. 1809. Kolonialministerium.

Über den Verkehr mit Gardanne: Decaen an Decrès 27. Sept. 1808. Kolonialministerium. Über Maskate: Decrès an Napoleon März 1808. Champagny an Decrès 3. Juni 1808. Kolonialministerium.

Über die Einnahme der Inseln die Berichte der Behörden und Poyen, la guerre aux Iles de France et Bourbon. Paris 1896.

Seite 225 ff. Die allgemeine politische Lage, Vandal, II; meine Notiz dazu Preuß. Jahrb. Bd. 73. Über die Expedition nach Ile de France und Java Corresp. 20. 16544. Bd. 21. 16602. 16747. 16858. 17091. 17107. 8. 10. 17150. 17156. 17230. Ferner Decrès an Napoleon 2., 3. Jan., 1., 4., 25. Aug., 5. Sept., 12. Okt., 21., 23., 29. Nov., 7., 20. Dez. 1810. Daendels an Napoleon über Java. Batavia, 21. April 1810. Conseil de marine, Séance du 17 sept. 1810. A. n. (Es nahmen teil: Decrès, Champagny, Ganteaume, Caffarelli, Najac, Malouet Rosily.) Janssens an Decrès. Batavia, 16.—21. Juni, 11. Dez. 1811 Decrès an Napoleon 28., 30. Jan., 27. Febr., 1., 27. Nov. 1811. Über die Möglichkeit, sich in Java nach dem Verlust Batavias zu halten: Decrès an Napoleon 27. Febr. 1811, Bericht über eine Unterredung mit General Hogendorp. A. n.

Seite 219. Über Senegal: Fallot, Histoire de la colonie française du Sénégal. Paris 1884. Decrès an Napoleon 4. Jan. 1806, 19. Juni 1807, 14. Juli 1809. A. n.

Seite 229. Die harten Urteile über Decrès: Boyer-Peyreleau; Poyen; Guérin, La France maritime.

Anlagen.

NOTES
pour servir aux instructions à donner au Capitaine général Leclerc[1]).

9 Brumaire an 10 (31. Oktober 1801).

Les instructions à donner au général en chef *Capitaine général Leclerc* se divisent,

1° En instructions militaires.

2° Instructions politiques extérieures, relatives aux américains, et aux puissances voisines.

3° Instructions politiques intérieures relatives aux Noirs et à leur chef.

4° Politique intérieure, relative à la ci-devant partie espagnole de *St. Domingue.*

5° Administration relative aux anciens propriétaires.

6° Administration relative aux agens civiles, militaires, *Instruction publique. Clergé. Commerce.*

CHAPITRE I.

Le général en chef de *St. Domingue* est nécessairement *Capitaine général.* Le général *Leclerc* mourant, le général *Rochambeau* lui succédera comme général en chef et dès lors comme Capitaine général. Celui-ci mourant, le général *Dugua* lui succédera comme général en chef et capitaine général. Enfin après celui-ci le général *Boudet.*

Flotte.

L'amiral Villaret-Joyeuse est nommé Commandant général de toutes les forces navales de la *République en Amérique* et chargé de toutes les premières dispositions relatives au débarquement.

---

1) Arch. Nat. A. F. IV 863. — Die kursiv gedruckten Worte sind im Original unterstrichen.

Il ne suivra sa mission en *Amérique*, avec une partie de son Escadre que lorsque le *Capitaine général* se trouvera tellement établi, qu'il n'aura plus besoin du secours des équipages pour tenir garnison dans les places. Il faut donc qu'avant nous soyons maîtres du *Cap*, du *Port au Prince*, du *Port de la Paix*, du *Puorto-Plata*, du *Mole*, du *Fort Dauphin* des Cayes, de *Sto. Domingo*, des *Gonaïves*, de *St. Marc*, de *Jérémie* et que les cinq divisions qui sont le fonds de l'Armée soient arrivées.

Alors le Contre-amiral *Latouche* sera nommé Commandant des croisières de St. Domingue, et l'Amiral *Villaret* se rendra avec cinq ou six vaisseaux des mieux organisés dans les mers des Etats-Unis, pour se ravitailler, et montrer son pavillon dans les principaux ports. Après quoi il operera son retour à *St. Domingue*, où il recevra des ordres ou de repasser en France ou d'aller prendre possession de la *Martinique*, selon la marche des négociations en Europe.

Le *Capitaine général* et *l'Amiral* devront se concerter pour leurs opérations. Le Contre-amiral, Commandant les croisières de St. Domingue, sera sous les ordres du Capitaine général.

Armée de terre.

L'armée de terre est composée de 7000 hommes qui s'embarquent à Brest ca. 7000

3000 qui s'embarquent à Rochefort
1200 à Nantes et à Lorient
1000 au Hâvre
1500 à Cadix
3000 à Toulon
1500 à Flessingue
800 de la Guadeloupe

19000.

Les trois divisions de Brest, de Lorient et de Nantes, et de Rochefort, se réuniront et partiront ensemble. Si celle du Hâvre et de Flessingue ne sont pas prêtes pour partir avec ces trois divisions, elles appareilleront dans les dix jours.

Avant d'être à la vue de la terre de St. Domingue, elles enverront deux frégates avec 400 hommes sous les ordres du général *Kerversau*, ayant à bord le Commissaire du gouvernement dans la partie Espagnole.

Ces deux frégates se rendront à *Santo Domingo*, s'empareront de la ville, donneront un mouvement aux habitans du pays contre les nègres de la partie française, publieront les proclamations imprimées jointes à la présente instruction.

Dans le cas ou vu le grand nombre de troupes de *Toussaint*, et ne se trouvant pas assez fort pour aider les habitans, on ne jugeroit pas à propos de débarquer les frégates croiseront devant le port, intercepteront toute communication, ne laisseront entrer ni sortir aucun bâtiment, et pratiqueront des intelligences dans le pays, attendant l'effet que fera, sur la garnison que *Toussaint* a laissée à *Sto. Domingo*, la nouvelle de la prise du *Cap*.

Une frégate du même point de départ, sera envoyée au *Môle* avec un officier supérieur, qui ait des intelligences avec les nègres qui, dans ce pays, sont ennemis de *Toussaint*. Il prendra possession du Môle.

L'escadre du Contre-amiral Latouche, avec les forces embarquées sur son escadre et toutes celles réunies à l'armée et supérieures à 8 mille hommes, que l'on juge nécessaires à la Division du *Cap*, se portera droit au Port au Prince.

Arrivé au *Cap*, on prendra sur-le-champ possession de *l'Isle de la Tortue*. en y envoyant un bâtiment on y établira une ambulance.

L'escadre arrivera au Cap, par un vent sûr, de manière à débarquer dans la même journée où l'on auroit été aperçu. Deux frégates se présenteront au *Cap*. et *l'Amiral* et le *Capitaine général*, instruiront le général Commandant cette place, de leur arrivée dans la colonie. Une frégate se présentera tout près du *Fort Piccolet*. afin de s'assurer de la disposition de la garnison de ce fort; et si, comme tout porte à le présumer, on y est reçu en amis, ou si, dans ce moment inattendu les rebelles, si tant il est vrai que la République doive en trouver à St. Domingue, n'ont pas eu le tems de préparer leur défense, l'escadre entrera dans le port, débarquera des troupes, et on s'emparera de la ville. L'art consisteroit à arriver à trois lieues du *Cap*, avant le lever du soleil, et à avoir 6000 hommes à terre avant son coucher.

S'il arrivoit que par un accident quelconque, *Toussaint* fût prévenu de l'arrivée de la flotte et en mesure de recevoir l'armée au *Cap*, et que dès lors l'amiral jugeât qu'il y eût du danger pour l'escadre à affronter le feu des batteries et des forts, l'armée pourroit débarquer sur la plage en avant du fort *Piccolet* ou dans la baye de l'Acul, dans le cas, où on soupçonnerait de la resistance.

Maîtres du *Cap*, on affichera et publiera les proclamations imprimées. On fera partir le précepteur des enfans de *Toussaint*, avec ses deux enfans, et la lettre jointe aux présentes instructions.

Des vaisseaux de l'Escadre se porteront devant le *Port de la Paix*, *le Fort Dauphin*, et tous les autres points de l'Isle pour en prendre possession, ou les bloquer, communiquer partout et répandre des proclamations.

On armera et organisera tous les blancs du Cap, les hommes de couleur et les hommes fidèles parmi les noirs.

Toutes les batteries de côte seront désarmées, de manière cependant à être promptement réarmées, si des circonstances imprévues nous faisoient perdre la supériorité de la mer.

L'armée occupera des positions pour couvrir toute la plaine du *Cap*, et si on le juge convenable celle de *Plaisance*.

C'est alors seulement qu'il sera possible au Capitaine général de voir s'il doit se décider à envoyer par mer les 1200 hommes, pour occuper le poste des *Gonaïves*, afin de se trouver par là en communication avec la Division de Port-au-Prince; ou si, se contentant de faire bloquer les *Gonaïves* par des frégates, il préferera tenir ses forces réunies et occuper les *Gonaïves* par un détachement soutenu par son avant-garde.

Le Contre-amiral *Latouche* destiné à prendre possession du *Port-au-Prince*, détachera un vaisseau et deux frégates portant au moins 500 hommes de troupes françaises, en ayant soin de mettre quelques officiers qui connoissent le pays. Ces troupes se rendront aux *Cayes*. Cette séparation se fera hors la vue de terre, et à un point d'où ils puissent arriver aux *Cayes* un ou deux jours après l'arrivée au Port-au-Prince.

Le Contre-amiral *Latouche* fera prendre possession de *l'Isle* La *Gonave* avant d'arriver au *Port-au-Prince*, afin d'y établir une ambulance. Le débarquement au *Port-au-Prince* se fera dans le même esprit qu'au *Cap*. Maîtres de la ville et du fort on s'assurera de *Léogane*, *des Gonaïves*. On établira des croisières devant *St. Marc*: et, si l'on a des forces suffisantes on s'emparera de ce poste en même tems que du *Port-au-Prince*. Partout on répandra la proclamation on organisera les gardes nationales, on armera les blancs et les hommes de couleur, et l'on se servira des nègres sur lesquels on pourra compter.

Le général commandant l'expédition de *Port-au-Prince* une fois débarqué, il écrira au général Toussaint pour lui faire connaître que le Capitaine général, debarqué au *Cap*, a du lui ecrire pour l'inviter à s'y rendre.

La division qui arrivera aux *Cayes* occupera *l'isle des Vaches*, les *Cayes*, le *Fort St. Louis*, armera les blancs, les hommes de couleur, les nègres fidèles, et se mettra à même de pouvoir communiquer par terre avec le *Port-au-Prince*. Si les habitans se comportent bien une partie des équipages des vaisseaux peut tenir garnison au poste des *Cayes* et les 500 hommes de troupes rejoindront par terre le Général qui auroit occupé le Port-au-Prince.

On aura soin de prendre possession de Jérémie et de tenir les bricks et petits bâtimens armés en croisière devant les postes occupés par les rebelles.

A mesure que les différens renforts arriveront, il paroit que l'on doit finir par organiser l'armée en cinq divisions, chacune de 3000 hommes: deux dans la partie du Nord, une à St. Marc, une au *Port-au-Prince* et la cinquième dans la partie Espagnole.

L'escadre fournira 6000 hommes de détachement de ses vaisseaux, pris parmi les équipages si cela étoit nécessaire. Ces 6000 hommes tiendroient garnison au *Cap. Fort Dauphin. Port de Paix. le Môle. les Gonaïves. St. Marc. Port-au-Prince. Jérémie. les Cayes. St. Domingue. Porto de la Plata* etc. Les dépôts des divisions tiendront également garnison dans les différents ports.

La division dans la partie[1]) de *St. Domingue*, se réunira à *St. Yago*, partie débarquant à *Sto. Domingo*, partie à *Porto-Plata*.

Pour bien entendre les instructions, il faut diviser le tems de l'éxpédition en trois époques.

La première se compose des 15 ou 20 premiers jours nécessaires pour occuper les places, organiser les gardes nationales, tranquilliser les bien intentionnés, réunir les convois, organiser les charrois d'artillerie, accoutumer la masse de l'armée aux mœurs et à la physionomie du pays et prendre possession des plaines.

La seconde époque est celle où les deux armées s'étant préparées, on poursuivroit les rebelles à toute outrance; on les dénicheroit d'abord de la partie française et successivement de la partie espagnole.

Si la partie française étoit une île, les rebelles seroient bientôt soumis; mais on présume que ce sera dans la partie espagnole, où l'on sera éloigné des ports, qu'ils chercheront à tenir le plus longtems. Les principales ressources doivent être alors dans les hommes de couleur de la partie espagnole. Il paroit que l'on fait la guerre aux noirs à peu près comme dans les Alpes, huit ou dix colonnes à la fois combinant leurs mouvements sur une seule position. La force de ces colonnes paroit ne pas devoir dépasser 3 ou 400 hommes.

Les postes de *St. Yago, de Plaisance. de la Croix. des Bouquets*, sont indiqués comme points principaux, où il seroit bon d'avoir des postes retranchés à l'abri des incursions des Noirs. Ne con-

---

[1]) Zu ergänzen: espagnole.

noissant pas l'art de l'attaque et des fortifications, il faut envers les noirs se servir des anciennes fortifications, des tours et des murailles, qui se font promptement et qui leur imposent davantage que les fortifications rasantes.

La troisième époque est celle où *Toussaint*, *Meoyse* et *Dessalines* n'existeront plus et où 3 ou 4000 Noirs retirés dans les mornes de la partie espagnole formeroient ce qu'on appelle dans les îles des Marrons et que l'on parviendra à détruire avec le tems, la constance et un système d'attaque bien combiné.

Instructions politiques extérieures relatives aux américains et aux puissances voisines.

CHAPITRE 2.

Les espagnols, les anglais et les américains voyent également avec peine la République Noire. L'amiral et le capitaine général écriront des circulaires aux établissemens voisins pour leur faire connaître le but du gouvernement, l'avantage commun pour les européens de détruire cette rébellion de Noirs et l'espérance d'être secondé.

Si l'on en a besoin on doit demander en Amérique, dans les isles espagnoles, et même a la *Jamaïque* des vivres. On doit demander à la Havane si l'on en avait besoin un millier d'hommes pour aider à occuper la partie espagnole de St. Domingue.

On doit mettre le séquestre au profit de l'armée sur toutes les marchandises que l'on trouveroit dans les ports qui appartiennent aux Noirs, jus'quà ce que l'on sache la conduite qu'ils tiendront.

Déclarer en état de blocus tous les ports où se trouveroient des rebelles et confisquer tout bâtiment qui en sortirait ou qui y entrerait.

Jefferson a promis que dès l'instant que l'armée française serait arrivée, toutes les mesures seroient prises pour affamer Toussaint et pour aider l'armée.

Instructions politiques intérieures relatives aux Noirs et à leur chef.

CHAPITRE 3.

Jamais la nation française ne donnera des fers à des hommes qu'elle a reconnus libres Ainsi donc tous les Noirs vivront à *St. Domingue* comme ils sont aujourd'hui à la Guadeloupe.

La conduite à tenir est relative aux trois époques dont il a été parlé ci-dessus.

A la première époque on ne désarmera que les Noirs qui sont rebelles.

A la troisième on les désarmera tous.

A la première époque on ne sera pas exigeant: on traitera avec *Toussaint*, on lui promettra tout ce qu'il pourra demander afin de prendre possession des places et s'introduire dans le pays.

Lorsque ce premier but sera rempli, on deviendra plus exigeant. On lui intimera l'ordre de répondre catégoriquement à la proclamation et à ma lettre. On lui enjoindra de venir au *Cap*.

Dans les entrevues que l'on pourra avoir avec *Moyse*, Dessalines et les autres généraux de Toussaint, on les traitera bien.

Gagner *Christophe*, *Clairveaux*, *Maurepas*, *Felix*, *Romain*, *Jasmain* etc. et tous les autres noirs portés pour les blancs. A la première époque les confirmer dans leurs grades, et leurs emplois. A la 3e époque les envoyer tous en France avec leurs grades s'ils ont bien servi pendant la seconde.

Tous les principaux agens de *Toussaint*, blancs et hommes de couleur, doivent, à la première époque, être indistinctement comblés de prévenances, confirmés dans leurs grades, et à la dernière époque, renvoyés tous en France, dans leurs grades, s'ils se sont bien comportés dans la seconde époque, et comme déportés s'ils se sont mal conduits pendant cette même époque.

Tous les noirs qui sont en place doivent pendant la 1ère époque être flattés, bien traités, mais en général on doit tâcher de leur ôter leur popularité et leur pouvoir. *Tousaint*, *Moyse* et *Dessalines*, doivent être bien traités pendant la première époque et renvoyés en France à la dernière époque, en arrestation ou dans leurs grades, selon la conduite qu'ils tiendront à la seconde.

Raymond[1]) a perdu la confiance du gouvernement on le saisira et on l'enverra en France, au commencement de la seconde époque, comme un criminel.

Si la première époque dure 15 jours, il n'y a point d'inconvénient. Sie elle duroit davantage, on serait dupe.

Toussaint, ne sera soumis que lorsqu'il viendra au *Cap* ou à *Port-au-Prince*, au milieu de l'armée française, faire serment de fidélité à la République. Ce jour là il faut sans scandale, sans injure, mais avec honneur et considération, le mettre à bord d'une frégate et l'envoyer en France. Arrêter si on le peut en même tems *Moyse* et *Dessalines*, ou les poursuivre à toute outrance et alors envoyer en France tous les blancs partisans de *Toussaint*, tous les noirs ayant des places et suspectés de malveillance.

---

1) War Anfang Oktober gestorben.

Déclarer *Moyse* et *Dessalines* traîtres à la patrie et ennemis du peuple français. Mettre des troupes en campagne et ne pas se donner de repos qu'on ait leurs têtes et dissipé et désarmé tous leurs partisans.

Si passé les 15 ou 20 premiers jours il est impossible de ramener Toussaint, il faut par une proclamation, declarer que si sous tant de jours, il ne vient pas prêter son serment à la République, il est declaré traître à la patrie et à l'expiration du delai on commencera la guerre à toute outrance.

Quelques milliers de noirs errants dans les mornes et cherchant un refuge dans ces pays agrestes, ne doivent pas empêcher le Capitaine général de regarder la seconde époque comme finie et d'arriver promptement à la troisième. Alors le moment d'assurer pour jamais la Colonie à la France est arrivé. Et le même jour on doit sur tous les points de la Colonie, faire arrêter tous les hommes en place suspects, de quelque couleur qu'ils soient, et faire embarquer au même instant tous les généraux noirs quelque soient leurs mœurs, leur patriotisme, et les services qu'ils ont rendus, en observant cependant de les faire passer dans leurs grades, et avec l'assurance qu'ils seront bien traités en France.

Tous les blancs qui ont servi sous *Toussaint*, et qui dans les scènes de *St. Domingue* se sont couverts de crimes, seront envoyés directement à la Guyane.

Tous les noirs qui se sont bien comportés, mais que leurs grades ne permettent plus de laisser dans l'ile seront envoyés à Brest.

Tous les noirs ou hommes de couleur qui se sont mal comportés, de quelque grade qu'ils soint, seront envoyés dans la Méditerranée et déposés dans un port de l'île de Corse.

Si *Toussaint*, *Dessalines* ou *Moyse*, etoient pris les armes à la main ils seroient dans les 24 heures jugés par une Commission militaire et fusillés comme rebelles.

Quelque chose qu'il arrive on croit que dans le cours de la 3ème époque, on doit désarmer tous les nègres, de quelque parti qu'ils soyent, et les remettre à la culture.

Tous les individus qui ont signé la Constitution doivent, à la 3ème époque, être envoyés en France, les uns comme prisonniers, les autres libres comme ayant été contraints.

Les femmes blanches qui se sont prostituées aux Nègres, quelque soit leur rang, seront envoyées en Europe. On ôtera les drapeaux régimens de la garde Nationale; on leur en donnera de nouveaux et on les réorganisera. On réorganisera la gendarmerie.

Ne pas souffrir qu'aucun noir ayant eu le grade au-dessus de Capitaine reste dans l'île.

L'île de la Tortue pourra servir de dépôt pour les prisonniers noirs. Quelques vaisseaux de guerre ou frégates pourront également servir pour le même objet.

Politique intérieure relative à la ci-devant partie Espagnole de St. Domingue.

CHAPITRE 4.

Il y aura dans la partie espagnole un Commissaire général qui ne dépendra point du préfet Colonial.

Le général en Chef sera le *Capitaine général* des deux parties de *St. Domingue*. Il pourra se faire remplacer dans la partie espagnole par un officier général qui sera Capitaine général de la partie espagnole et sous ses ordres.

Il y aura dans cette partie un Commissaire de justice qui ne dépendra point de celui de la partie française. Si le but politique de la partie française de *St. Domingue* doit être de désarmer les noirs et de les rendre cultivateurs, mais libres, on doit dans la partie espagnole les désarmer également, mais les remettre en esclavage. On doit reprendre possession de cette partie, la prise de possession de Toussaint étant nulle et non avenue.

La partie française est divisée en départements et municipalités. Celle espagnole doit rester divisée en diocèses ou juridictions.

Administration, Commerce, justice, tout doit être différent dans la partie espagnole, que dans la partie française. On ne saurait trop s'attacher au principe qu'établir une différence de mœurs et même une antipathie locale, c'est conserver l'influence de la métropole dans cette colonie.

Administration relative aux anciens propriétaires.

CHAPITRE 5.

La politique relative aux anciens propriétaires doit avoir rapport aux époques et dépendra des événemens qui auront lieu pendant la 1e, 2e et 3e époque. La Colonie n'est pas censée française. Aucun propriétaire n'est donc censé jouir de son bien, et tout reste comme sous l'administration de Toussaint. Le produit des plantations est employé à solder nourrir et équiper l'armée.

Après la 3e époque la proclamation qui déclare enfin l'île St. Domingue restituée à la République, on rendra à tous les propriétaires qui sont en France, qui n'ont jamais émigré, leurs propriétés.

Tout propriétaire qui ne seroit point resté pendant la guerre à St. Domingue ou en France, et qui auroit habité l'Amérique l'Angleterre ou tout autre pays étranger, ne pourra rentrer dans ses biens que par arrêté du Gouvernement. Aucun ancien propriétaire de St. Domingue, n'aura entrée dans la Colonie s'il vient directement d'Angleterre, d'Espagne ou de tout autre pays sans avoir passé à Paris et avoir obtenu la permission non seulement de rentrer dans ses biens, mais même dans la Colonie.

Toutes donations faites par Toussaint sont nulles, mais cette déclaration ne doit avoir lieu que pendant le Cours de la 3e époque.

Toute propriété particulière de St. Domingue doit être soumise à une imposition. La masse de ces impositions doit être telle qu'elle puisse suffire aux besoins de la Colonie, à l'entretien des troupes etc.

Administration relative aux agens civils, militaires. Instruction publique, Clergé, Commerce.

CHAPITRE 6.

Les individus militaires et civils qui composent l'armée se divisent en deux classes.

En hommes qui ayant déjà fait la guerre à St. Domingue connoissent le pays. Ceux-là recevront après la 3e époque des ordres de service pour retourner en France, avec des récompenses et des marques de satisfaction proportionnées aux services qu'ils auront rendus.

Le Capitaine général ne doit souffrir aucune vacillation dans les principes de ces instructions et tout individu qui discuterait le droit des noirs, qui ont fait couler tant de sang des blancs, sera sous un prétexte quelconque renvoyé en France, quelque soient d'ailleurs son rang et ses services.

Aucune instruction publique quelconque ne sera établie à St. Domingue et tous les créoles seront tenus d'envoyer leurs enfans en France pour y être élevés.

Il sera annoncé qu'il sera établi 3 évêques français dans la partie française de St. Domingue. Ils recevront l'institution canonique du Pape, et se rendront sous peu dans la Colonie. Les Cures seront rétablies et il sera envoyé de France un certain nombre de prêtres qui accompagneront les Evêques pour réorganiser le Clergé.

En general, tout prêtre qui a servi Toussaint, sera renvoyé en France, après que d'autres toutefois seront arrivés pour le remplacer.

Le commerce doit pendant les 1ère, 2e et 3e époques être accessible aux Américains, mais après la 3e époque les français seuls y seront admis, et les anciens réglemens d'avant la révolution seront remis en vigueur.

Pendant même les 1ère, 2e et 3e époques, tout bâtiment de Bordeaux ou d'un autre port de France qui porterait des farines, vins, et autres objets nécessaires à la Colonie dont l'achat seroit fait au nom de la République des deniers provenants de la Colonie, auroit la préférence sur les américains.

Le Capitaine général et le Préfet Colonial devront même prendre des mesures pour que quand même les marchandises provenant de France constitueroient la colonie en perte de 15 pour cent sur les mêmes objets achetés aux américains, ils leur donnent encore la préférence, en considérant ces 15 pour cent comme une prime si nécessaire pour encourager notre commerce renaissant.[1])

Paris le 9 Brumaire an 10e.

Le premier Consul Buonaparte.

---

[1]) Von dieser Instruktion waren bisher nur einige nebensächliche Sätze bekannt, die Lacroix in seinen Memoiren zitiert. Die Instruktion wurde durchaus geheim gehalten, Lacroix hat durch Leclerc Kenntnis davon erhalten. Sie war ursprünglich bestimmt, dem Marineminister als Richtschnur für die an Leclerc zu erteilende Instruktion zu dienen. Decrès übersandte dann die Anweisungen selbst an Leclerc und fügte hinzu, daß der erste Konsul eine Modifikation des 4. Paragraphen des 6. Kapitels gestattet habe und die Errichtung von Elementarschulen wie vor der Revolution erlaube. Decrès fügte dann weiter hinzu, daß Leclerc die aus Amerika zu beziehenden Lebensmittel mit Kolonialwaren bezahlen solle, um von den Sendungen des Mutterlandes unabhängig zu werden. (Decrès an Leclerc 10. Nov. 1801. Marineministerium.)

Das Original trägt viele Korrekturen von der Hand Napoleons.

Napoleon an den Minister der Marine.[1])

Bayonne le 28 Mai 1808.

Je vois par l'état des Stations des forces navales anglaises au 1er Mai, qu'ils ont 13 gros vaisseaux dans la Baltique et 2 de 64; que l'amiral Russel n'a que 2 vaisseaux à Yarmouth; il sera bientôt obligé d'en avoir 6 pour bloquer le Texel; que dans la Manche, l'Océan, l'amiral Gambier a 9 vaisseaux et un de 64, probablement 6 devant Brest et 3 devant L'Orient, ce qui supposerait qu'il n'en a pas devant Rochefort; que dans la Méditerranée l'amiral Collingwood n'auroit que 17 vaisseaux, 1 de 64 et 3 de 50 il y a un de ces petits vaisseaux devant Corfou; il doit y avoir 5 ou 6 vaisseaux vis-à-vis les Dardanelles; il s'en suivrait donc qu'il n'y a pas plus de 12 ou 13 vaisseaux pour contenir Toulon et Mahon. Ainsi les Anglais n'ont donc aujourd'hui contre les Français et les Hollandais que 3 vaisseaux à Yarmouth, 10 vaisseaux dans la Manche, 20 vaisseaux dans la Méditerranée, 9 vaisseaux en Portugal et 11 devant Cadix. Total 53 vaisseaux et moi j'en aurai au 1er Juillet:

Au Texel Hollande	8
à Flessingue	8
à Brest	6
à L'Orient	3
à Rochefort	3
à Lisbonne	9
à Cadix	11
à Carthagène ou Mahon	8
au Ferrol	4
à Toulon	14
Total	74.

[1]) Arch. Nat. A. F. IV 876.

Ainsi il faudra donc que les Anglais renforcent leur croisière; j'ai fait envoyer de l'argent au Ferrol, à Cadix, à Carthagène partout on se réunit. Je veux d'ailleurs envoyer des expéditions de troupes espagnoles en Amérique. Les Anglais seront obligés, l'été s'avançant, d'avoir

dans la Baltique	15	40 Vaisseaux de Ligne.
au Brésil	6	
au Cap de Bonne Espérance	1	
dans l'Inde	10	
en Amérique	6	
à la Jamaïque	2	

Il faudra qu'ils aient pour s'opposer à ma direction

à Brest	7	15
à L'Orient	3	
á Concarneau	1	
à Rochefort	4	
au Texel	6	14
à Flessingue	8	
au Ferrol	4	16
à Lisbonne	12	
à Cadix		13
à Toulon	16	28
à Carthagène	8	
dans le Levant	4	
		86

Il leur faudra donc 86 vaisseaux pour s'opposer à ma direction et 40 dans les pays étrangers et hors de ma direction, c'est-à-dire 126 vaisseaux, sans comprendre ce qu'il leur faut devant Corfou, à Messine, à Palerme, à Jersey; ce qui leur est necessaire pour escorter les convois. Il leur faudra d'ici au mois d'Août doubler leur marine, de la dépense d'argent, presse de matelots et croissance de dangers. Mais pour cela il ne faut pas que mes Escadres restent comme des cadavres et se tiennent toujours en situation d'appareillage, je vois que les Anglais ont dans leur Escadre de la Baltique, 2 vaisseaux de 64, on en conçoit facilement la raison; qu'ils en ont à Jersey un de 50, dans la Manche un de 64. Il faut qu'ils y trouvent des avantages ou économie d'hommes ou tirant d'eau moindre. Dans la Méditerranée ils ont un vaisseau de 64 et 2 de 50; en Portugal un de 64, au Brésil 2 de 64; aux Indes 3 de 64 et 2 de 50; en Amérique un de 64; à la Jamaïque un de 64 et 1 de 50. Ainsi donc les Anglais sur 97 vaisseaux en ont 18 d'un calibre inférieur à 74 c'est-à-dire un sur six. Cependant avec les équipages qu'ils ont sur ces 18 vaisseaux, ils armeraient au moins 14 vaisseaux de 74, il faut donc qu'ils aient des raisons qui leur fassent donner la préférence aux 64. Au Total cet état de la marine anglaise ne me parait pas bien redoutable, je n'y vois point de vaisseaux pour bloquer Flessingue ni le Ferrol.

Napoleon an den Minister der Marine.[1])

Bayonne le 13 Juillet 1808.

Au ministre de la Marine.

Je reçois votre lettre du 4 Juillet. Réduisez l'expédition de Rochefort à ce que vous jugerez necessaire pour avec les expéditions de corvettes et de bricks, mettre mes Colonies à l'abri de tous besoins et les approvisionner en supposant que les deux tiers arrivent.

[1]) Arch. Nat. A. F. IV 877.

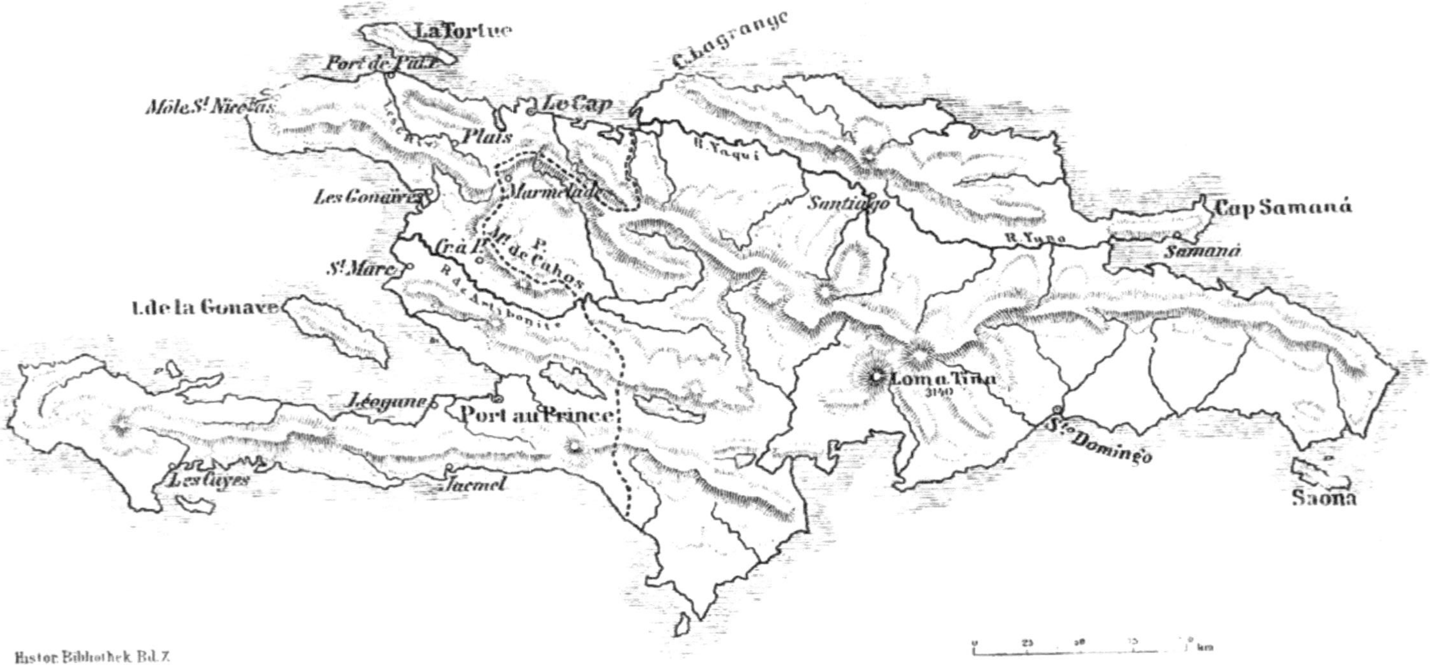

La Tortue
Port de Paix
C. Lagrange
Môle St. Nicolas
Le Cap
Plais
R. Yaqui
Marmelade
Les Gonaïves
Santiago
Cap Samaná
Mt. P. de Cahos
R. Yuna
Samaná
St. Marc
R. de Artibonite
I. de la Gonave
Loma Tina
3140
Léogane
Port au Prince
Sto Domingo
Les Cayes
Jacmel
Saona
0 25 50 75 100 km
Histor. Bibliothek Bd. 7.